HF254158

8346

232
1819

L'ART DE RECONNAÎTRE LES STYLES

# Les Styles

# RÉGENCE

## et

# LOUIS XV

8° V

ÉMILE-BAYARD

INSPECTEUR AU MINISTÈRE DES BEAUX-ARTS

# L'ART DE RECONNAÎTRE LES STYLES

## Les Styles

# RÉGENCE

## et

# LOUIS XV

OUVRAGE ORNÉ DE 175 GRAVURES ENVIRON

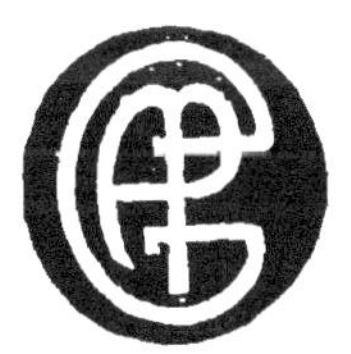

PARIS

LIBRAIRIE GARNIER FRÈRES

6, RUE DES SAINTS-PÈRES, 6

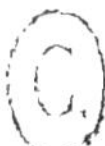

*En hommage*

*à M. le Sénateur Lucien GUILLEMAUT*

E.-B.

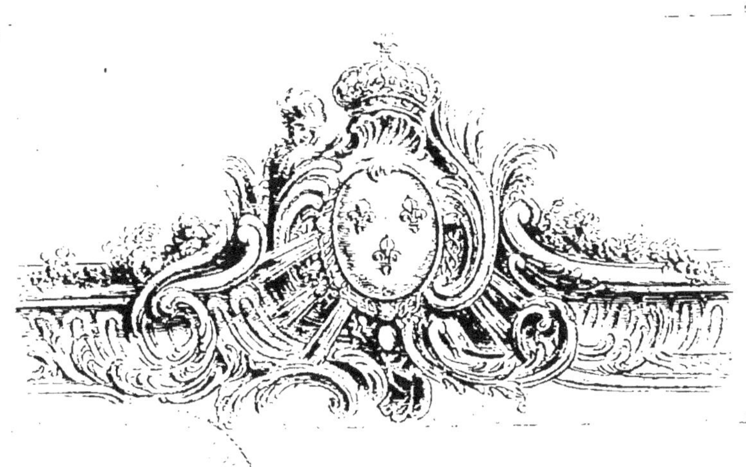

# CHAPITRE PREMIER

## Notions préliminaires

Le style Louis XIII, attristé par les guerres reli-
gieuses, devait sa gravité à cette agitation et, tel un
cerveau mûri succédant à une tête de linotte — car
l'art de la Renaissance, au déclin, pouvait succomber
à l'élégance et au joli, déments — le style Louis XIII
ramena d'un front sévère la ligne égarée.

Or, après Louis XIV, époque de solennité et de
morgue, il est compréhensible que l'on entendît
secouer le joug. Et ce fut le fait de la Régence, du
règne de Louis XV et de M<sup>me</sup> de Pompadour, étapes
de volupté, d'intimité, où les mœurs dissolues commu-
nièrent avec la ligne, au point de modifier cette ligne
et de l'alanguir en caresse.

C'est ainsi qu'à l'ordre et à la majesté du roi Soleil succédèrent la grâce, le confort et le caprice, le joli au beau. C'est ainsi que fleurit le règne des femmes après l'empire des hommes.

Louis XIV n'avait eu qu'un seul penchant impérieux : l'amour des grandeurs et de la gloire. Son but unique était de dominer, d'en imposer. La volupté, maintenant, a rompu ses liens rigides, et la statue de Cupidon détrônera celle de Minerve sur l'autel du sourire.

A vrai dire, tant de splendeurs, sous Louis XIV, n'allaient point sans quelque ennui. Au bout de ces perspectives infinies, à travers ces salles immenses et glaciales où l'or écrasait de sa magnificence, on eût cherché en vain un coin d'amabilité, un peu de pittoresque reposant, après tant de rectitude et d'altitude.

Point non plus de riant bosquet à l'extrémité de ces allées rigides tracées par Le Nôtre, dans ces jardins d'architecture végétale, parmi cette nature contrainte, dont les verdures sont taillées en murailles, tordues en portiques, arrondies comme des dos de courtisans, sur un signe du maître.

Tout était alors sacrifié à la parade et, la façade humaine, rehaussée elle-même d'une perruque monumentale, répondait à ces dômes imposants que le Grand Roi affectionna au couronnement de ses édifices.

Point donc d'aménité ni d'abandon, à cette heure

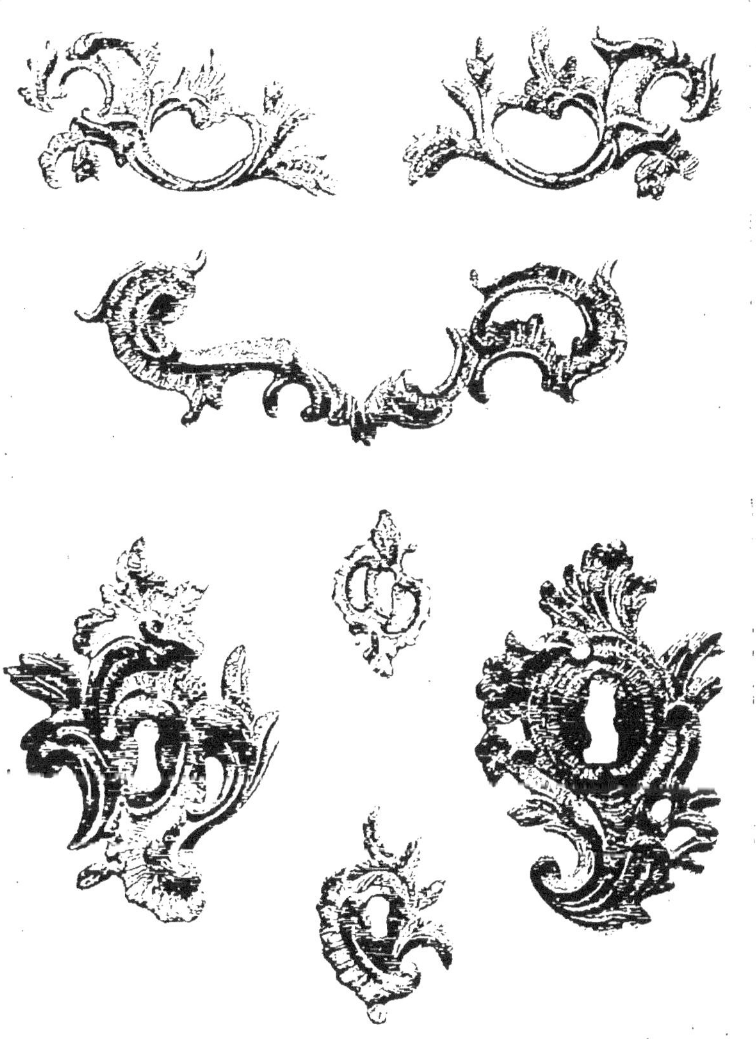

FIG. 2. — *Motifs décoratifs Louis XV.*

somptueuse où la dignité ne dut jamais faillir à l'étiquette, non plus qu'à un besoin caractéristique de symétrie.

Il n'empêche que l'architecture, sous Louis XIV, offre une unité supérieure à celle des autres Bourbons, nous ajouterions même : de caractère national, si le roi et la grande aristocratie pouvaient être considérés comme la nation, à une époque aussi avancée de la civilisation moderne.

Sous le règne de ce prince, il y eut un accord d'esprit et une harmonie générale des choses, bien propres à caractériser une période d'apogée nationale et, n'était en Europe l'état général de lutte, de trouble profond dans les idées, né avec la Réforme qui neutralisa les bienfaits durables que l'on ne pouvait attendre de l'ordre intérieur national, les peuples modernes eussent pu espérer asseoir les fondations solides qui doivent porter le régime évolutif destiné à remplacer celui du moyen âge.

« Versailles était le trophée que Louis XIV avait érigé après avoir vaincu les derniers restes de la féodalité; Versailles était pour ainsi dire sa monarchie elle-même. »

Sous Louis XIII, la fantaisie géniale de la Renaissance sur le thème antique avait été contrariée, mais déjà l'architecture, à cette époque, était devenue moins égoïste; les palais royaux et les demeures privées s'attachaient davantage que précédemment à l'ensemble de l'esthétique ; c'était en somme un acheminement vers l'harmonie esthétique des villes.

Sous Louis XIV, la lourdeur et l'austérité caractéristiques du Louis XIII s'étaient amendées dans la richesse, et le Louis XVI, en revenant à l'esprit antique, marquera le retour du régime après l'orgie, que la Régence et le Louis XV avaient célébrée.

Toutefois, les réformateurs de la fin du xviii<sup>e</sup> siècle voulurent trop emprunter à l'antiquité et, n'observant pas d'assez près les signes de leur temps, ils demandèrent trop à une érudition défectueuse. De là résulta l'*école classique*, qui considère les œuvres d'art grecques et romaines non plus simplement comme des expressions du système des idées antiques, mais comme des manifestations des sentiments de la beauté absolue.

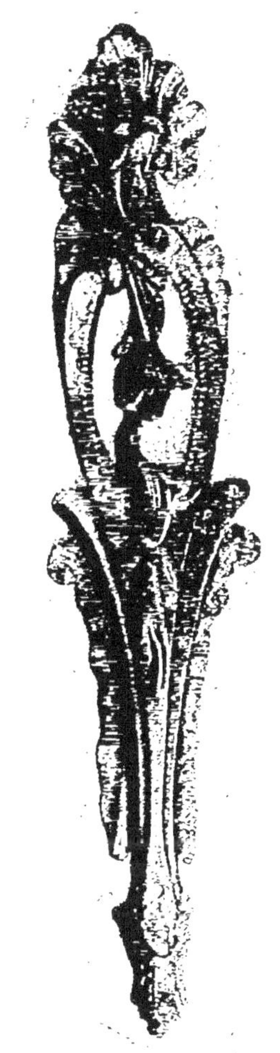

Fig. 3. — *Chute.*

Grave erreur, dogme redoutable propagé par le style de Napoléon I<sup>er</sup> et jusqu'à nos jours désorientés encore, malgré certaines recherches fort louables de modernisme, par l'hallucinante infaillibilité des chefs-d'œuvre précurseurs.

Mais les styles reflètent les époques, et l'art y gagne en variété. Les artistes suivent l'esprit de leur temps qui a le style qu'il mérite, sans jamais que ces cristallisations d'idéal ou de satisfaction y perdent en intérêt, pourvu qu'elles soient originales.

Tout plutôt que la stérilité propre aux générations endormies sur la gloire du passé.

Aujourd'hui, notre décor est impersonnel parce que nos artistes sont encore éblouis. Napoléon I$^{er}$, en s'asseyant sur le trône de César, avait au moins eu le geste du vainqueur, tandis que l'heure présente assiste placidement au défilé des chefs-d'œuvre, dans un fauteuil d'Arlequin.

Et que voit-elle défiler en dehors du classique grec et romain, cette heure repue et expectante?

Précisément des styles comme ceux qui vont nous occuper, les styles Régence et Louis XV dont l'originalité, même dans le décor architectural extérieur, est évidente. Car les doctrines de F. Mansard, qui inaugura le style destiné à prévaloir sous Louis XIV, n'avaient pas eu une heureuse influence sur la plupart de ses successeurs et, à partir du xviii$^e$ siècle, l'architecture française perdit en général son caractère d'originalité pour s'abandonner sans mesure aux imitations de l'architecture antique.

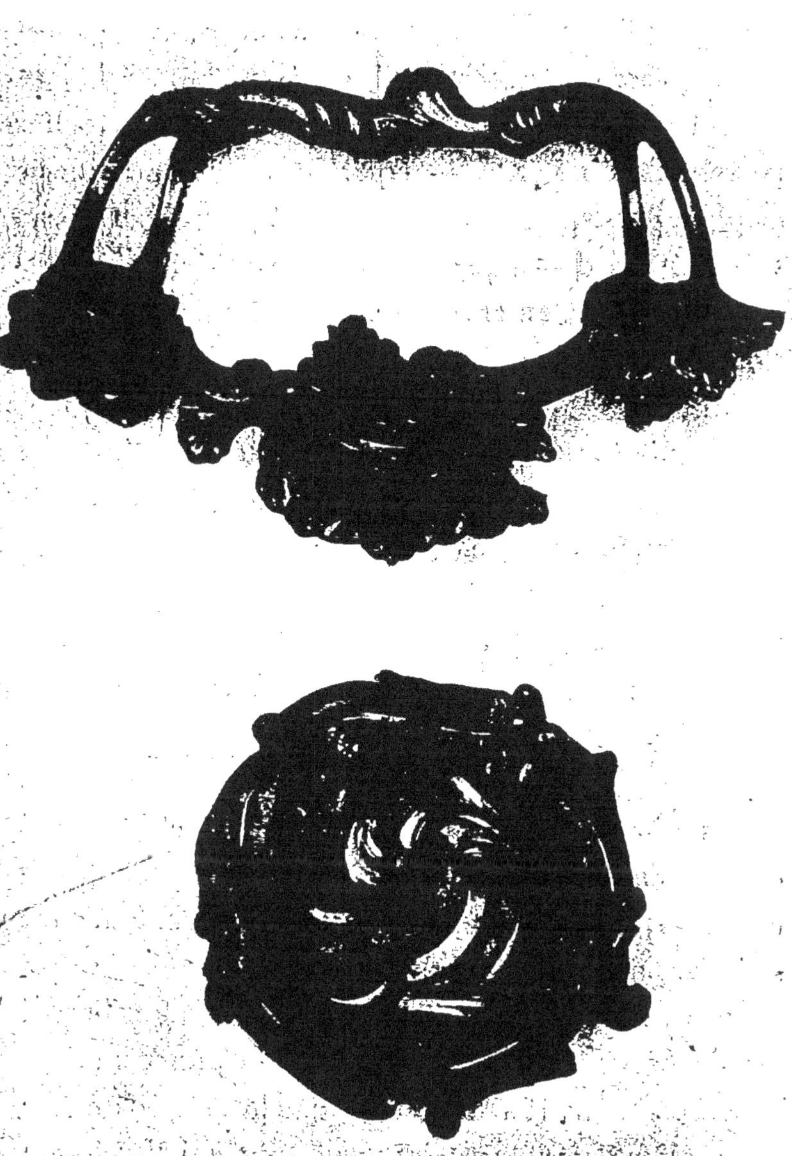

Fig. 4. — *Poignée de tiroir et bouton de porte Louis XV.*

Pourtant, si une admiration sans bornes des monuments grecs et romains nous valut cette unité de l'architecture de Louis XV, que l'on se plaît à rapprocher de celle de Louis XIV — supérieurement harmon.sée et plus personnelle, bien qu'à tout prendre, Gabriel vaille Mansard — à quelle frappante originalité allons-nous applaudir, en revanche, dès la Régence et sous Louis XV, en ce qui concerne l'ornementation et le mobilier !

Il serait à souhaiter que tous les écarts de vertu aient été aussi favorables à l'art que ceux reprochés unanimement au léger xviiie siècle.

Et ne sont-ce pas, précisément, les contrastes qui varient et rénovent l'esthétique? Après la solennité, l'abandon ; la romance succède à la tragédie, Mars dépose ses armes fleuries aux pieds de Vénus, c'est l'arc-en-ciel après l'orage ; c'est la trêve de l'amour.

Des efforts différents vers le sentiment et la beauté engendrent des génies nouveaux, tandis que la placidité bourgeoise, la vie tempérée, ne causent aucune surprise, ni bonne ni mauvaise.

On a vu des rois épouser des bergères, pour le seul plaisir de rompre avec le protocole et d'aimer une fois selon son cœur. Il semble bien que la simplicité que nous allons goûter maintenant, après l'affectation précédente, nous reposera. Nous en trouvons la preuve dans la naissance d'un art frais et neuf.

Certes la révolution est pacifique, la distribution des houlettes enrubannées, tandis que l'on ramasse les mousquets, commence. Ce n'est qu'après Louis XVI que les dents grinceront sous la haine ; car, si l'heure de Marie-Antoinette veut jouer à la vertu, pour la forme seule des meubles, amendée, pour une sobriété de façade, la transition entre la ligne torse et la ligne droite s'est effectuée dans le calme et encore avec grâce. C'est ainsi que la rectitude, chère à Louis XIV, s'est inclinée devant le caprice plus ou moins contorsionné de la Régence et de Louis XV.

Il n'en pouvait être autrement de la courtoisie hautaine vis-à-vis de l'élégance suave.

Après la Révolution qui fit tomber tant de têtes exquises, un guerrier sera nécessaire pour revenir à l'héroïsme, autre stimulant. Le triomphe sanglant des armes succédant à la foi du carnage après l'attardement du madrigal, c'est tout le résumé du règne de Napoléou Ier, après la

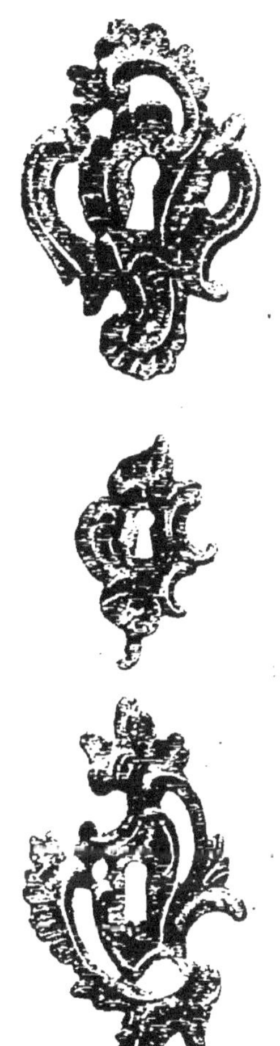

Fig. 5.

*Entrées de serrure.*

Révolution qui brisa les tendresses du xviiie siècle.

Or ces étapes se valent au point de vue artistique; du moins ont-elles laissé des traces d'un égal intérêt, si néanmoins le goût personnel les avantage ou les discute. Une question de nature et de caractère donne aussi la préférence, en dehors de l'esthétique, à telle époque, suivant que l'on aime à être grisé de poudre de guerre ou de poudre de riz.

Toutefois il est avéré que la beauté des styles prend fin après le premier Empire, à condition cependant que le style de Napoléon Ier soit considéré — ce qui devrait être — comme la dernière manifestation d'un accord de beauté.

Autrement, derrière la vaste et intransigeante stature des styles Louis XIII et Louis XIV, les élégances similaires de la Renaissance et de la Régence, du Louis XV et du Louis XVI, échangent des sourires qui valent toutes les grandeurs. Demandez plutôt à la gravité et à la lourdeur gréco-romaine du meuble de Napoléon, déridée quelque temps par la fantaisie gracile du meuble Directoire.

Éternelles fluctuations de l'esprit et de l'opinion, plus fertiles certes, au point de vue artistique, que nos actuelles satisfactions.

Sous l'empire de la littérature et de la religion, les sentiments humains s'affirment cyniques ou réservés, toujours plus proches néanmoins de l'impulsion na-

FIG. 6. — *Motifs décoratifs Louis XV*.

turelle qui ne demande qu'à éclore selon les nuances de la mode. Et chacune de ces manifestations de la civilisation dominées par les mœurs et la politique, dicte aux divers âges, un décor, un mobilier, un idéal en rapport.

Les cathédrales, les palais et les hôtels de ville chantent tour à tour à travers les époques, des poèmes religieux, des poèmes royaux et des poèmes démocratiques.

L'hiératisme gothique marche d'accord avec la rigidité de la pierre, cette même pierre qui s'animera avec la Renaissance — et, sous Louis XIV, la carrure majestueuse du personnage s'encadrera dans une analogue carrure. A la tristesse de Louis XIII, souriante seulement sous la dentelle, succédera la gravité du Roi Soleil, pailletée de luxe. Et ce luxe correspond à la splendeur du beau et des jouissances de l'esprit, chères à l'époque. Mais, du côté prosaïque, de même qu'au règne précédent, on sera mal assis. Les aises sont interdites en public, le masque est raide sous l'impersonnalité de la perruque qui dicte un visage d'homme à l'ordonnance, et le geste sera carré, imposant comme imposé.

Des glaces à profusion répercuteront tant de majesté, et les yeux se reposeront cérémonieusement de l'éclat des ors, sur de vastes tapisseries aux sujets nobles.

De même que l'ennui pèse, les entablements qui
eussent écrasé les frêles et riantes
colonnettes de la Renaissance,
reposent lourdement, au temps
de Louis XIII, sur de solides pi-
lastres. Il n'est pas jusqu'à l'idéal
féminin qui ne s'altère alors, sous
l'empire de cette massiveté triom-
phante. « La nudité des « Madeleine au désert », a-t-on dit judicieusement, se charge d'un
embonpoint engageant, de car-
nations potelées, fraîches, ap-
pétissantes. »

N'a-t-on pas attribué, non sans
quelque apparente logique, la
sveltesse caractéristique des figures de la Renaissance, représentée par les fines créatures de
Jean Goujon, entre autres, au
torse plutôt court sur de longues
jambes, à l'habitude que les
femmes d'alors avaient de mon-
ter en croupe ?

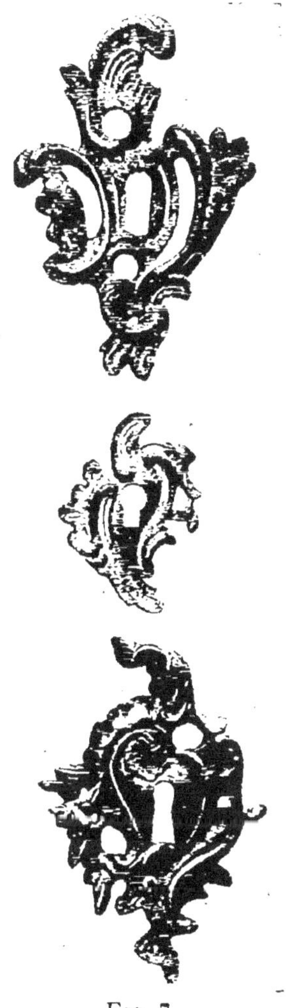

Fig. 7.
*Entrées de serrure.*

Songez au tassement du torse tandis que pendaient
les jambes, et vous évoquerez pareille évolution
ethnique chez les dames roulant carrosse ou portées

en chaise, dont les chairs s'épaississaient au manque d'exercice.

Bref, il y a identité entre l'individu et son ambiance, dans tous les styles, soit que l'être se modèle à son décor, soit qu'il l'inspire (la preuve en est que l'on dit les pieds, le dos, le siège d'une chaise, les pieds et l'entre-jambe d'une table) ; et cela nous explique encore pourquoi, au temps où l'on portait culotte, « les rondeurs suggestives de la jambe, avec ses fines attaches et ses renflements harmonieux, donnèrent l'idée des formes à *mollet*, du piétement des chaises et des tables aux quenouilles des lits, jusqu'au balustre (à mollet) triomphant dans l'architecture ».

Aussi bien dès la Régence et sous Louis XV, le geste tout comme la ligne, s'arrondira. Le corps daignera s'incliner devant la femme et le meuble fera de même pour recevoir galamment ses formes.

C'est la naissance du confort. On sera bien assis et la couche, moins maussade, sera plus douillette. La solennité guindée du xvii$^e$ siècle s'accommodait excellemment de la ligne droite et l'on s'inclinait en équerre devant une dame ; maintenant, au xviii$^e$ siècle, après une onduleuse révérence, le soupirant s'agenouillera auprès de sa belle, dans le moelleux d'un coussin.

Et tout le décor alentour sourira, aussi aimable que le personnage dans la lumière tamisée, propice ; tandis que les supports des meubles eux-mêmes, seront in-

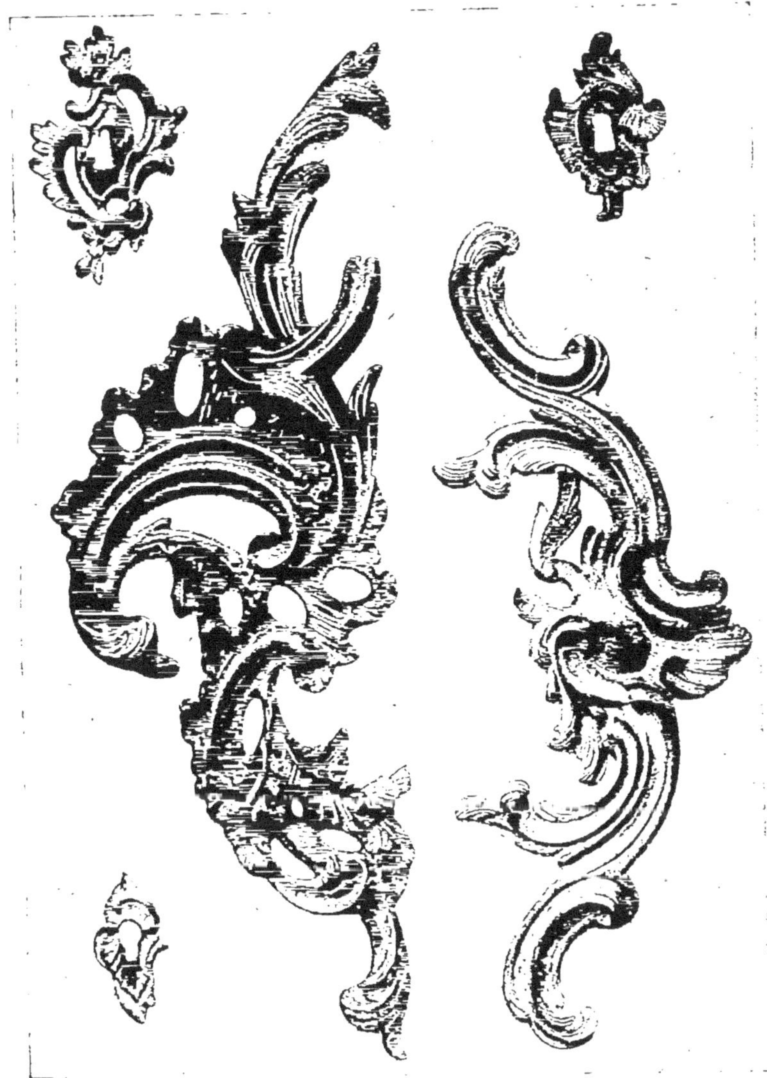

Fig. 8. — *Motifs décoratifs Louis XV.*

fléchis, tournés en caresse, énamourés sous leurs couleurs tendres, sous leurs ors discrets, sous leurs tissus chatoyants.

Ce ne sont plus, en somme, les mêmes êtres qu'auparavant, ces hommes du xviiie siècle. De solennels, de magnifiques, ils sont devenus plus simplement des humains en ce qu'ils sacrifient plus ouvertement à leurs instincts. On dirait même qu'ils ne pensent qu'à folâtrer, tant leur cadre est badin et charmant. Cette atmosphère doucereuse qu'ils ont créée puise sa séduction précisément dans son alanguissement, dans sa volupté et sa fadeur, qui valent tout autant que la grande attitude précédente, par le contraste artistique.

Ces délicieux personnages se sont efféminés au contact même des frivolités. Leur taille, mieux prise sous le vêtement plus avantageux, a diminué d'autre part sous la perruque moins monumentale, et voici que tout se réduit à l'unisson, dans leur cercle.

Sentez-vous poindre autour de ces êtres précieux, de ces mâles défaillants, la délicatesse des mignardises et autres « mignonnes » mesquineries? Voyez-vous le cadre se resserrer autour des petits-maîtres?

C'est l'importance réduite des pièces, la « bonbonnière » qui commence, en place des immenses appartements, c'est le volume et le poids des meubles en diminution. L'intimité naît. Le boudoir et le bosquet, autrefois ignorés, apparaissent comme une oasis, l'un à l'intérieur, l'autre en plein air, au bout du cérémonial.

Lorsque Louis XVI monta sur le trône, il trouva le palais de Versailles défiguré par toutes les distributions nouvelles que son prédécesseur y avait ordonnées. « Fidèle image de la monarchie, écrit H. Fortoul, le château avait été profondément altéré comme

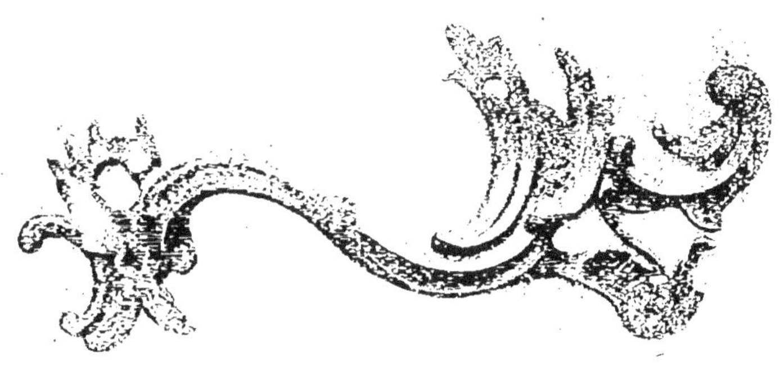

FIG. 9. — *Poignée.*

elle. Ce n'étaient plus que de petits appartements, portes secrètes, escaliers dérobés. Un changement important donnait la clef de tous les autres. Le grand escalier, qu'on appelait aussi escalier des ambassadeurs, avait été supprimé ; il servait aux entrées de la cour et aux grandes cérémonies monarchiques. Il était devenu inutile sous un prince qui n'avait plus aucun souci de sa couronne, qui regardait comme une charge insupportable la majesté royale et qui mettait tout son bonheur à vivre comme un particulier et à se livrer dans l'ombre à ses fantaisies les plus basses.

« Ainsi l'axe public du château avait disparu ; dans la monarchie comme dans le château, la pensée de Louis XIV avait été mutilée, et on ne devait plus la rétablir. »

Le désœuvrement va contribuer encore à l'excellence de cette réaction. Il bercera la plastique, il ré-

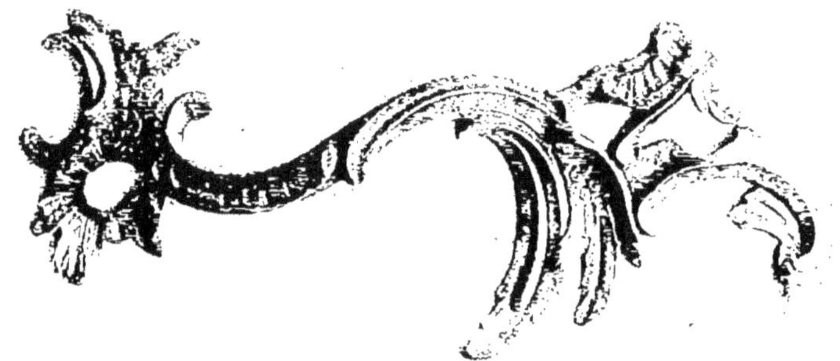

Fig. 10. — *Poignée.*

jouira la vue et troublera le cœur de trouvailles d'art toujours plus riches, toujours plus ingénieuses. Il y aura des meubles pour chaque geste, pour chaque désir et ce sera la grâce même.

Il reste à déterminer la qualité esthétique de toutes ces inventions, de toute cette grâce, et il faut reconnaître que la Régence nous offre une décoration singulièrement indécise, soit qu'elle se réclame excessivement du Louis XIV dont elle n'est alors qu'un succédané, soit qu'elle se confonde avec le Louis XV

ans la *rocaille*, décoration qu'elle remet au jour avec
ne évidente personnalité.

Dans ses deux manifestations, l'une transitoire,
autre effective, le style Régence est fort délicat à
pprécier. Nous nous efforcerons néanmoins de démê-
er au chapitre suivant sa curiosité décorative.

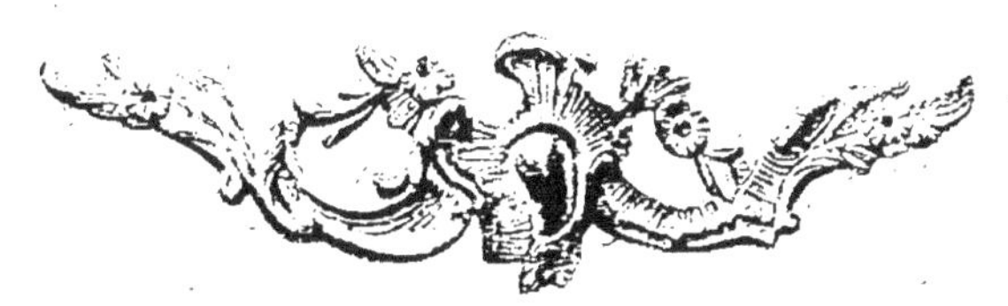

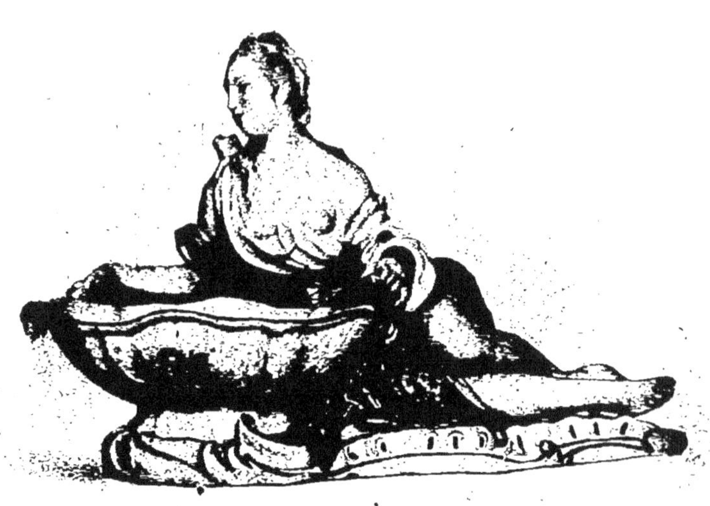

# CHAPITRE II

## Considérations générales sur l'époque et le style de la Régence.

Si nous en revenons aux manifestations opposées des styles, en général, aux transformations tant morales que physiques, voulues ou subies, aussi variables que les modes et les goûts d'art, nous remarquons la lenteur de l'évolution réformatrice ou créatrice.

Il y a des styles de préparation ou de transition, entre chaque style ; c'est la période des recherches conscientes et plus souvent inconscientes, en vue de réaliser l'harmonie de l'homme avec la société qui lui convient, caractéristiquement.

La manifestation réactive de la Régence prépara le

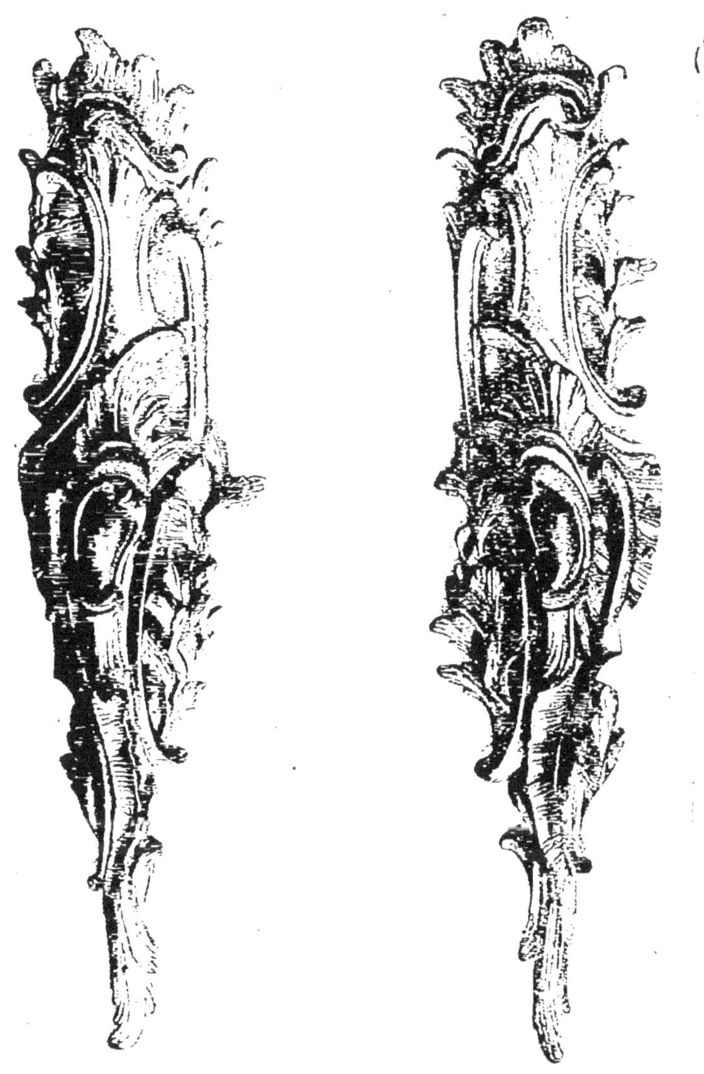

FIG. 13. — *Motifs décoratifs Louis XV.*

pur style Louis XV, tout comme le chaos révolùtionnaire et l'étape Directoire enfanteront le pur style Empire.

Or, chacune de ces transitions, Régence et Directoire — l'élucubration révolutionnaire exceptée — a son charme propre, au point de mériter l'appellation de style. En dehors de ces transitions manifestes, il en est d'autres seulement ébauchées, noyées dans le tâtonnement et dans l'influence du passé, que le connaisseur seul discerne, mais tous les styles purs ont eu des acheminements obscurs qui nous laissent rêveur sur le sort de certain « modern-style » florissant de nos jours, prétentieusement étiqueté à notre époque.

Songez que, sous son règne, le style Régence passa inaperçu, du moins ne lui donna-t-on pas de nom particulier, et n'est-ce pas le sort de tous les styles d'être discernés seulement par les générations qui les ensevelirent?

Hormis le cas de Napoléon Ier sacrant à son nom le trône où il prit place, il n'est pas d'exemple de styles improvisés, et cela pourrait donner une leçon d'humilité à nos conceptions architecturales et d'ameublement, pompeusement décrétées du xxe siècle.

Toutefois nous ne pouvons qu'applaudir aux tentatives originales de notre temps. Ces recherches prendront certainement rang dans l'avenir, parmi les louables transitions qui nous procureront, il faut l'es-

pérer, l'esthétique monumentale et mobilière caractéristique de notre siècle.

Toujours est-il que si, pour la grande parade napo-
léonienne, on dévalisa le magasin des accessoires
grecs et romains, si l'aigle conquérant et pillard
s'installa soudainement dans le nid des héros antiques,

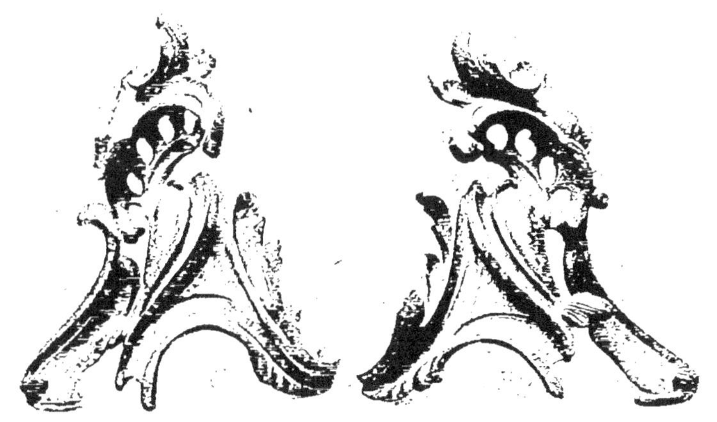

FIG. 14. — *Chenets.*

cela n'est qu'une digne suite à l'étonnante épopée impériale, c'est-à-dire une manifestation sans exemple
comme sans lendemain.

Il faut dire encore que, s'il n'est point extraordinaire de voir Napoléon conquérir un style comme un
territoire, le génie des David, des Percier et des
Fontaine, qui veillait sur cette décoration de fortune,
ne fut pas étranger à son triomphe.

Mais revenons aux styles transitoires, en la personne du style Régence dit *rocaille* ou *rococo*.

La Régence marque le véritable début du xviii<sup>e</sup> siècle français ; elle est le premier symptôme du déséquilibre moral d'où sortira la Révolution, malgré quelque réaction plus apparente qu'effective, sous Louis XVI. D'ailleurs, pour ne pas quitter notre sujet, nous avons souligné l'identité de cette période de luxe et de volupté effrénés, de ce relâchement des mœurs et de cet abandon, avec une expression d'art aussi riche et pareillement désemparée. Sous Louis XV déjà, nous verrons prôner les meubles « à la grecque » que Louis XVI dans un accès de vertu, borné d'ailleurs au décor, consacrera. Un nuage gris succédera seulement au nuage rose, en attendant l'orage de la Révolution. Puis, ce sera l'improvisation sans goût qui naît fatalement sur les ruines, jusqu'au moment où le premier Empire rassemblera en hâte les déchets antiques pour bâcler son style.

Après, nous assistons au triomphe de l'impersonnel, c'est la décadence inventive, la bourgeoisie satisfaite des deux Restaurations, le faste immodéré et banal du second Empire. La complication étonnante et l'imprécision enfin des recherches fort intéressantes mais encore incohérentes, de nos jours.

Autant le choix, l'adaptation progressive et minutieuse de l'art classique à notre goût français sous

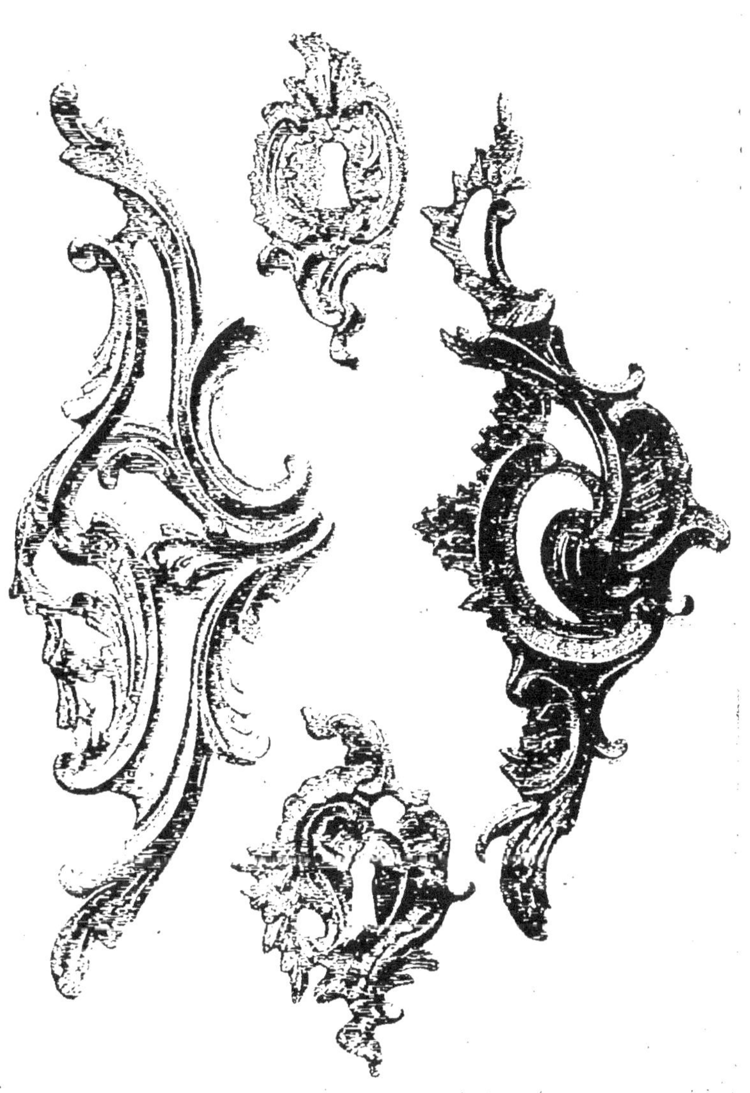

Fig. 15. — *Motifs décoratifs Louis XV.*

Louis XVI étaient délicats, autant la violente irruption d'un Napoléon I^er dans le bazar gréco-romain apparaît choquante. Le style du guerrier ne peut avoir le même tact que celui du placide monarque, soit; mais il faut remarquer que la douceur des transitions des styles entre eux depuis la Régence, nous valut une chaîne de beauté gracieuse que seule la violence rompit.

Dès le choc de la Révolution, le charme original s'est évanoui. Faute de pouvoir créer, on adapte, on restaure, on vit du passé.

**On** suit parfaitement le fil créateur, depuis la Renaissance, qui classe les beautés antiques et s'en fait une loi d'idéal adapté cependant au génie national. Sous la Renaissance, effectivement, l'art italien, l'art français et celui des autres pays ralliés à l'idée classique, diffèrent entre eux par des nuances éminemment typiques, au point de constituer un style original et divers.

Sous Louis XIII, on s'attache à renouveler l'art de la Renaissance qui vient de succomber à l'afféterie ; mais, si l'on emprunte à l'art flamand et à l'art italien une lourdeur évidente, cette lourdeur ne manque pas d'être originale et grandiose.

Même massiveté sous Louis XIV. Cependant l'héritage du précédent règne trouvera sa personnalité dans une richesse **éclatante,** dans un retour plus complet aux ordres et aux détails antiques, dans cette solennité même qui n'est plus de la gravité attristée, mais de l'orgueil.

Nous avons vu enfin le charme des originalités suivantes succomber à la brutalité, et nos jours en plein espoir de rénovation.

Nous fermerons maintenant cette large parenthèse, que le désir de situer exactement notre sujet dans son atmosphère, nécessita.

Il faut, pour admirer ou critiquer de bonne foi un

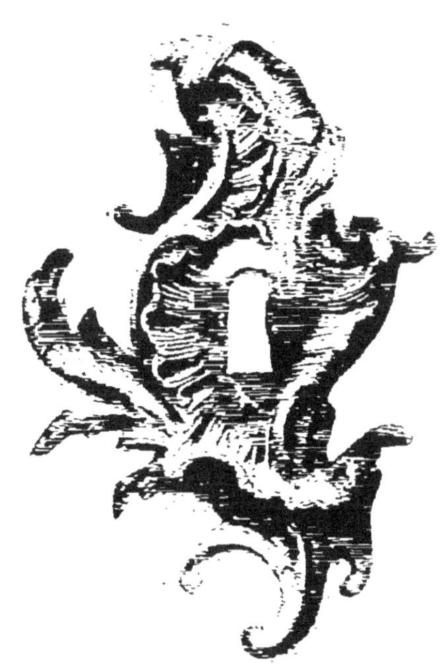

Fig. 16. — *Entrée de serrure.*

style, connaître ses précédents, ses influences et les conditions de son évolution, car l'art n'est qu'un tout de civilisation, de contagion et de caprice dont il importe de raisonner les réalisations entre elles.

Si les artistes enfantent individuellement, leurs chefs-d'œuvre sont solidaires d'un bloc de pensée commune, et le respect s'impose devant un nombre si restreint de « blocs » parmi tant de siècles.

C'est ainsi que cette sublime cristallisation mérite les considérations et observations qui précèdent, plus propres au développement et à la compréhension de notre sujet qu'à son ralentissement.

Nous voici donc revenu au style Régence, *rocaille* ou *rococo*, en sa genèse.

Tout d'abord constatons que les premières constructions « rocaille » remontent, en France, au xvi<sup>e</sup> siècle. C'est Bernard de Palissy qui fut le propagateur, chez nous, de ces ouvrages rustiques imitant les rochers naturels dont la mode devait s'emparer avec avidité cent ans plus tard. Car l'amour des rocailles exerça sur la décoration du mobilier, dès le xvii<sup>e</sup> siècle, à la fin du règne de Louis XIV, une influence considérable.

Qu'était-ce, en somme, que ces rocailles offertes en protestation à la symétrie régie par l'antique depuis la Renaissance ?

Des imitations de rochers naturels, avons-nous dit, des coquilles, coquillages de toute sorte et pétrifications, mêlés à des palmes et à des rinceaux, voire à des légumes et à des fleurs ; des reproductions synthétiques de l'eau qui coule en cascade, de stalactites et autres agréments botaniques ou géologiques entraînés dans la grâce la plus désinvolte, dans la fantaisie la plus contorsionnée qui soit.

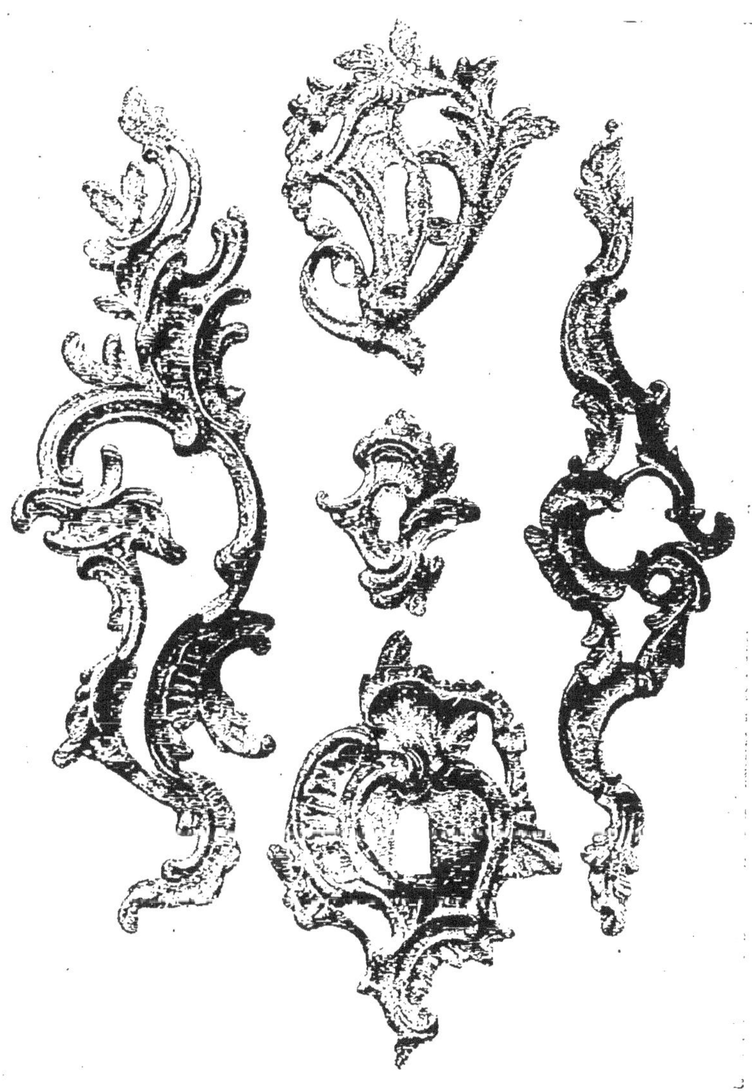

FIG. 17. — *Motifs décoratifs Louis XV.*

Ce n'était pas un retour simple et franc à la nature ; car, dès le premier moment, on tomba dans la convention, l'étrange, le maniéré. Aussi bien la rocaille fut très arrondie, très contournée ; c'était une imitation infiniment capricieuse et infidèle de la nature, mais qui ne manquait ni de charme ni d'originalité et dont l'architecture, les appartements, les mobiliers et l'orfèvrerie s'emparèrent.

En vérité, il faut savoir où cette ornementation tourmentée et bizarre a pris ses modèles ; sans cela, à part quelques volutes et vasques ressemblant à des coquillages, le mot *rocaille* n'éveillerait rien à l'esprit.

Aussi bien la rocaille stylisée est le point de départ de tout un désordre frappant.

En horreur de la ligne droite, la ligne contournée sévit. Les accidents de la nature conseillent le chavirement des axes précédents, c'est-à-dire que dans les panneaux clairs, les ornements dorés dansent une sarabande échevelée, et la simplicité d'hier est rétorquée aujourd'hui par des caprices, des pirouettes, des sinuosités où l'œil s'accroche, amusé et ébloui de tant de riche fantaisie.

Il est bon de retenir que cette expression décorative naît, à la fin de Louis XIV, de cette soif de pittoresque dont le Grand Roi avait comme à plaisir interdit l'essor, et si cette audacieuse ornementation s'épanouit sous la Régence[1], nous la verrons s'alourdir sous Louis XV et mourir de son excès de liberté sous Louis XVI.

Quant à l'invention de Bernard de Palissy, il n'en faut guère parler que pour
mémoire. Il
construisit . des
grottes pour le
connétable de
Montmorency,
pour Catherine
de Médicis dans
le jardin des
Tuileries, à
Saint - Germain
et à Meudon, il

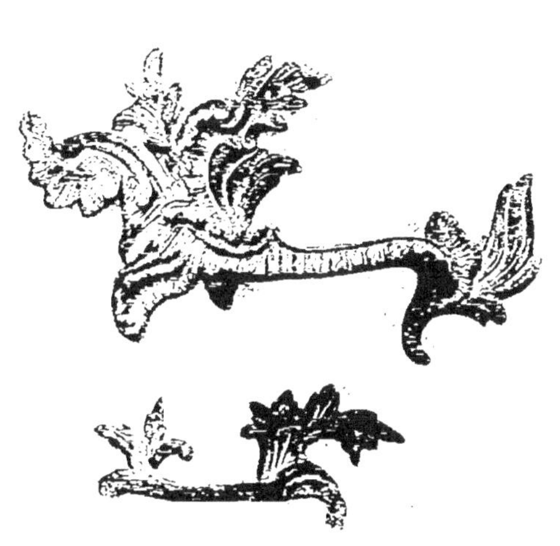

Fig. 18. — *Poignées.*

sema dans ses décorations un grand nombre de co-
quilles; mais ses rocailles à lui — pas davantage que celles exécutées sur l'ordre galant du Roi Soleil dans les appartements de M^{mes} de La Vallière et de Montes-

1. Nous ferons observer néanmoins que si, sous la Régence, la *rocaille* fleurit et s'exagère même en *rococo*, le style Régence procède logiquement du Louis XIV dans la symétrie, malgré qu'il se soit affranchi des lignes raides précédentes. Du moins le style Régence n'est-il pas fatalement rocailleux et rococo, de même que le Louis XV n'est pas à l'abri du désordre de la rocaille et du rococo.

pan — n'ont rien de commun avec les compositions rocailleuses de la Régence où la coquille s'associe à tant d'autres éléments, s'ingénie à tant de savantes convulsions entièrement Régence par l'amalgame et le mouvement, par la stylisation enfin.

Nous venons d'indiquer les bases de l'esprit nouveau dans l'ornementation de ce temps, nous avons expliqué ses origines, nous établirons maintenant un parallèle entre le style Louis XV qui suivra et la décadence du style ogival.

C'est reculer de beaucoup en arrière, mais comment résister à l'attrait de la comparaison, dans cet exposé général?

Donc, le style ogival primaire du xiii⁰ siècle fut appelé *rayonnant* au xiv⁰ siècle et s'altéra, si l'on peut dire, au xv⁰ et au commencement du xvi⁰ siècle, sous le qualificatif de *fleuri* ou *flamboyant*. Or l'abus de l'élégance, l'exagération de coquetterie propre au gothique tertiaire ou flamboyant, en attentant à la grande sobriété des manifestations précédentes, mérite en quelque sorte le discrédit en lequel on le tint, au strict rapport esthétique. Et cette quasi-aberration, cette extravagance du détail, correspondent au système décoratif de la Régence, avec cette différence cependant que, si le gothique flamboyant dégénéra, le style Régence, au contraire, précurseur du style Louis XV avec ses qualités et ses défauts, fut ramené dans son esprit rocaille et rococo, à une beauté plus régulière,

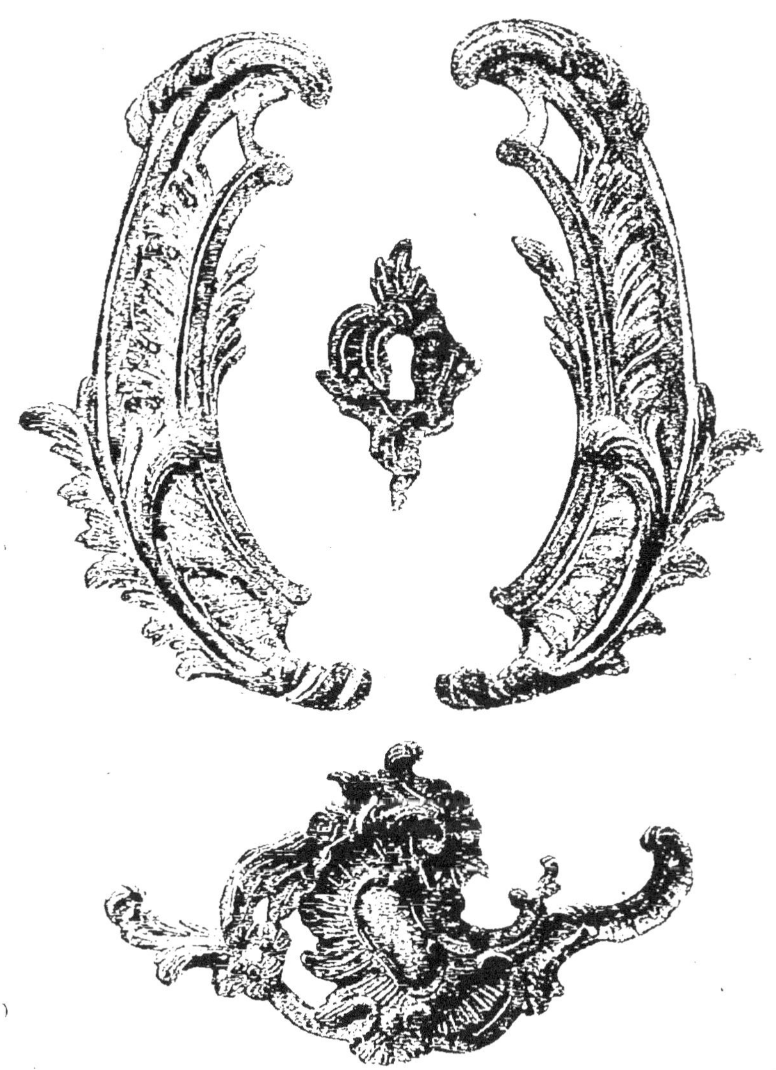

FIG. 19. — *Motifs décoratifs Louis XV.*

plus fondue, par l'expression artistique qui succéda.

Mais, en résumé, le gothique flamboyant comme le style Régence ont bien leurs mérites propres, une valeur artistique même considérable, malgré qu'ils communient dans le pareil désagrément, l'un d'avoir succédé à une fixation exemplaire, l'autre d'avoir servi de canevas à un continuateur.

Après l'étude d'ensemble du style Régence, nous aborderons l'examen des personnages qui vivent dans son décor.

Nous avons mentionné l'extravagante débauche qui salua la fin de Louis XIV comme l'affranchissement de toute contrainte, et nous savons que l'inflexion du corps humain, lassé de son attitude guindée, fut suivie de l'arrondissement de la ligne décorative, brisée à la longue dans son axe vertical et enfin libérée, cabrioleuse.

Puisque les hommes sont livrés au désordre, la ligne divague; l'analogie de l'être avec son décor se poursuit. Pour tous les styles, le miroir est le même.

Frappons maintenant à la tête de ce mouvement de grâce et de volupté qui traite l'ancienne cour *d'antiquaille;* voici le Régent, le duc Philippe d'Orléans.

On se répand d'abord sur l'agrément de son esprit et sur ses facultés artistiques : « Il est devenu en peu de temps musicien, peintre, graveur; ses connais-

sances en sculpture, en architecture, en médailles se
sont développées avec une rapidité qui a surpris tous
les artistes... » D'autre part, le Régent
est ami des lettres et non point à la manière de Louis XIV, qui les favorisait
pour qu'on l'en proclamât le protecteur,
mais par un réel amour de leur beauté.

Au physique, le duc est élégant —
malgré le fâcheux coup de fusil dont le
duc de Berry fut l'auteur innocent et qui
lui coûta un œil. Au moral, il est d'une
gaîté que les événements les plus graves
altèrent difficilement — songez que le
prince « eut à faire face aux plus sé-
rieuses difficultés financières, héritées du
règne précédent et résultat de ses trente
années de guerre ».

Son courage est à toute épreuve, si
toutefois sa paresse et sa corruption ne
sont pas moins évidents. Quant à sa
sensibilité, elle nous apparaît clairement
dans ce qui suit. Les *Philippiques*, que
le poète La Grange-Chancel n'a pu faire
imprimer, traitent le Régent, on le
sait, de la manière la plus injurieuse,

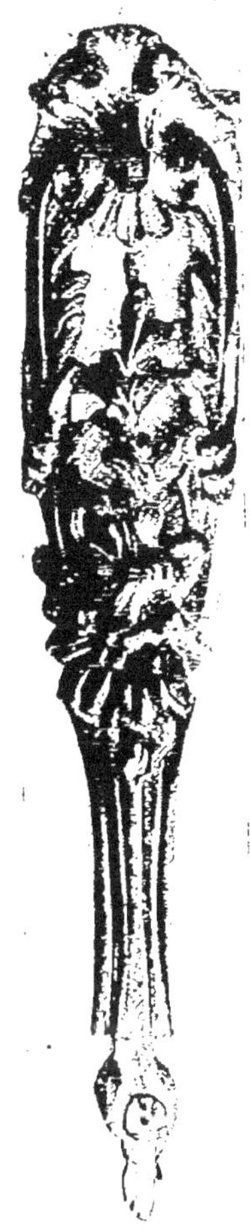

FIG. 20.
*Chute.*

la plus effrénée. Le cinglant libelle a été répandu
cependant à plus de dix mille exemplaires manuscrits.

Un de ces exemplaires tombe entre les mains du Régent : « M. le duc d'Orléans était homme à rire de la satire si elle n'eût attaqué que ses vices; il commença même par là, et dit plusieurs fois : « Voilà de bons vers. » Mais quand le prince fut arrivé à la strophe où La Grange le représente comme l'empoisonneur de la famille royale, ses yeux se remplirent de larmes, il frémit, pensa s'évanouir, et laissant échapper le papier, en même temps qu'il tombait lui-même sur un fauteuil, il dit d'une voix étouffée : « Ah ! c'en est trop, cette horreur est plus forte que moi... j'y succombe. » Et La Grange-Chancel s'en fut *mûrir sa raison* aux îles Sainte-Marguerite...

Quelques détails typiques ensuite sur l'esprit de l'époque. Un contemporain écrit, à propos de la physionomie morale de son temps, après avoir parlé du changement survenu depuis Louis XIV : « Les mêmes hommes qui, il y a six mois, laissaient voir toujours le coin d'un livre d'heures sortant de leurs poches, s'empressent aujourd'hui de se montrer aux croisées de leurs petites maisons avec des *roués* ou des danseuses de l'Opéra. Les mêmes femmes qu'on rencontrait journellement dans l'oratoire de M<sup>me</sup> de Maintenon, parlant *bulle Unigenitus*, reliques et sermons, sollicitent avec ardeur une place aux soupers licencieux du Régent... » Et l'auteur ajoute que Philippe d'Orléans ne sacrifie pas au plaisir dans un seul temple et que

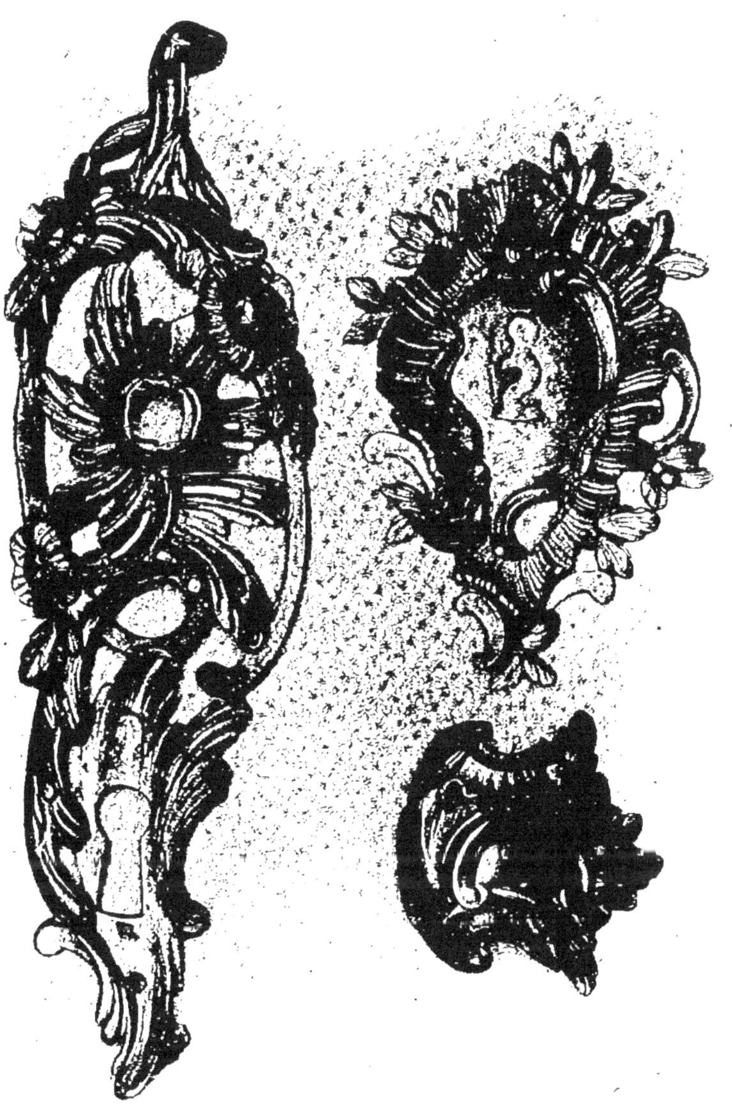

Fig. 21. — *Motifs décoratifs Louis XV.*

les soupers du Luxembourg font diversion à ceux du Palais-Royal, lorsqu'ils n'ont point asile dans la petite maison du prince de Soubise.

Un autre signe de ces heures frivoles nous est ainsi révélé : « Au milieu des vices propres à notre époque, il en est deux qui s'offrent sous un aspect nouveau : ce sont le *bel air* et le *bon ton*. Le bel air consiste à montrer la plus apathique indifférence pour ses affaires, à se moquer de ses dettes, à se mésallier en épousant la fille d'un riche financier pour faire croire qu'on les payera, et à s'acquitter finalement en faisant distribuer des volées de coups de bâton à ses créanciers. Le bon ton est de nier la vertu des femmes... »

On voit que le XVIII<sup>e</sup> siècle commence à marcher sur un bon pied.

Ces *roués* et ces *petits soupers* sont d'ailleurs caractéristiques. Ces *roués*, ou élégants débauchés, compagnons du Régent, « fanfarons d'incrédulité et de vice », qui remplaçaient les dévots ; ces *petits soupers*, d'où l'on ne sortait guère qu'en état d'ivresse.

Au surplus, le premier acte du Régent a été de rétablir à Paris le siège du gouvernement. L'axe de la royauté s'est ainsi déplacé, et voici l'atteinte la plus grave portée à l'œuvre de Louis XIV : Versailles est détrôné.

Touchons deux mots, maintenant, de l'esprit littéraire au xviiie siècle. La Régence n'a duré que sept ans. Elle prélude au règne de Louis XV qui, lui, occupera cinquante-neuf années et, si la Révolution termine dans le sang cette éclosion de charme et de grâce que Louis XVI avait un instant tempérée, le xviiie siècle n'en demeure pas moins un bloc, léger mais inséparable, dont nous distinguerons les nuances, du rose tendre au gris menaçant, c'est-à-dire depuis Philippe d'Orléans jusqu'à l'aube rouge qui annoncera la fin de la royauté absolue.

Si le xviie siècle resplendit du flambeau des arts, des lettres et des sciences, le xviiie siècle produisit cette philosophie qu'on vit affermir, épurer tout ce que l'autre avait fait éclore. La recherche du vrai, en tout genre, devenue une passion

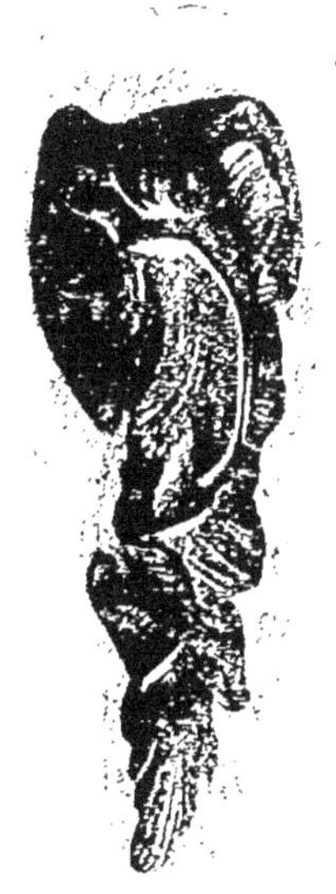

Fig 22. — *Chute*.

pour tous les hommes instruits, tel est l'avantage qui rend supérieure aux yeux des moralistes, la seconde de ces époques, à la première. Pourtant, Louis XV ne s'associa jamais un seul instant aux progrès de l'esprit humain; ce qui le prouve, c'est que rien de majestueux, rien de vraiment honorable n'a surgi de son gouvernement. « Rien de grand n'agrandissait les âmes ; mais toutes sortes de petites et agréables choses meublaient les têtes. La France était pays de comédie, d'opéra, d'historiettes et de bagatelle », écrivent les Goncourt ; et l'on pourrait rendre responsable de cet amoindrissement, l'indifférence du monarque à l'égard de tout ce qui, dans le commerce de la vie, ne s'offrait pas à lui sous l'aspect du plaisir.

Mais nous qui ne cherchons qu'à nous maintenir dans notre cadre d'art, nous allons seulement glaner dans les observations précédentes, de précieuses indications et contradictions esthétiques.

Tout d'abord, dans l'évolution de la beauté, sous l'empire de la littérature, nous vîmes la carrière tyrannique de Louis XIV imposer une langue souveraine. Le génie politique de nos grands hommes et l'universelle gloire de nos lettres, assurèrent à la civilisation d'alors, gracieuse, fine et polie comme la civilisation d'Athènes, quelque chose de la majesté et de la puissance de Rome au siècle d'Auguste.

Avec la Régence, changement de front. La grossièreté des mœurs entraîne la décadence des salons. La politesse exquise de l'hôtel de Rambouillet, dont Louis XIV vieilli et la dévote Mme de Maintenon étaient les derniers remparts, sombre soudain dans le libertinage quelque temps comprimé. C'est à peine si l'on conserve encore les traditions du bon ton, à l'hôtel Sully, chez la duchesse du Maine — rendez-vous des écrivains — et chez le duc de Nevers. Pourtant on pourrait croire, alors, à une futilité littéraire

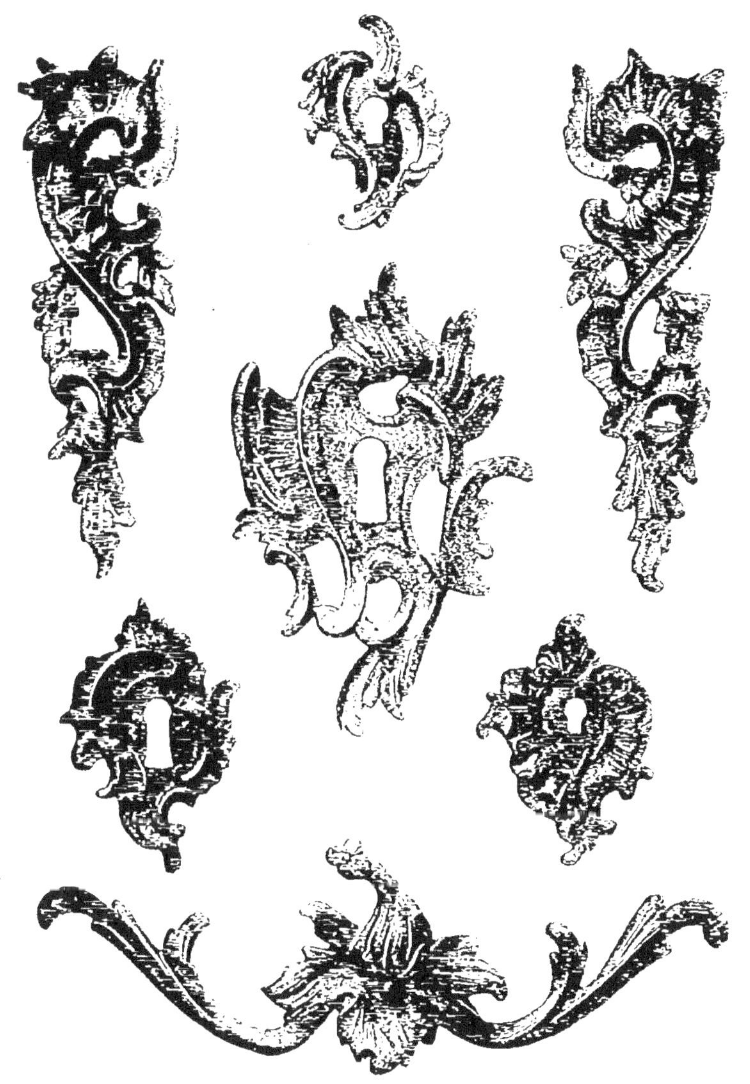

FIG. 23. — *Motifs décoratifs Louis XV.*

en rapport avec la corruption qui caractérise cette

heure de galanterie et d'abandon. Point. En pleine débauche, on analyse, on ergote, on pontifie. Les philosophes au xviii⁰ siècle, vont déclarer la croyance en Dieu douteuse ou peu nécessaire, et toute religion positive sera combattue comme une imposture des prêtres. D'Alembert, secondé par les succès d'Helvétius et appuyé de l'immense popularité de Voltaire, accréditera cette opinion, que justifient parfaitement les débordements des classes élevées et l'insignifiance d'un culte réduit à de vaines pompes extérieures.

A cette lutte en faveur de *l'esprit nouveau* viennent aussi prendre part des génies comme Jean-Jacques Rousseau et Diderot, qui s'efforceront de concilier les conditions de la vraie moralité avec l'amour de soi. On commencera à acclamer le retour à la nature, certaine vérité joliment artificielle; les Encyclopédistes domineront, tandis que, dans la poésie légère, dans le discours en vers, dans l'épître, dans le conte, dans la satire, voire dans le vers héroïque, Voltaire triomphera.

Si l'on veut rattacher l'harmonie de la littérature à l'esthétique d'art, l'auteur de *la Henriade* fournit un heureux point de raccord. Son génie satirique, sa verve badine sont parfaitement xviii⁰ siècle, d'autant que le célèbre écrivain sait aussi tenir haut sa lyre, à cette époque singulièrement élégiaque, en pleine jouissance. Et l'on aime à évoquer, dans le décor que nous allons examiner plus loin, ces délicieux personnages, vêtus de clair et de frais, parlant sérieu-

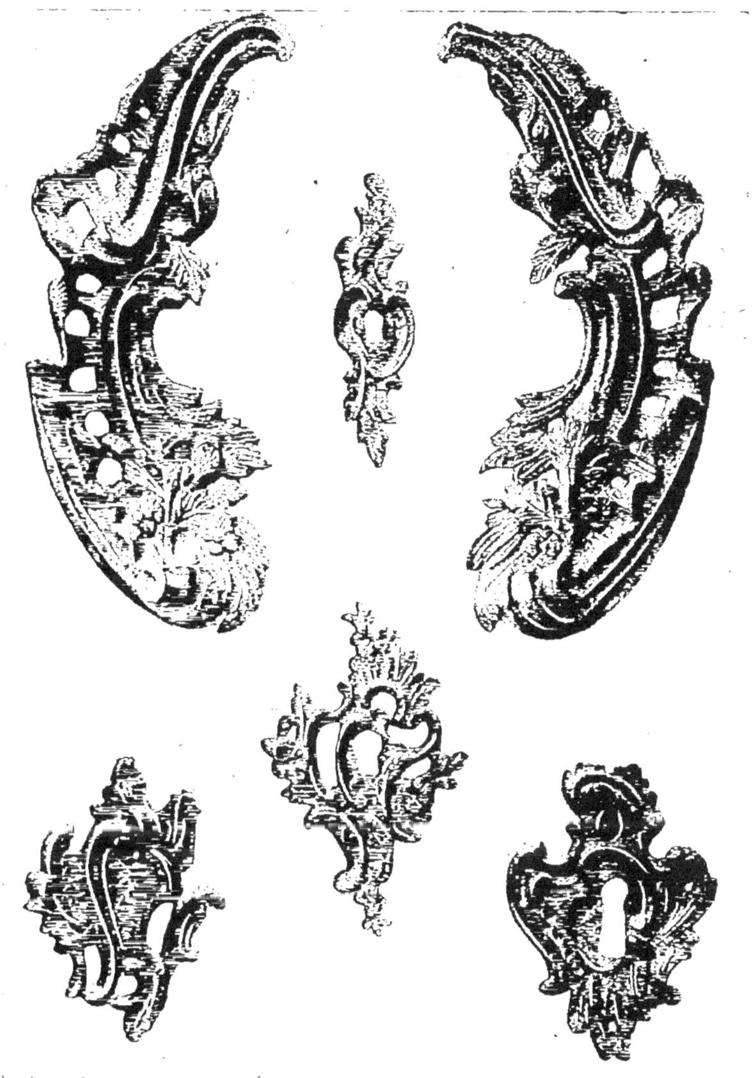

Fig. 24. — *Motifs décoratifs Louis XV.*

sement ou presque, avec des visages souriants; dissertant sur la vérité, en plein mensonge, sur la nature en plein artifice.

Encore que plus volontiers, on se plairait à les situer sous les tonnelles couvertes de vigne de quelque Ramponneau, à la guinguette du *Tambour royal*. « On allait chez Ramponneau, écrit Paul Lacroix, selon l'expression consacrée, comme on était allé aux Halles ou au quai de Gesvres, pour entendre dans toute sa verdeur pittoresque le langage poissard, que les ouvrages de Vadé avaient mis à la mode, et que les jeunes gens de la noblesse et de la finance apprirent les premiers en le parlant avec les jolies marchandes de beurre et de marée, qu'ils faisaient danser sur le carreau des Halles, aux sons d'un crincrin. »

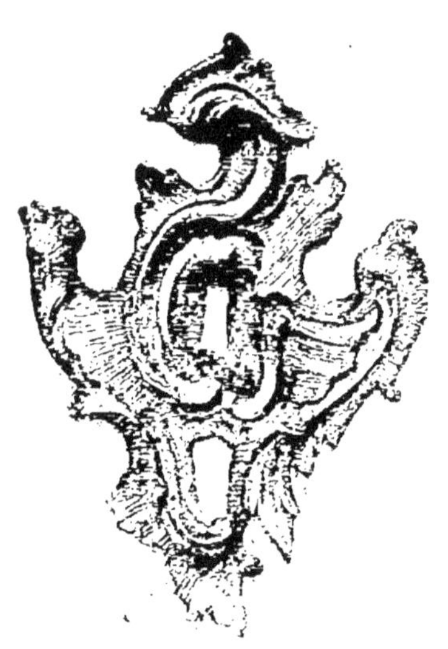

Fig. 25. — *Entrée de serrure.*

Sous le Roi Soleil, enfin, la dissimulation se jouait sur une scène solennelle; au xviiie siècle, cette scène sera aimable, et nous gagnons à ce contraste toute une beauté d'art. L'ère de la fragilité après l'époque du robuste est non seulement logique, mais encore

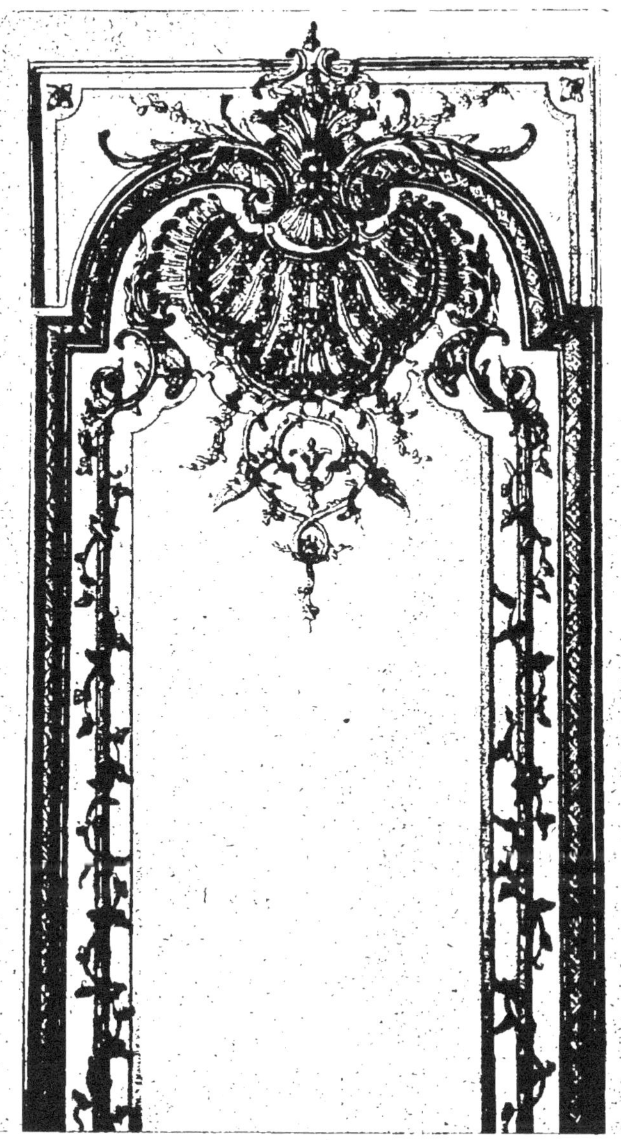

FIG. 26. — *Détail d'un panneau Régence*.

agréable. De même, après la haute suggestion de la tragédie d'un Corneille, goûte-t-on la piqûre légère d'un pamphlet. Et c'est de libelles, de pamphlets, de satires, que se nourrit cette époque légère dont nous allons distinguer l'éloquente esthétique, après avoir insisté sur le caractère et les influences auxquels elle doit la vie.

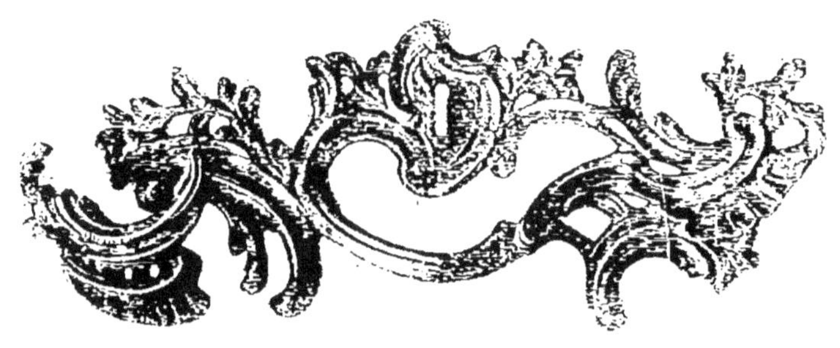

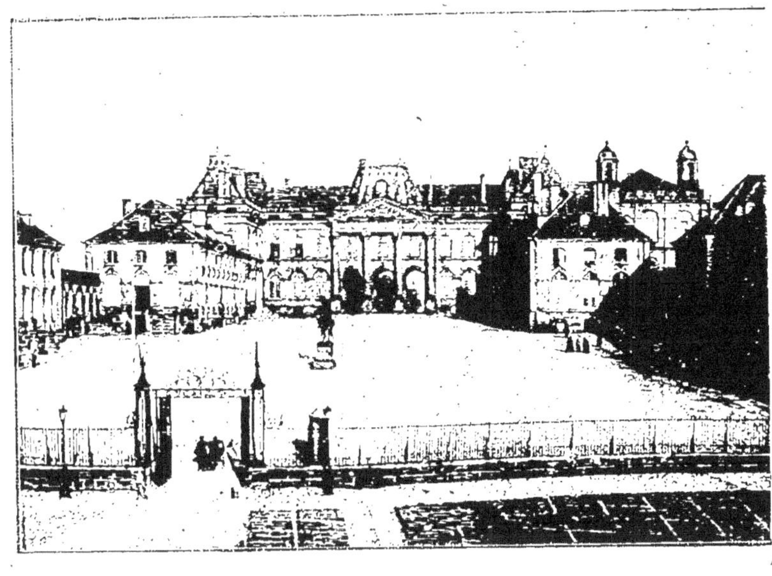

# CHAPITRE III

## Des caractéristiques du style Régence,
## Gilles Oppenord, Meissonnier, Thomas Germain,
## Charles Cressent, etc.

L'époque de la Régence, répétons-le, dura sept ans
et elle nous laissa un style. Du moins une manifestation reconnaissable entre le Louis XIV et le
Louis XV. De même qu'il est des siècles stériles
comme le nôtre, il est des instants singulièrement
féconds, c'est le cas du premier Empire, né et mort
dans un laps de quinze ans, du Directoire, éphémère,
et même du Louis XVI, dont la splendeur brilla dans
un court règne de dix-huit années.

Nous pourrions ajouter à cette énumération, le
« style » Pompadour, dont la manifestation plutôt
tardive, et d'ailleurs imprécise, fut prônée par la favorite de Louis XV dans un accès de vertu réprobatrice
des formes convulsionnées de la Régence et aussi du
propre style Louis XV. Et de fait la marquise de Pompadour eut un instant de fâcherie à l'égard du tarabiscotage et elle rêva de meubles *à la grecque*. Qu'importe
que Boucher ait été son peintre ? Ingratement elle apprend à dessiner avec le sculpteur Bouchardon, le moins
maniéré des artistes de son temps, et c'est Gay qui lui
montrera à graver des camées dans la manière antique.

Toutefois, comme la fantaisie et l'étrangeté même,
chères à l'époque de Louis XV, ne veulent pas abdiquer
encore complètement devant la lubie d'une manifestation antique, le décor chinois figure de pair avec
le grec timidement essayé. Ces « magots » que
Louis XIV ne toléra, sur ses vieux jours, que sous le
pinceau de Watteau, secouent donc un moment leurs
nattes et leurs grelots à la barbe des héros d'Homère.

Néanmoins, le « style » Pompadour — dont la favorite
avait reçu l'inspiration de son propre frère, le marquis
de Marigny, directeur des bâtiments royaux, de Charles-
Nicolas Cochin, auteur des *Observations sur les anti-
quités d'Herculanum*, et de Soufflot, l'auteur du Panthéon, tous trois de retour d'Italie, — fut le symptôme
de cet esprit nouveau qui, prêché dans la suite par

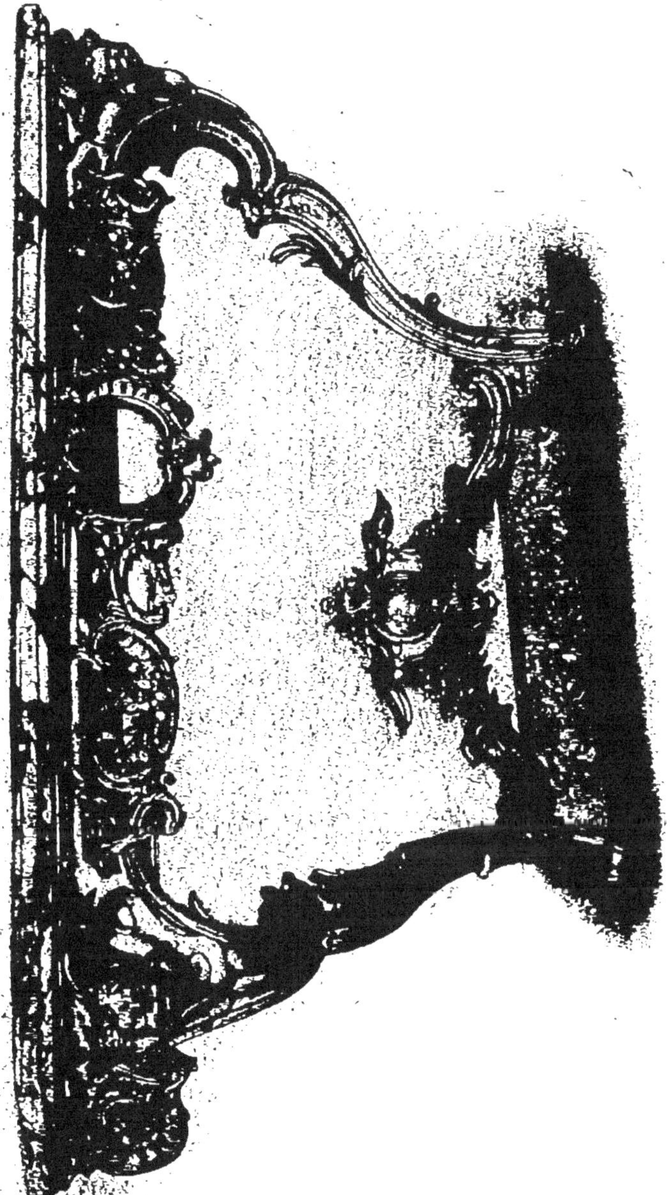

Fig. 29. — *Console Régence.*

Jean-Jacques Rousseau, devait aboutir au style définitivement « à la grecque », sous Louis XVI.

Bref, il importe, au seuil de nos descriptions, d'insister sur la toute-puissance des femmes, qui dominera dès la Régence. Et, comme ces femmes sont des favorites et des courtisanes, il y aura lieu d'évoquer le luxe effréné de leurs exigences, le caprice et parfois l'exagération intempestive de leur goût, d'une frivolité, à vrai dire, des plus stimulantes pour les progrès de l'art.

Un geste créé un besoin, et voici que les petits meubles et les accessoires se répandent à profusion. Le désir du minuscule, du « mignon », engendre la fine ciselure, la miniature, toutes les perfections du soin, aussi bien dans la sculpture que dans l'orfèvrerie.

Les tissus encore, affinent leur trame comme les couleurs cherchent plus de délicatesse dans leur tonalité. C'est aussi sous l'empire des femmes, que l'intimité et le moelleux naîtront dans le laisser aller et le bien-être du boudoir.

Dès la fin de Louis XIV, on sent une altération de la rigidité — le Grand Roi au déclin, devient accessible à la grâce — et les ornements de pur style Louis XIV commencent à arrondir leurs angles. Or, répétons-le, la nuance qui sépare la transition Régence du Louis XV est fort délicate, du moins dans sa classification.

C'est ainsi que si la rocaille s'accuse dès la Régence,

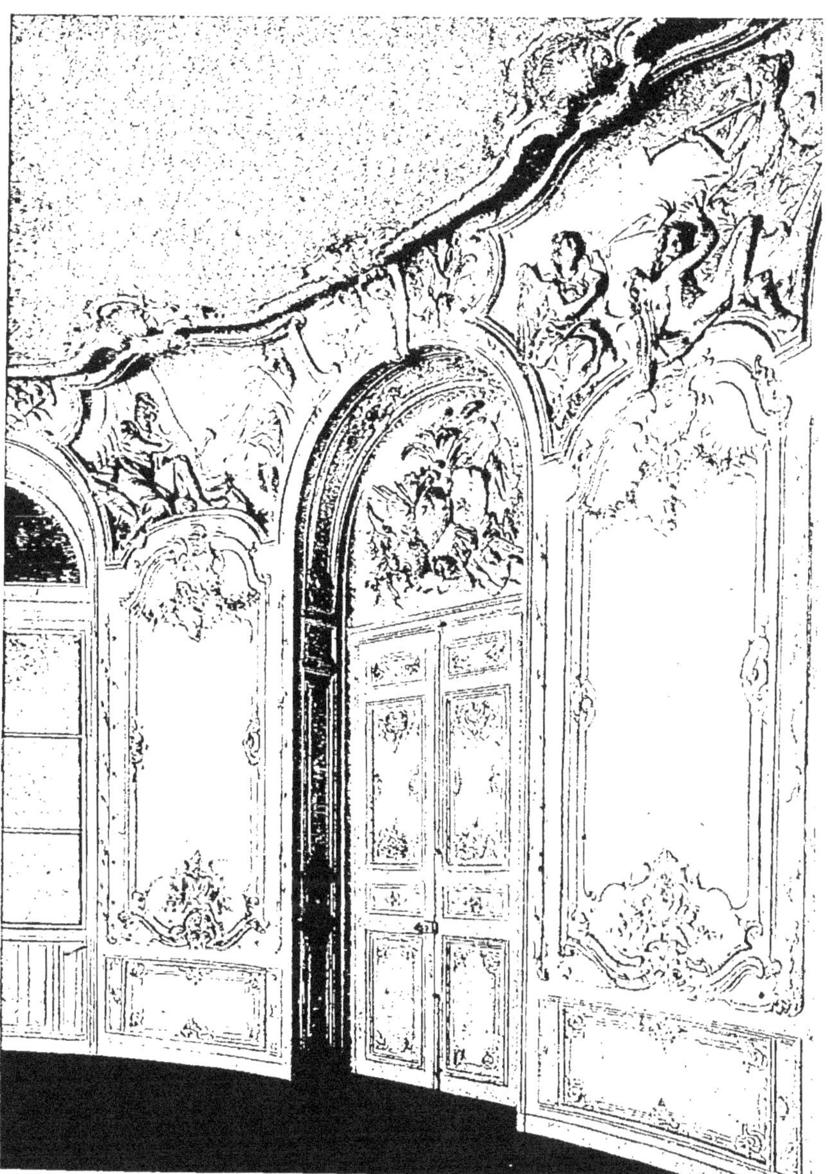

Fig. 30. — *Hôtel de Soubise* (Fragment du salon ovale
du rez-de-chaussée)

il n'en est pas moins vrai que la Régence ne pouvait s'affranchir d'un seul coup de l'empreinte du Louis XIV ; d'où d'une part, un respect sinon des lignes droites, du moins de certains ornements du décor et des axes et, d'autre part, une irrévérente originalité, issue du génie d'Oppenord, de Meissonnier et de Thomas Germain, notamment.

D'où un malentendu ou une confusion. D'aucuns nomment uniquement style Régence la manifestation transitoire du Louis XIV au Louis XV, d'autres confondent dans la rocaille la Régence et le Louis XV. Cette dernière manière de voir serait, en effet, plus commode, car il y eut, répétons-le, une Régence solidaire de l'esprit de Louis XIV et une Régence dont les exagérations rocailleuses pourraient peut-être se réclamer du Louis XV. Bref, après avoir constaté que la fantaisie de la Régence entre des mains plus ou moins expertes dégénéra en licence et que cette licence profita au Louis XV, soit qu'il l'ait encouragée, soit qu'il l'ait réfrénée suivant le caprice de ses artistes, nous parlerons des strictes modifications survenues dans l'ornementation depuis la fin du Louis XIV jusqu'au Louis XV.

Nous avons dit que dès la fin du xvii<sup>e</sup> siècle, le décor avait déjà perdu de sa rigidité, c'est ainsi que la décoration s'arrondit, s'allégea, détrônant le motif *coquille* qui commandait pour ainsi dire, à l'ornementation précédente. Mais la nouvelle esthétique conserva de l'ancienne néanmoins, le respect de la symétrie et des axes ainsi que plusieurs détails décoratifs auxquels discrètement elle adjoignit seulement le motif *rocaille*.

Du côté du meuble, même modification dans le caprice des lignes sinueuses, mais toujours symétriques, pareil dédain des angles. Toutefois, si nous prenons le fauteuil pour

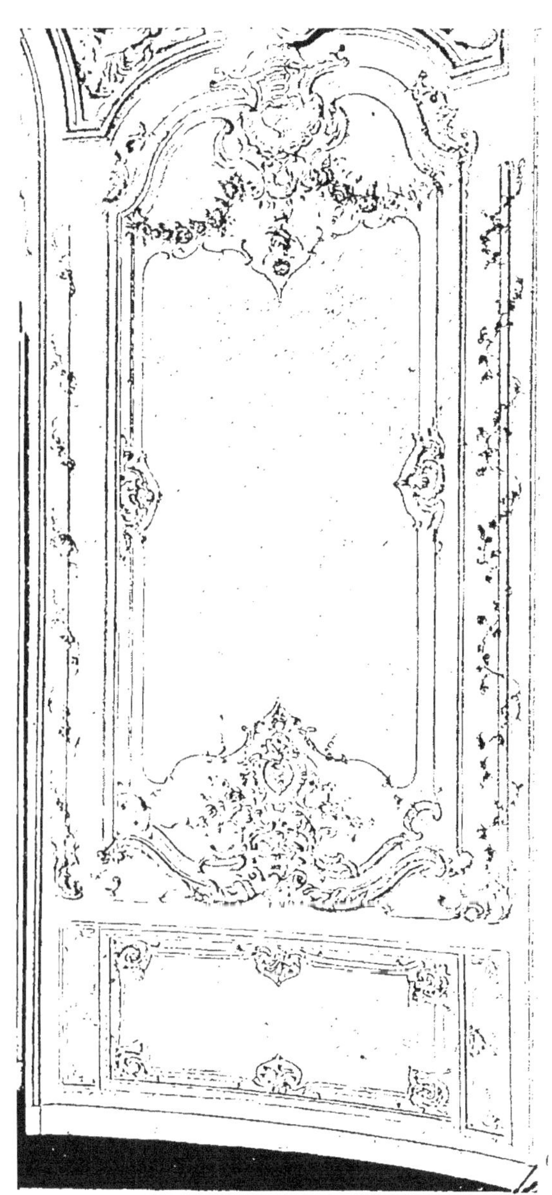

Fig. 31. — *Hôtel de Soubise* (Détail d'un panneau du salon précédent).

exemple, nous remarquerons le mouvement inédit de l'extrémité du dossier, sans que ce dossier ne s'infléchisse ni ne s'incurve comme dans le siège Louis XV proprement dit. D'autre part, au lieu de la coquille qui, sous Louis XIV, ornait le cadre au fronton, aux épaulettes, au centre de la ceinture et sur le prolongement des pieds dans le haut, on aperçoit une *fleurette* ou une *grenade*. Cette dernière souvent aussi, s'épanouit au milieu de l'ancienne coquille, comme si elle ne voulait point la proscrire tout à fait.

Aussi bien la coquille Louis XIV s'ajoure maintenant, pour plus de légèreté (et nous retrouvons les fleurettes sur le fauteuil Louis XV).

Si nous examinons ensuite les armoires de la fin de Louis XIV, nous y relevons tous les caractères d'un style Louis XIV fleuri. Le meuble est demeuré monumental, carré, et ce n'est qu'en s'approchant que l'on remarque quelques légèretés et rondeurs mêlées de timide rocaille. La disposition des panneaux, la symétrie et l'axe des décorations se réclament nettement du xviie siècle. En un mot, ce style Régence n'est que du Louis XIV démarqué.

Pareillement, tel bureau-cartonnier en marqueterie attribué à la Régence, avec ses cuivres appliqués sur les formes chères à Boulle, ne saurait être séparé de la fin de Louis XIV.

Pareillement tels lambris, plus fleuris il est vrai, à

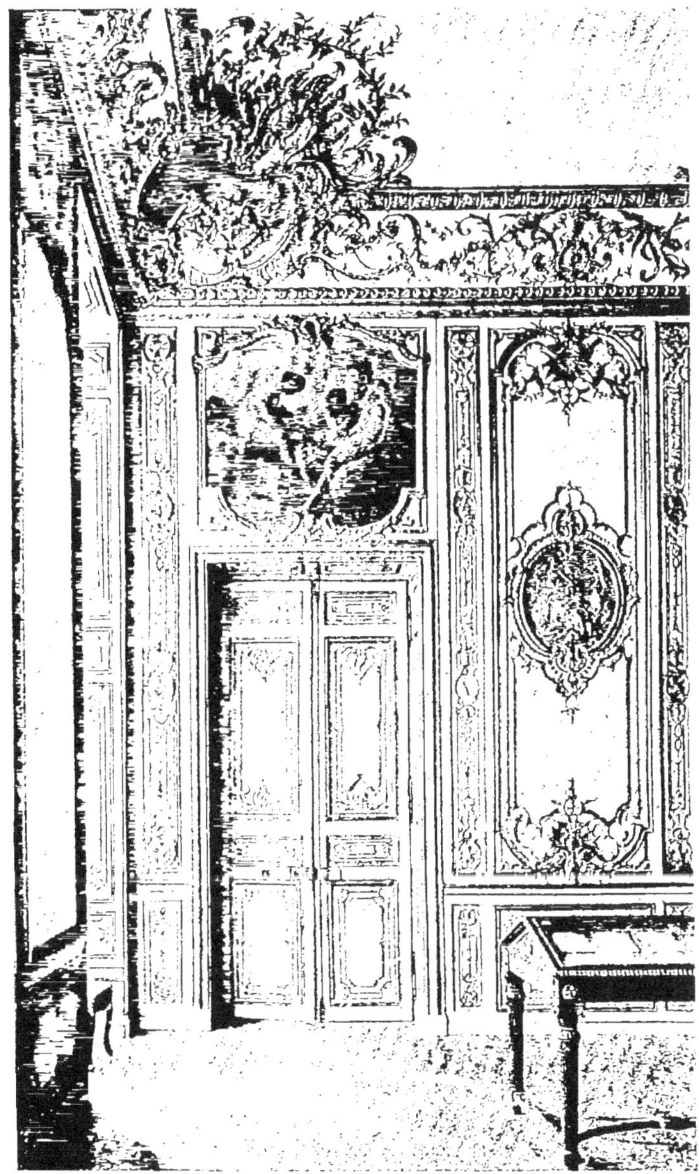

Fig. 32. — *Anciens appartements de l'hôtel de Soubise*
(Fragments de décoration d'une chambre à coucher).

peine rocailleux, se distinguent peu,dans l'ensemble, du décor Louis XIV, à moins qu'ils ne se rangent du côté du Louis XV, au début, n'était la symétrie de leurs dessins et axes. Il est vrai que le décor du Louis XV n'est pas fatalement asymétrique...

Or il se place, à ce même moment, une exagération de l'esprit rocaille manifestée par l'art d'Oppenord[1], de Thomas Germain et de Meissonnier. De là deux courants différents : l'un, celui que nous venons de voir, encore respectueux de l'esprit du xviie siècle, l'autre fatalement affranchi, dans une rocaille plutôt intempestive, malgré pourtant que les ornements en soient souvent symétriques.

Voilà cependant deux expressions bien diverses qui se réclament néanmoins, au même titre, de la Régence.

A quel moment, maintenant, ces deux expressions fusionnèrent-elles pour concourir au style Louis XV? N'y eut-il pas sous les deux époques un accès de sagesse ou de désordre qui les ramena ou les éloigna de la tradition? Ne voilà-t-il pas de quoi donner raison à la fois à ceux qui voient en la Régence un style

1. Oppenord (1672-1742) surnommé, le *père de la Rocaille*, fut promu par le Régent, directeur des manufactures de France et intendant général des jardins royaux. Meissonnier (né vers 1695, mort en 1750) avait vingt ans à l'avénement de Philippe d'Orléans, et Thomas Germain (1673-1748), le plus distingué des orfèvres de cette famille, était âgé de quarante ans au début de la Régence et mourut vingt-six ans avant la fin de Louis XV.

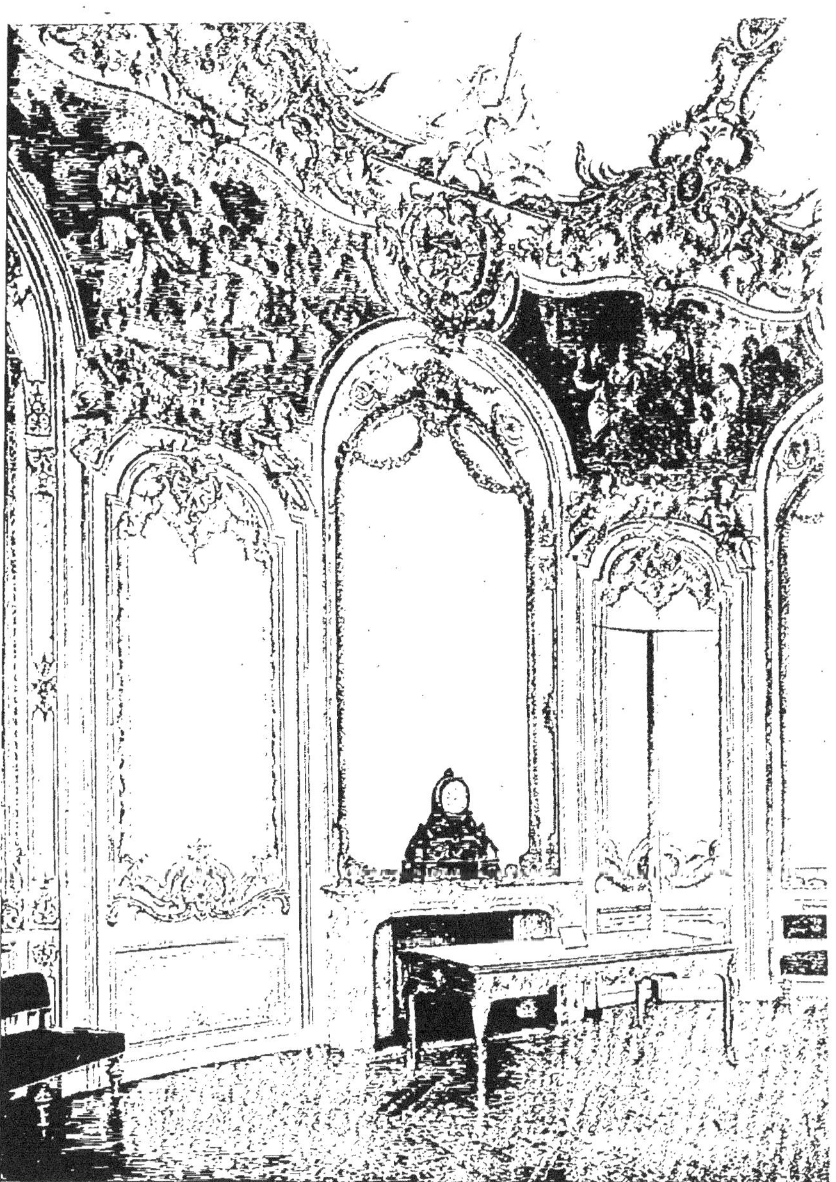

Fig. 33. — *Hôtel de Soubise* (Fragment du salon ovale
du premier étage)

Louis XV « régulier »[1] et qui imputent au Louis XV le seul déséquilibre des axes, l'unique tourmente de la forme, et à ceux qui ne veulent point séparer du Louis XIV quelques modèles décoratifs de la fin de ce siècle, altérés quelque peu si l'on veut, mais toujours d'esprit Louis XIV ?

Bref, de nombreuses contradictions nous permettent d'admettre à la fois l'une et l'autre hypothèse, et nous prendrons un juste milieu : à savoir que la Régence est un compromis entre le Louis XIV et le Louis XV, un terrain confus où la sobriété et l'exagération luttèrent entre la tradition et l'originalité ; car, si l'on peut traiter de « Louis XV régulier » les manifestations Régence, à peine dégagées du Louis XIV, on ne peut refuser à cette même époque des poussées particulièrement intensives de rocaille et de « rococo », comme celles que nous verrons mais plus timides, sous Louis XV. A moins alors que l'on ne s'égare chronologiquement sur ces exagérations originales qui cependant, d'une façon certaine, apparaissent dès la fin de Louis XIV.

Il nous apparaît enfin, plus rationnel, d'attribuer au

---

1. Ne pas confondre *régularité* avec *pureté*. La régularité de certaine Régence provient de l'équilibre de ses axes, de sa symétrie, tandis que la pureté du style Louis XV s'explique par la modération de sa contorsion, par la sobriété de son décor, par la mise au point, enfin, du désordre et de l'exagération de la rocaille précédente.

style Louis XV la discipline des incartades de la

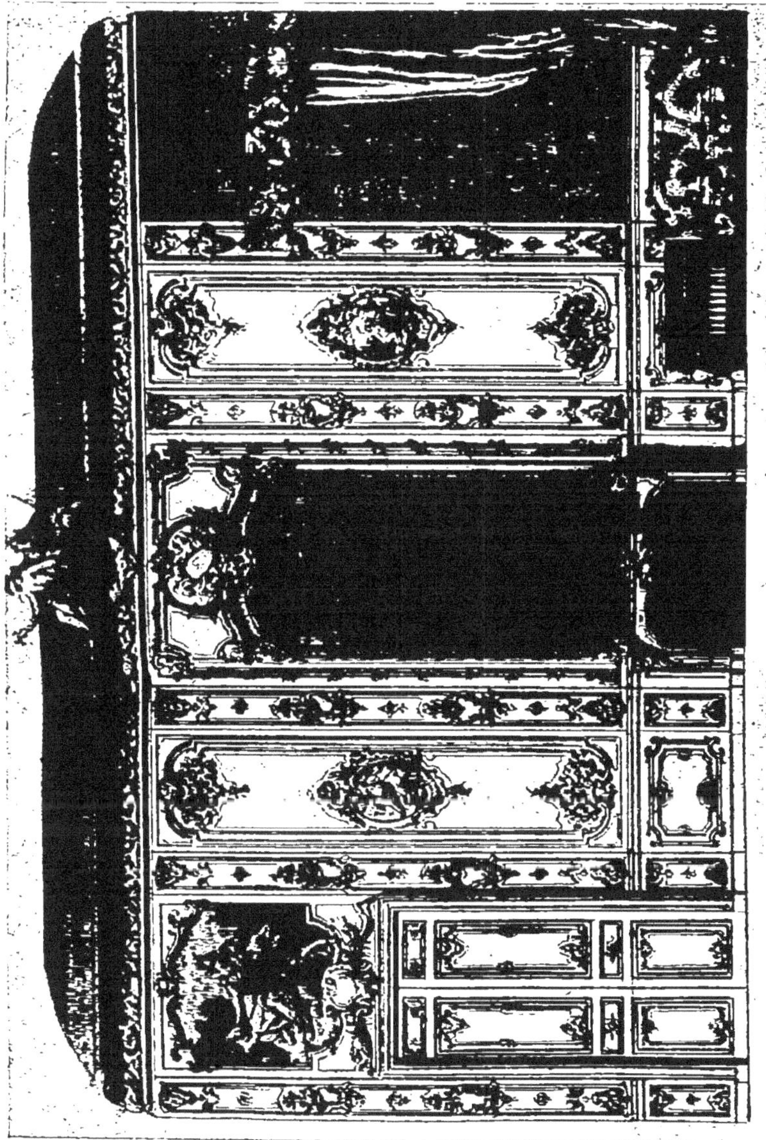

FIG. 34. — *Panneau intérieur de l'hôtel de Soubise, dessin de Boffrand.*

Régence (affranchie du Louis XIV). D'abord parce que

sous Louis le Bien-Aimé, M<sup>me</sup> de Pompadour[1] fut à la tête d'une réaction en faveur du retour à l'antique et que cette réaction, spirituellement écoutée sous Louis XVI, n'aboutit, d'ailleurs lourdement, que sous Napoléon I<sup>er</sup>; ensuite, parce qu'il est plus logique de descendre le flot que de le remonter, du moins dans l'acception de l'originalité qui demande plutôt à être mise au point, par la suite[2].

Ne perdons donc pas de vue les deux aspects de la Régence, l'un d'esprit Louis XIV, l'autre de tournure

1. « C'est M<sup>me</sup> de Pompadour, en dépit de l'opinion reçue, qui dirigea surtout, avec son frère le marquis de Marigny, la réaction contre le style de la Régence ou style rocaille et ramena l'ameublement comme la construction à une harmonie plus simple et plus sobre, sans que la grâce y perdit rien. » (Roger Peyre. — *Histoire des Beaux-Arts.*)

« C'est, en effet, une sorte de lieu commun de penser, de croire ou tout au moins de prétendre que M<sup>me</sup> de Pompadour se borna à accentuer les principes et les idées de la période précédente, et qu'en matière de décoration elle continua d'accorder sa préférence aux formes contournées, bistournées, tarabiscotées, aux ornements dénués d'aplomb et de symétrie. Elle usa, au contraire, de toute son autorité pour ramener les arts de l'ameublement à des principes plus conformes aux grandes traditions si brusquement méconnues, et son « règne », si l'on peut dire ainsi, est marqué par un énergique retour vers les idées classiques. » (Henry Havard. — *Les Arts de l'ameublement : les Styles.*)

2. Mais cette dernière observation ne concerne pas le style du premier Empire, style de décadence, qui écrasa l'indication délicatement classique du Louis XVI. Le style Empire résulte du désordre de la Révolution; il n'eut pas, comme le Louis XVI, l'avantage de succéder à un enchaînement de beauté.

Le flot symbolique, ici, est désemparé; il déborde, au point que, depuis la dernière manifestation esthétique encore caractéristique, celle de Napoléon, notre personnalité est submergée.

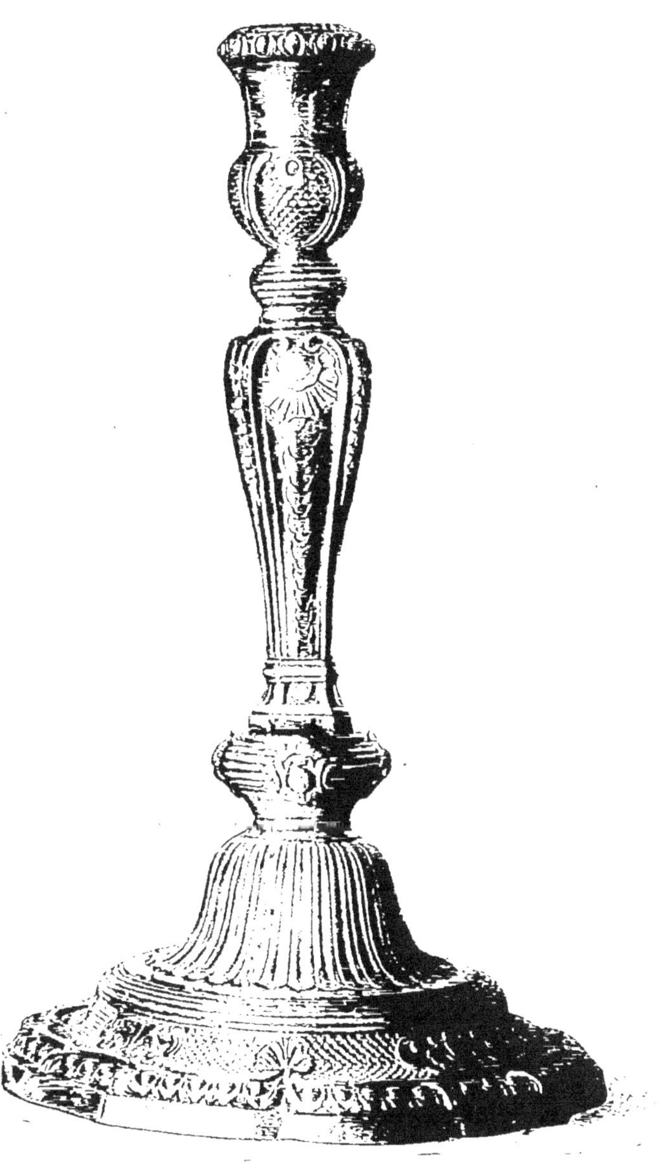

Fig. 35. — *Chandelier, fin Louis XIV, Régence.*

Louis XV par sa rocaille plus ou moins manifeste, plus ou moins excessive. Insistons au surplus sur la courte durée du style transitoire de la Régence et sur ses produits différents encore, suivant qu'ils obéissaient à la formule nouvelle lancée à Paris ou bien à l'ancienne tradition poursuivie en province. Il faut admettre, d'autre part, la lenteur des modifications esthétiques, tant à cause de l'acceptation du goût publié qu'à cause de l'organisation technique nécessitée par ces transformations, chez le fabricant et l'ouvrier. L'imitation d'un artiste original est, donc aussi délicate à généraliser sur l'heure, qu'à préciser immédiatement dans son essor.

D'ailleurs, si nos gravures englobent les deux formules *Régence* sous une seule dénomination, le lecteur appréciera leurs nuances dans le chapitre final où nous les détaillons.

Enfin, si l'on ajoute à ces subtilités distinctives d'autres contradictions fatales dans une évolution, la dénomination du style Régence, *rocaille* ou *rococo*, apparaît la plus logique parce que, si la rocaille servit à la fois à distinguer les productions décoratives et architecturales du règne de Louis XV, elle fut d'abord à la mode sous la Régence, époque à laquelle les ornemanistes lui durent un type ornemental qui n'a d'ailleurs aucun rapport avec le goût de la décoration rustique célébrée au XVIe et au XVIIe siècle. Quant au *ro-*

*coco*, il naquit sous la Régence où sa vogue fut pro-

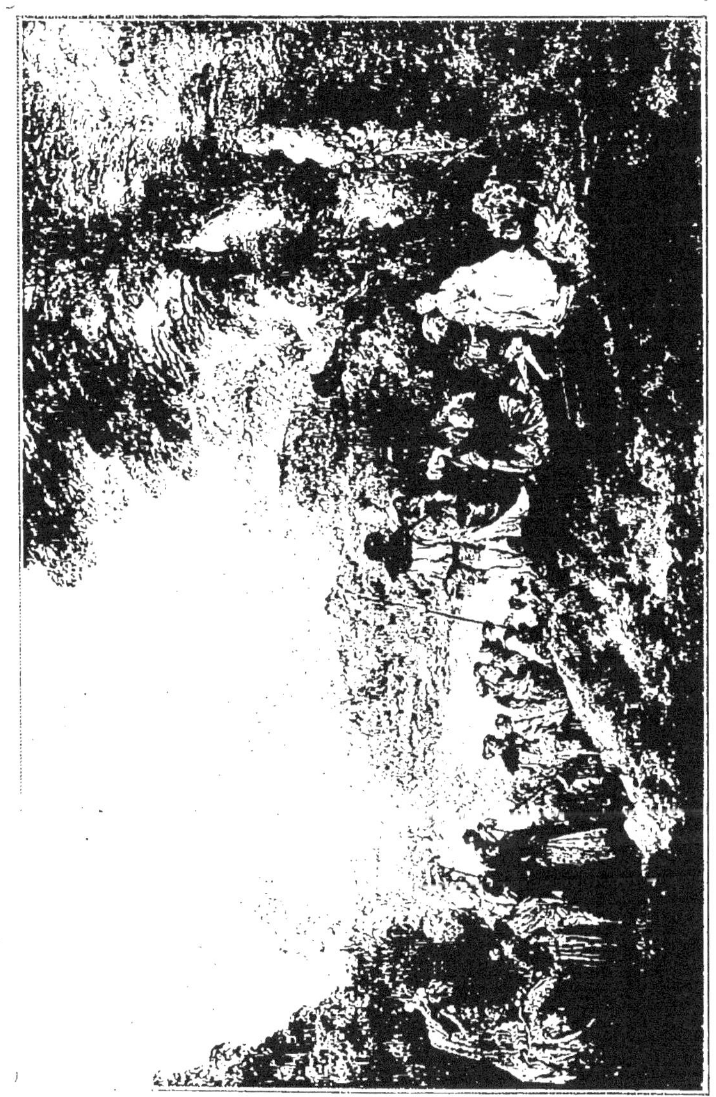

Fig. 36. — *Embarquement pour Cythère*, par A. Watteau (Musée du Louvre).

digieuse. Issu des rocailles, le rococo, qui remplaça le baroque (dont il se rapproche un peu), poursuivit son succès pendant une partie du règne de Louis XV (de 1715 à 1750, principalement, c'est-à-dire jusqu'à la réaction[1] conduite par la Pompadour); nous le verrons ensuite faire les délices de l'Allemagne presque jusqu'à la fin du xviiie siècle.

Aussi bien la rocaille trouva son exagération ornementale, significative du *rococo*, en particulier dans la porcelaine de Saxe dont les « pots pourris » sont caractéristiques.

Expliquons-nous maintenant sur la rocaille propre à la Régence et au Louis XV.

Nous avons dit précédemment qu'il ne s'agissait point ici de la décoration dite rocaille, dans le sens du mot roc ou roche. Cette rocaille-là, exécutée à l'aide de coquillages véritables ou symbolisée nettement par des rochers, jusque dans les appartements, parle d'elle-même, et son sens ornemental est d'une rusticité sans attrait artistique. Les masques, mascarons et autres motifs décoratifs à l'aide de pétrifications, de coraux, etc., dont on trouve d'ailleurs des traces au palais de Versailles, sont d'une excentricité dénuée d'artifice qu'il ne faudrait pas confondre avec la stylisation du coquillage agrémenté, chère à la Régence.

---

1. N'y a-t-il pas lieu de rapprocher cet accès de rigorisme du nouveau rôle joué par la favorite vers cette époque? On nous la montre, en 1752, réduite à n'être plus que l'amie et la confidente du roi, affectant un maintien grave et une dévotion pour le moins imprévus.

La rocaille, en somme, substitue à l'acanthe et au

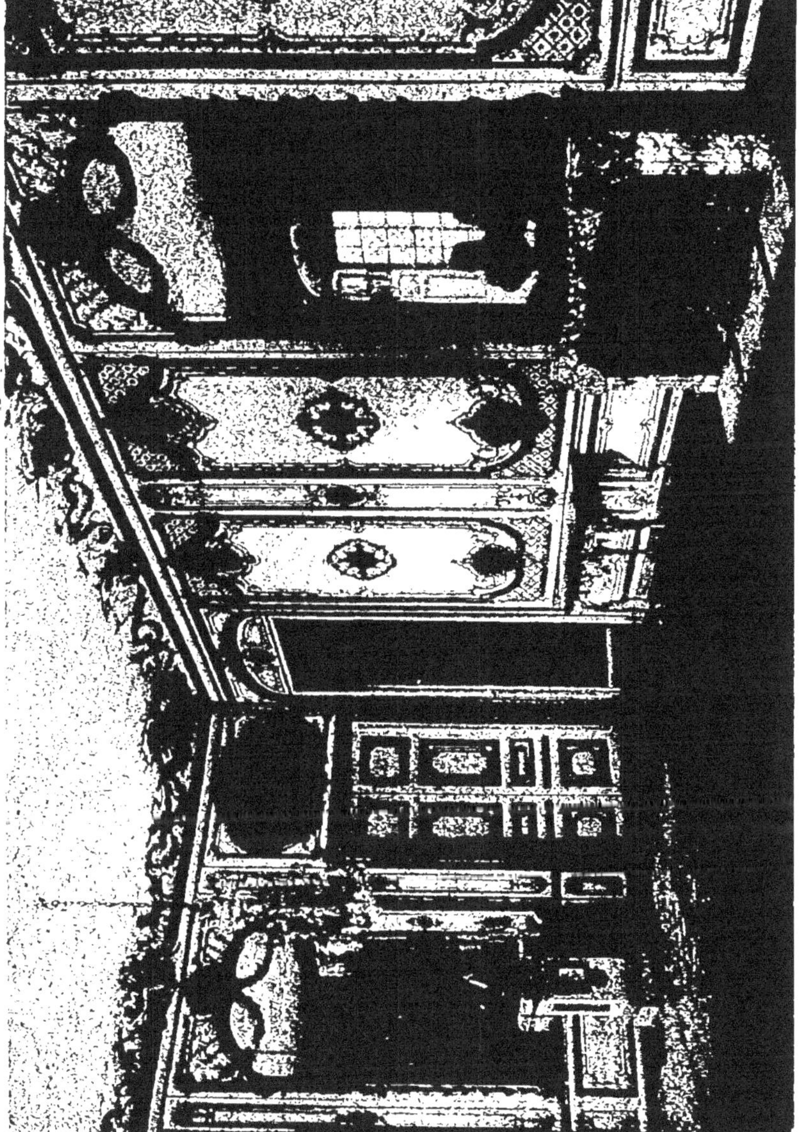

Fig. 37. — *Appartements de Louis XV* (Palais de Versailles).

laurier précédents, les choux frisés, les feuilles de

mauve et les chicorées qui rivalisent, à moins qu'ils ne se confondent, avec cet aspect de coquillage étrange, sorte de collerette tuyautée, d'une souplesse et d'une hybridité singulières.

Mais *rococo* dit la profusion des ornements, certain mauvais goût qui en résulte et, par altération, il en est arrivé à résumer toutes les banalités et toutes les vaines prétentions à un style. Ainsi les deux Restaurations ont-elles laissé le souvenir d'une élucubration rococo, c'est-à-dire sans caractère comme sans pureté.

René Ménard a fait justice enfin, du soi-disant style baroque (de *barocco*, huître de forme très irrégulière, en portugais), qualifié de goût **français** au xviiie siècle par les princes allemands, à qui la beauté de nos œuvres avait certainement échappé.

Écoutons la description réellement baroque de cette conception germaine : « Figurez-vous des colonnes dont les chapiteaux présentent leur angle du côté de la façade, des guirlandes qui grimpent en tournant autour de ces colonnes, de petits amours assis sur tous les angles, des superpositions de frontons coupés, contenant des figures entassées, tandis que d'autres, ne se trouvant pas à l'aise, montent sur leurs frontons, s'asseyent ou se remuent dans des postures impossibles.

« Figurez-vous des églises dont la façade est couverte de haut en bas de lourdes niches, et, dans ces

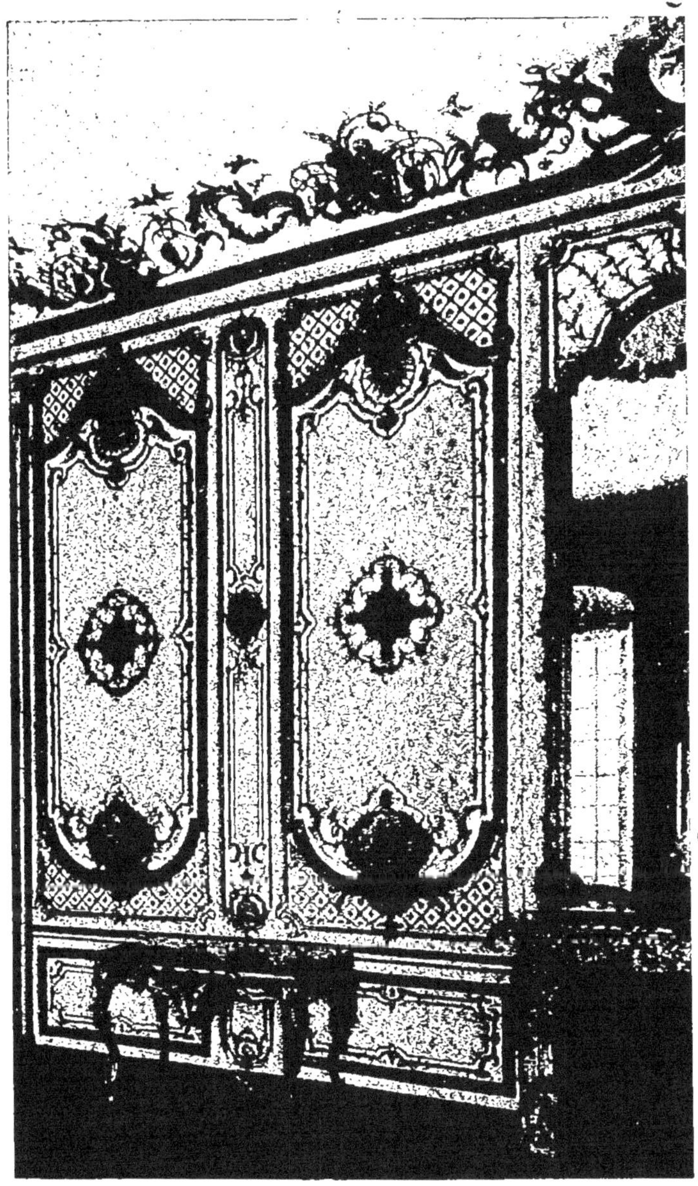

Fig. 38. — *Détail des appartements de Louis XV*
(Palais de Versailles).

niches, des saints qui mettent la main sur leur cœur
des évêques qui tendent le jarret et lèvent les bras er
tenant leur crosse; partout de grosses draperies flot
tantes qui ont la prétention d'être agitées par le vent
des  corbeilles chargées de fleurs en pierre surmon
tées de petits enfants, des ornements boursouflés, de$
consoles qui se contournent en portant des person
nages  qui gesticulent, et vous n'aurez, conclut l'au
teur de l'*Histoire populaire des Beaux-Arts*, qu'une
idée  encore bien imparfaite du rococo allemand. »

Sur ce, nous récapitulerons les motifs décoratifs fa
miliers à la Régence et que nous apercevrons encore,
répétons-le, sous Louis XV, soit alourdis, soit finement dénaturés. Ce sont: la *coquille*, mais la coquille
stylisée au point de  ne plus ressembler à son modèle
naturel, une coquille épanouie, à jour, légère dans un
motif dentelé ;  les *rinceaux*,  les *palmettes*,  des éléments végétaux comme des fleurs, des légumes, etc.,
des ondes simulant l'eau qui coule, des coraux, des
pétrifications et autres inspirations géologiques. Sans
oublier, lorsque le style Régence s'inspire encore de
la fin du xvii⁰ siècle : la *fleurette*, en place de la coquille Louis XIV ou la *grenade* dans cette coquille.

Cette partie de la Régence, ou mieux fin Louis XIV,
est, enfin, caractérisée par une décoration très riche
et très spirituelle, plutôt lourde, qui change de la légèreté un peu maladive du Louis XV, sans avoir la

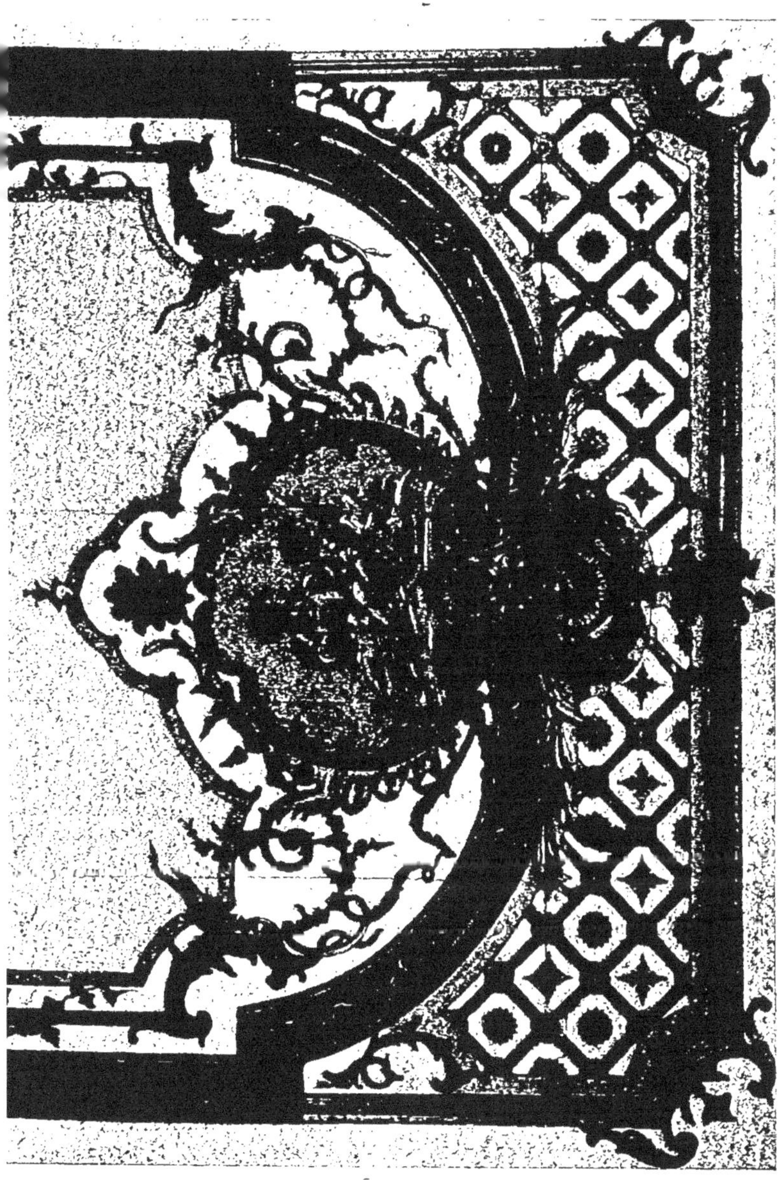

Fig. 39. — *Détail de la base des panneaux précédents.*

solennité du Louis XIV. C'est le joli en place du beau, la fin du rigide et de l'imposant qui se poursuivront jusqu'au Louis XVI exclusivement.

Si la ligne droite est condamnée, avec elle disparaissent les angles. Le geste de la grâce n'est pas anguleux et il correspond à cette abolition de la raideur C'est dire la prodigalité des volutes, la multiplication des courbes chères à cette ornementation; comme chavirée dans les panneaux (principalement en plein Louis XV), qu'elle encadre ainsi que les glaces, au mépris de l'alignement. Et cette rondeur, et cette désinvolture des axes descendent des plafonds, **des murailles**, courent des trumeaux à la cimaise, de la cimaise aux lambris pour se poursuivre dans le meuble : bergères, sophas, gondoles, consoles, etc. Et toutes ces moulures aux nervures accentuées, étincellent sous les ors ou sous les couleurs claires.

Au résumé, tout est tordu, retroussé et gondolé depuis une partie de la Régence jusqu'à Louis XVI. Il n'y a que des nuances dans ces torsions et retroussis, plus ou moins rocailleux et rococo, selon qu'ils touchent davantage au début qu'à la fin des débordements de la ligne droite. Voilà en somme, le critérium de ces expressions parallèles qui concourent au pur style Louis XV.

Quels sont maintenant les principaux maîtres de la *rocaille?*

En remontant à la source du pittoresque outré,

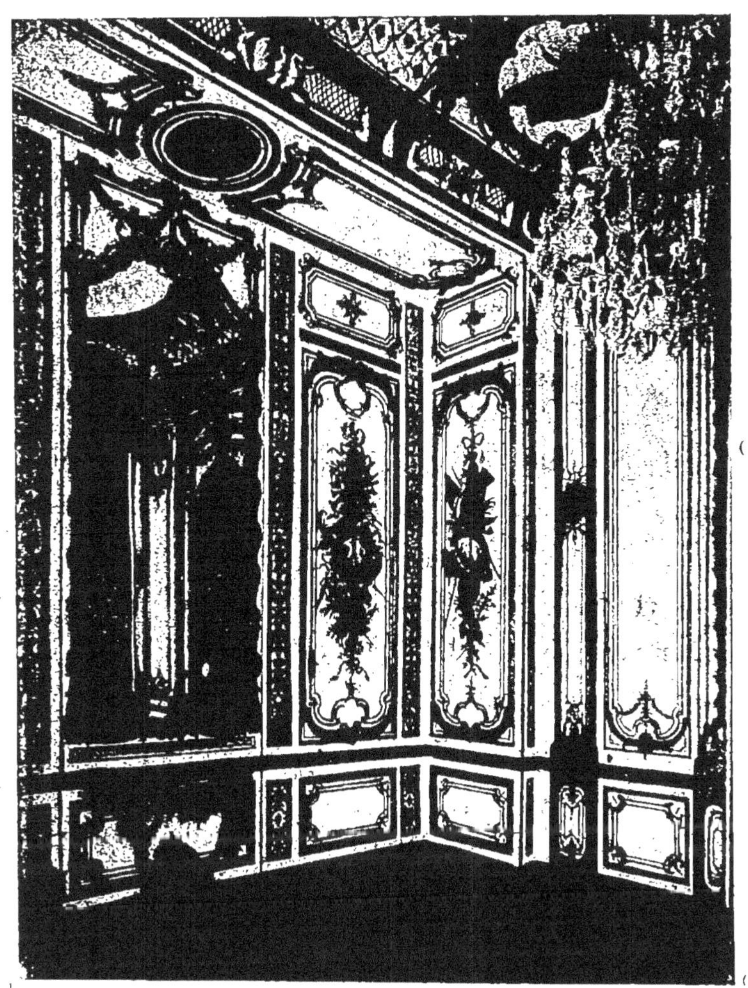

FIG. 40. — *Détail des appartements de Louis XV*
(Palais de Versailles).

voici le Bernin sous Louis XIV. Avec cet italianisme
acclimaté en France par l'artiste, se rencontra, dans
le domaine de l'originalité, la manifestation rocaille

dont la floraison fut due, sous la Régence, à Meissonnier, à Robert de Cotte, à Oppenord, à Germain et à
Héré, notamment.

L'architecte Héré « commit » certain kiosque dont
Voltaire célébra ainsi, sans le vouloir, l'incohérence :

> J'ai vu ce salon magnifique,
> Moitié turc et moitié chinois,
> Où le goût moderne et l'antique,
> Sans se nuire, ont suivi leurs lois...

Il est vrai que l'auteur du kiosque incriminé bâtit
les beaux édifices qui décorent la place Stanislas, à
Nancy.

Robert de Cotte (1656-1735), élève et beau-frère
de Mansard, à la mort de ce maître, lui succède
en qualité de premier architecte et intendant des
bâtiments de Louis XIV ; mais, **s'il** termine à cette
époque la chapelle de Versailles et le dôme des
Invalides laissés inachevés par son prédécesseur, les
embellissements considérables qu'il fit à l'hôtel de la
Vrillière (aujourd'hui la Banque de France), sous la
Régence, portent les traces du goût nouveau. La
galerie dorée (*fig.* 55) de cet édifice, terminée en 1719
d'après ses dessins, reflète, en effet, curieusement,
l'esprit de l'époque.

Robert de Cotte, néanmoins, termina l'église Saint-
Roch, construisit les **bâtiments** de l'abbaye de Saint-

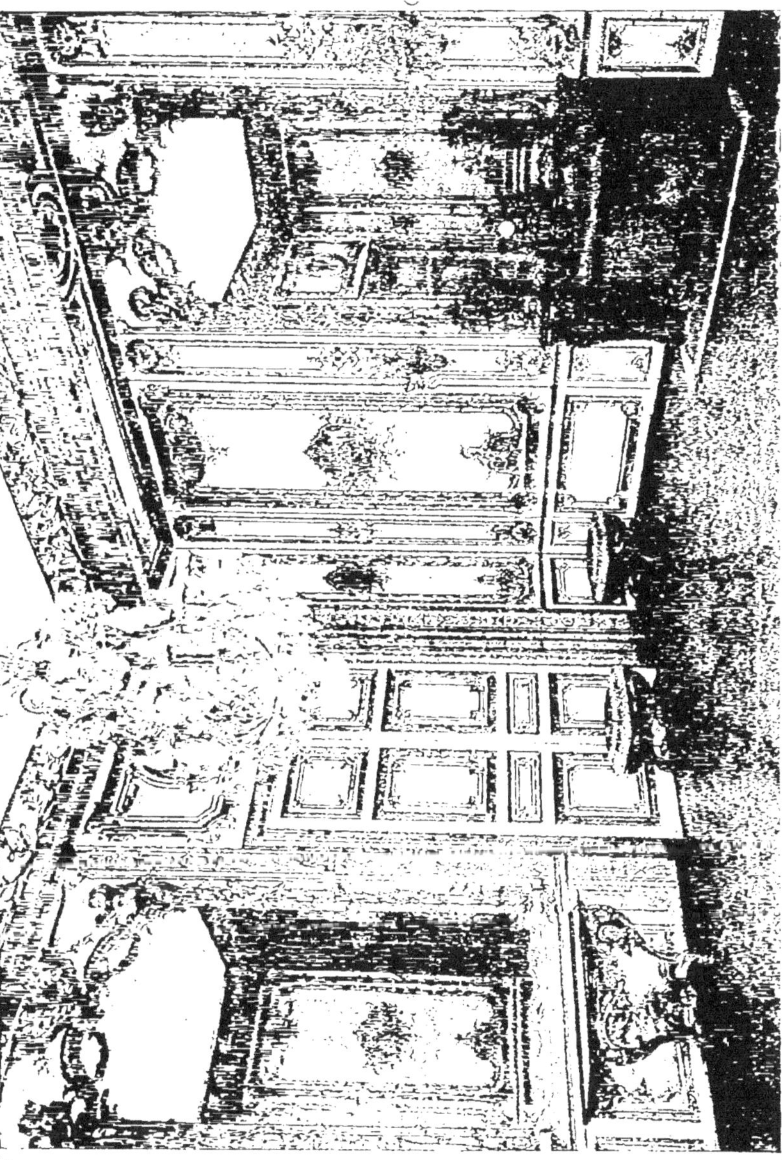

Fig. 41. — *Appartements de Louis XV (Palais de Versailles).*

Denis, aujourd'hui maison d'éducation de la Légion d'honneur, le grand autel de Notre-Dame, la belle colonnade ionique de Trianon, donna le plan de la place Bellecour, à Lyon, et des palais épiscopaux de Verdun et de Strasbourg, s'employa à d'autres travaux pour les électeurs de Bavière et de Cologne, et pour des princes étrangers, dans le genre classique ou traditionnel.

Et que de délicats profils, l'ébéniste Cressent devra aussi à Robert de Cotte, lorsqu'il servira la liberté onduleuse et contournée de la Régence !

Quant à Oppenord, dit le *Borromini français*, autre architecte, il fut sous la Régence investi des fonctions de directeur des manufactures de France et d'intendant général des jardins royaux. Son œuvre, qui symbolise, en somme, « toutes les lignes sinueuses et les formes contournées que l'on condamnait alors au nom de la simplicité », compte surtout, à vrai dire, de remarquables dessins, et si nous devons rejeter, comme de mauvais goût, les travaux décoratifs que l'artiste exécuta dans les appartements du Palais-Royal, dans l'hôtel du grand prieur et dans le chœur de l'église Saint-Victor, triomphes de lourdeur et de tarabiscotage, l'indication de cette expression désordonnée ne devait pas cependant échapper à l'art plus assagi, plus fin, de Louis XV.

Mettons que le style rocaille procéda du mauvais

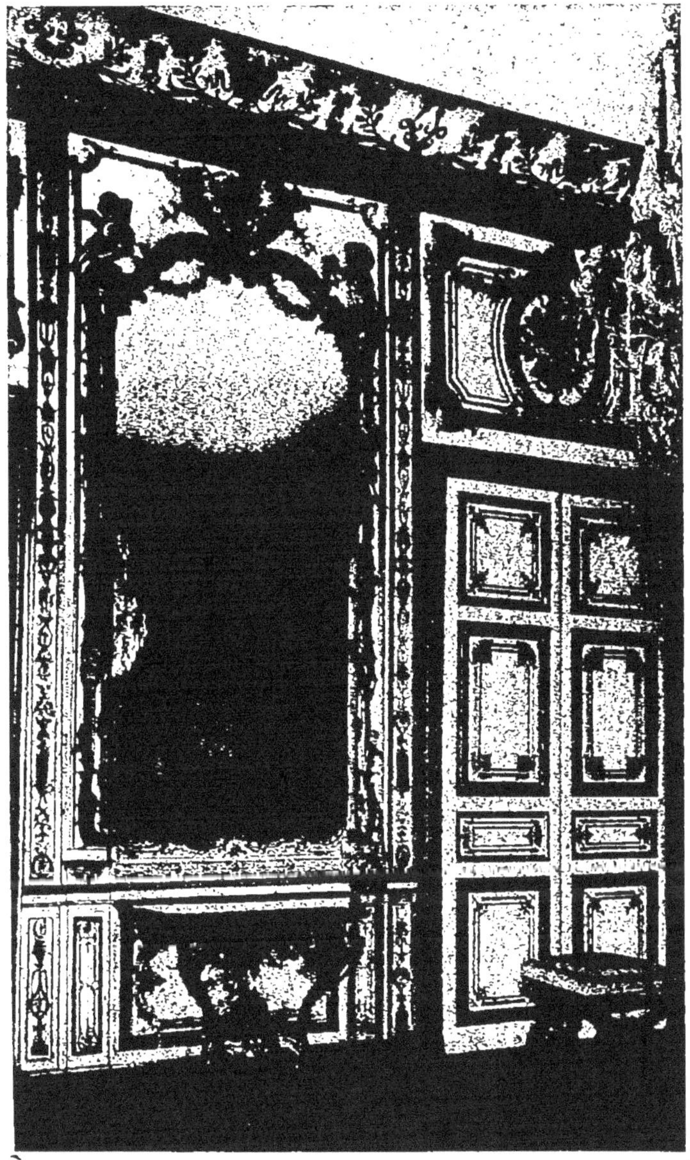

FIG. 42. — *Détail des appartements de] Louis XV*
(Palais de Versailles).

goût italien, mais comment ne pas s'incliner devant les délicatesses et l'originalité que notre esprit national lui imprimèrent !

Si à l'instar de ses concitoyens, Palladio (sous la Renaissance) et le Bernin, Borromini créa au xviii° siècle un pittoresque de goût douteux, un « baroque » dont l'église de la Sapience, à Rome, est le type ; si la forme d'abeille et la tour en spirale de cette église, contredisent à toute noblesse architecturale, le palais de l'Escurial, en Espagne, ne trouva pas davantage, dans la disposition de ses bâtiments en forme de gril (en souvenir d'un vœu fait par Philippe II de construire un magnifique monastère consacré au saint dont ce serait la fête le jour où la ville de Saint-Quentin serait prise), la récompense esthétique de sa nouveauté.

Néanmoins, il faut savoir gré à certaines excentricités d'avoir excité l'invention. L'ordre naît du chaos, tandis que la tradition et l'ordre mal entendus ne sont que routine.

Mais poursuivons notre énumération des maîtres de la rocaille. Meissonnier (Just-Aurèle), peintre, sculpteur, architecte, décorateur et surtout orfèvre, dessinateur ordinaire de la chambre du roi, introduisit dans nos arts décoratifs avec Gilles Oppenord, le favori du Régent, le mépris le plus absolu de l'architecture.

« La construction logique, la sage répartition des

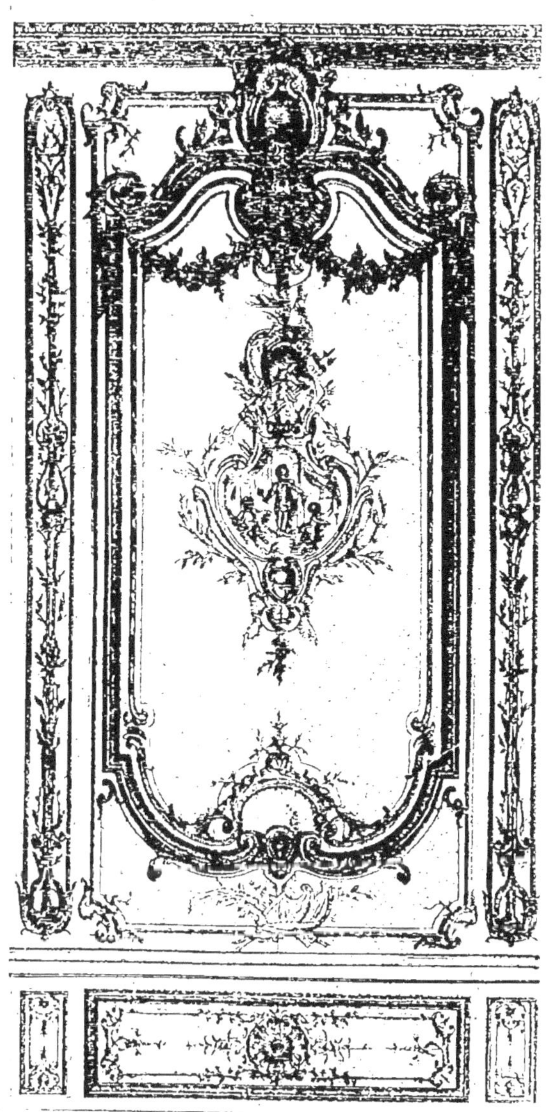

Fig. 42 *bis.* — *Panneau.*

masses portantes, le respect de l'aplomb que l'on avait jusque-là observés, furent brusquement répudiés par eux, et ce spectacle parut si charmant, que, bon gré mal gré, les artistes spéciaux durent se conformer à ces précieux exemples. » (Henry HAVARD. — *Dictionnaire de l'ameublement et de la décoration.*) C'était tout un programme nettement français que cependant deux artistes étrangers réalisèrent et que l'on acclama, tandis que l'Italien Servandoni, Soufflot, Gabriel, représentaient, ce dernier particulièrement, avec un génie impassible, l'esprit classique.

On a dit que l'œuvre de Boffrand (1667-1754) [auteur notamment de la décoration des appartements de l'hôtel de Soubise (*fig.* de 30 à 34), aujourd'hui les Archives nationales, du château du Lunéville (en-tête du chapitre III), du palais de Wurtzbourg, en Franconie, pour l'évêque de cette ville, etc.] caractérise, dans ses qualités et ses défauts, les productions architecturales de la Régence : grandeur et magnificence dans les ensembles; incohérence, désaccord et mauvais goût dans les détails.

Cette dernière critique, sorte de cliché plutôt, qui, en la personne d'un des plus intéressants artistes du Louis XV « primitif », si l'on veut, attaque l'ensemble d'une originalité, même malheureuse, apparaît bien sévère à notre époque de stagnation constructive et ornementale.

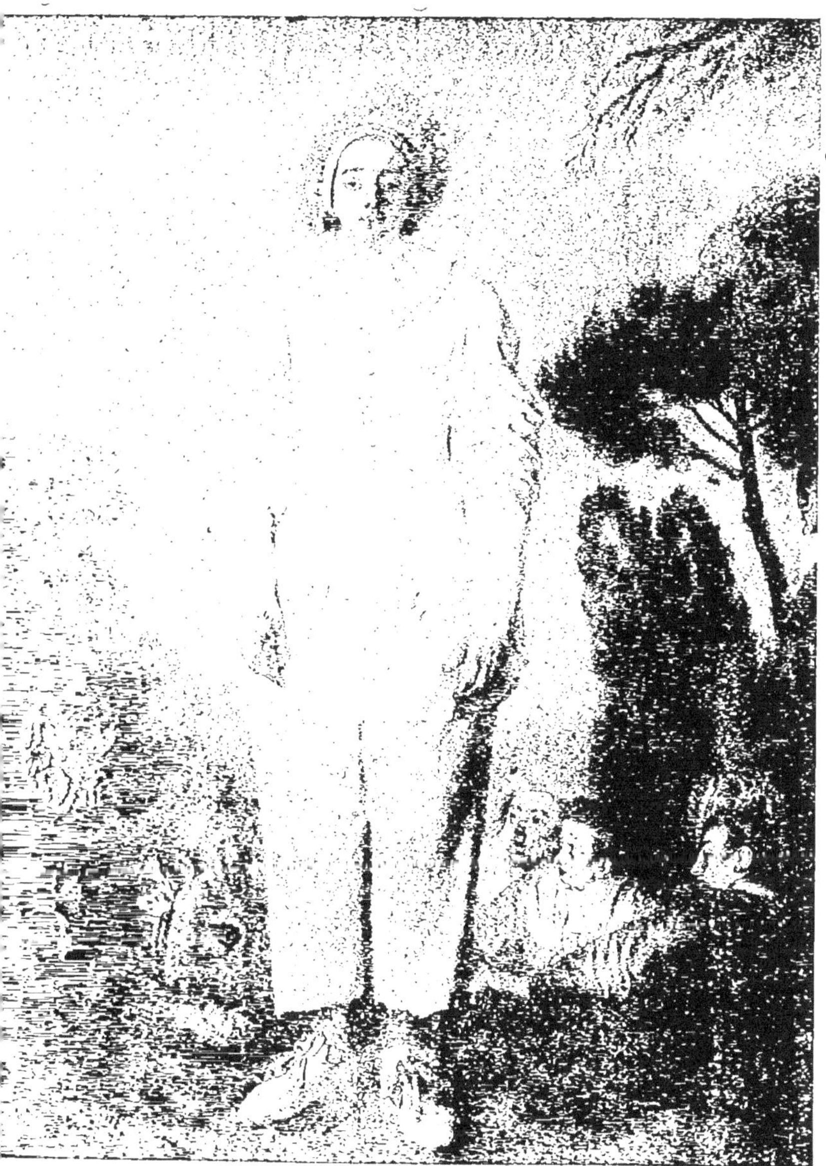

Fig. 43. — *Gilles*, par A. Watteau (Musée du Louvre).

En vérité, les boiseries de l'hôtel de Soubise, notam
ment, ne méritent que des louanges. Et, à propos de
ces boiseries, on remarquera qu'elles sont dans l'axe
régulier et que leurs ornements sont symétriques. C'es
là, répétons-le, le caractère de certaine Régence non
libérée du Louis XIV.

Aussi bien Meissonnier recevra le titre de dessinateur et d'orfèvre du cabinet du roi Louis XV, et voici
que l'on saisit pourquoi quelques auteurs n'ont considéré le style Régence que comme accident pittoresque du style Louis XV (à moins qu'ils ne l'aient
pas suffisamment dégagé du Louis XIV), et pourquoi
ils ne dissocièrent pas les deux expressions d'art. Raison de plus pour juger avec moins de rigueur, l'aube
d'une telle splendeur.

Quant à Germain (Thomas)[1], architecte, et surtout
ciseleur-orfèvre, il contribua vivement aussi, à l'éclat
artistique de la Régence. « Si Germain, écrit Mariette,
ne copie pas tout juste l'antique et si, pour se prêter au
goût régnant, il se livre à des formes singulières, il
ne donne jamais dans des écarts blâmables. » Toujours est-il que le maître ciseleur obéit à son heure
après avoir travaillé pour Louis XIV. Il suit le torrent,
et son art, sous les deux formes, est aussi admirable.

1. Fils du ciseleur-orfèvre Pierre Germain (1647-1684), Thomas
Germain (1673-1748) eut également un fils célèbre dans son art :
François-Thomas Germain (1726-1791).

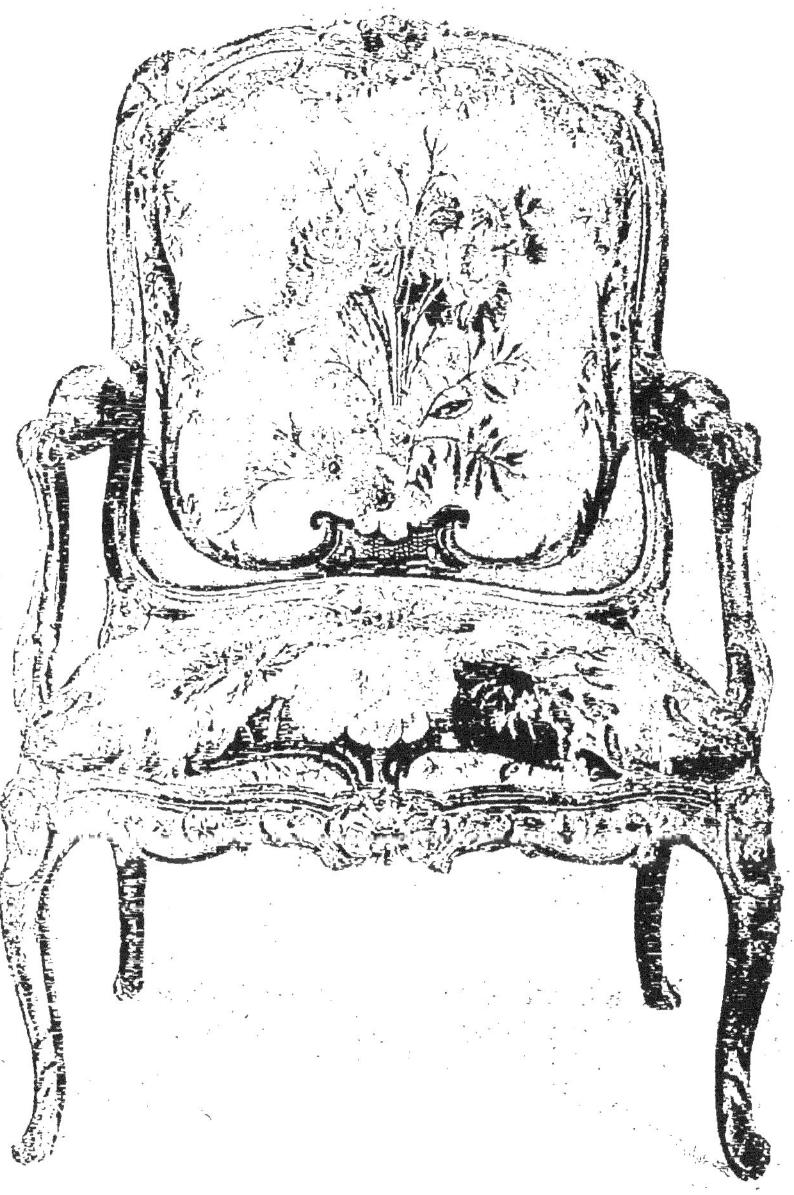

F ɪɢ. 44. — *Fauteuil Régence* (Musée des Arts décoratifs).

Pourtant le maître Claude Ballin (né vers 1660, mort en 1754) [1], qui cisellera la couronne du sacre de Louis XV, sacrifie sans s'en apercevoir à la beauté du jour, puisqu'il prétend, vers la fin de sa vie, que l'on « gâtoit les belles formes en substituant aux sages ornemens des anciens des escrevices et des lapereaux, qui ne sont pas faits pour garnir le dehors des vases d'orfèvrerie ».

Bref, après les maîtres de la rocaille qui s'illustrèrent dans l'architecture et l'orfèvrerie, distinguons ceux du mobilier. Voici Bérain qui brilla sous Louis XIV à côté de Boulle, Bérain dont la manière se transforma au goût du jour ; voici surtout Charles Cressent (1685-1768) dont les meubles en marqueterie sont alors des plus réputés, des plus décisifs.

Sous la fin du règne de Louis XIV, le meuble avait adopté les placages de bois de rose et d'amarante, plus en rapport avec les délicatesses de la société qui pointait, que la sévère marqueterie d'écaille et le bois d'ébène. L'ameublement coquet de la Régence ne pouvait que se complaire à ces bois clairs, plus riants et mieux accommodés au frais décor ambiant. Et ce fut le triomphe de Cressent d'assembler avec goût et harmonie les bois de citronnier, de violette et de rose offerts à sa fantaisie de mosaïste. Il figura

1. Neveu de Claude Ballin, orfèvre de Louis XIV (1615-1678).

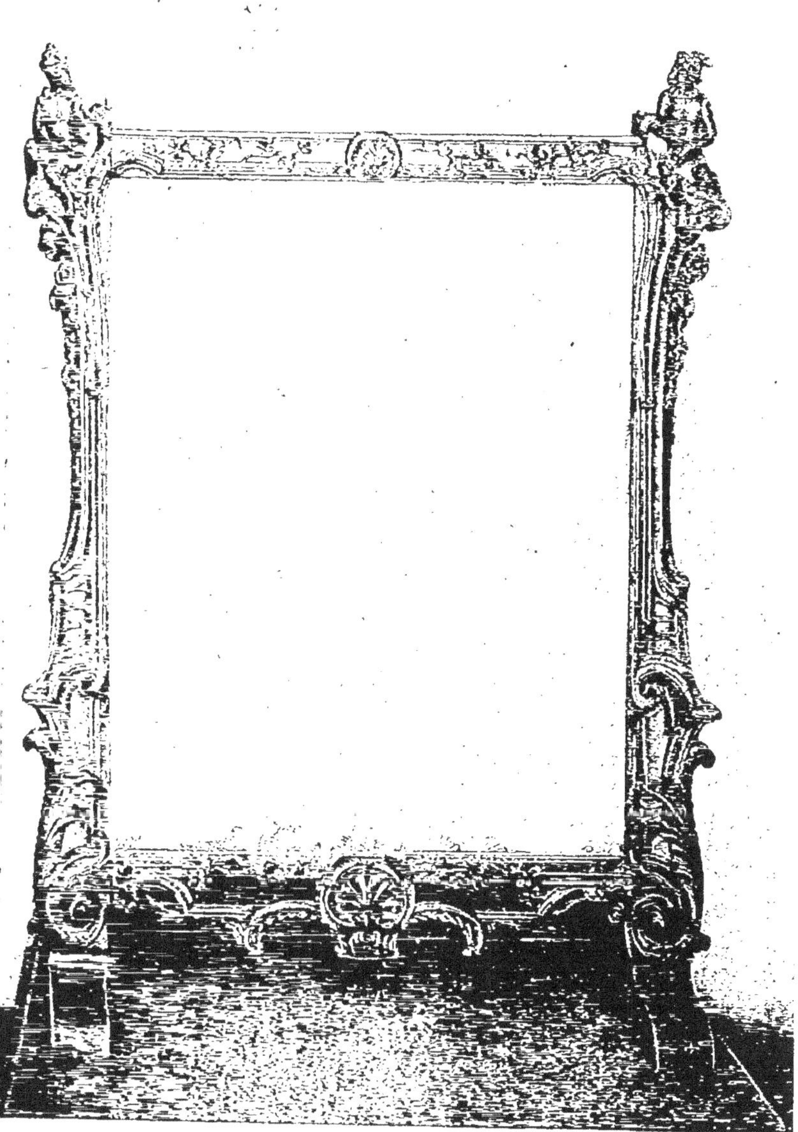

Fig. 45. — *Écran Régence* (Musée des Arts décoratifs)

ainsi, soit des damiers et autres motifs rigides lorsqu'il ne dessina pas des sujets : « trophées d'instruments de musique liés avec des rubans, emblèmes amoureux comprenant toujours le carquois et les flambeaux agrémentés de colombes, etc., etc. »

Mais les décorations simiesques (*fig.* 63), singes faisant de la musique, enfants balançant un singe, sont aussi très en vogue sous la Régence, et ces scènes alternent avec des sujets mythologiques compliqués de feuillages, avec les chiffres entrelacés du roi et autres motifs qui, sous l'inspiration de Cressent trouvent des enlacements, des contours d'une science et d'un art harmonieux.

Souvent même, à cette époque, les veinures et les nœuds du bois savamment dirigés, composent tout naturellement des dessins où l'œil s'égare, singulièrement amusé par des visions aussi fugitives que variées.

D'autre part, le maître ébéniste sacrifie luxueusement aux exigences du jour. Ses commodes, encoignures, chiffonniers, bureaux, meubles d'appui, etc. sont revêtus à profusion de cuivres ciselés, d'or moulu, de bronzes dorés plus résistants que les mosaïques de bois.

Maintenant l'ébénisterie n'est plus qu'accessoire. Sous Louis XIV l'éclat des applications métalliques était tempéré par le bois et l'écaille ; sous la Régence, l'ébénisterie ne sert qu'à faire valoir les bronzes dus u peintre-graveur Gillot et, d'une manière générale,

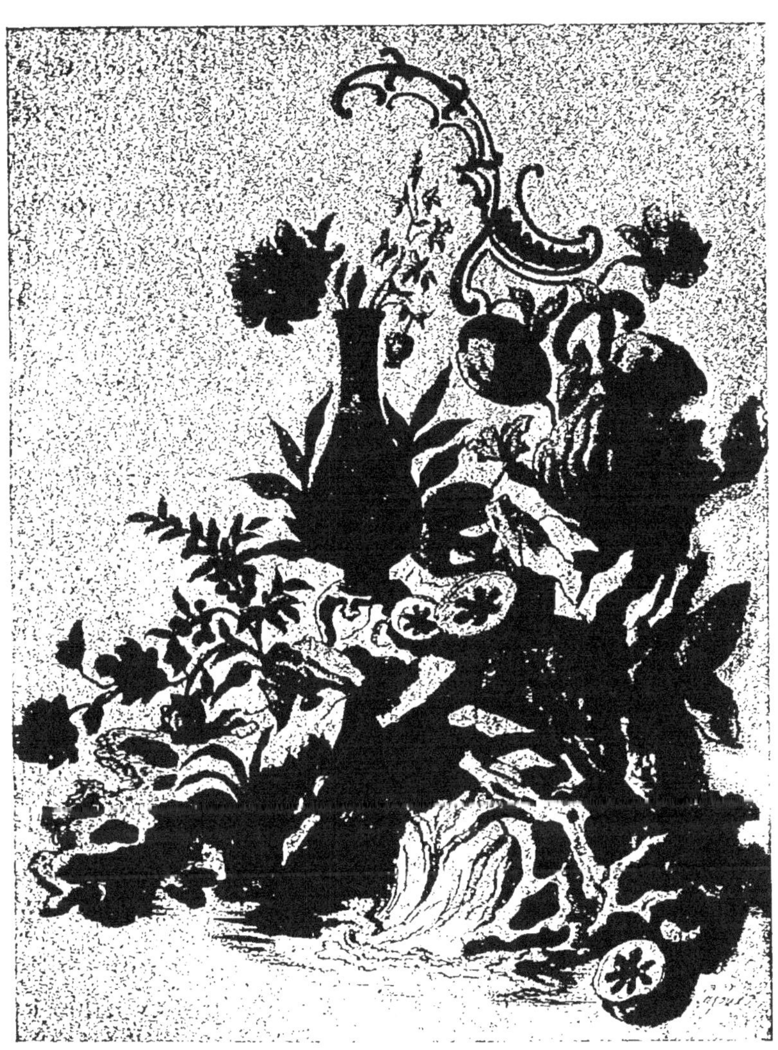

FIG. 46. — *Composition décorative*, par Lajouë.

l'ameublement tour à tour riant sous ses frais placages
ou brillant sous ses atours ciselés, s'inspire de la co-

quetterie du délicieux peintre Watteau. Car Watteau, dont nous parlerons plus loin, dans l'aspect d'ensemble du style qui nous occupe, est la fantaisie même de la Régence, comme David reflétera essentiellement la discipline classique au premier Empire. L'un est l'émanation propre du génie français dans un style original, tandis que l'autre restaurera l'antique dans un décor déjà vu. Entre les deux maîtres, il y a la différence de l'esprit, et il faut convenir que tous deux, dans leurs manifestations opposées, Watteau aux petites toiles légères et roses, David aux vastes toiles sévères et sombres, sont bien adéquats à leur époque.

Mais revenons à l'ébénisterie. Le goût de l'heure veut les vantaux et les côtés des meubles, commodes, scabellons, etc., cintrés, ventrus, boursouflés, fleuris de mascarons, entourés de rayons, godronnés, flanqués de bustes représentant, par exemple, les quatre parties du monde ou bien des femmes à collerettes plissées et à plumes, selon le genre de Gillot, auteur d'un livre de « principes d'ornements où tout est mince, léger, aérien », et de Watteau, son élève. Autres modèles : commodes aux dragons, aux figures de femmes formant angles ; médailliers, ornés « de groupes d'enfants occupés à frapper des monnaies » ; meubles d'appui en bois de satiné ornés de peintures ; commodes dites à la Régence, à la Harant, à la Dauphine, etc.

Autant de conceptions où les ornements s'accu-

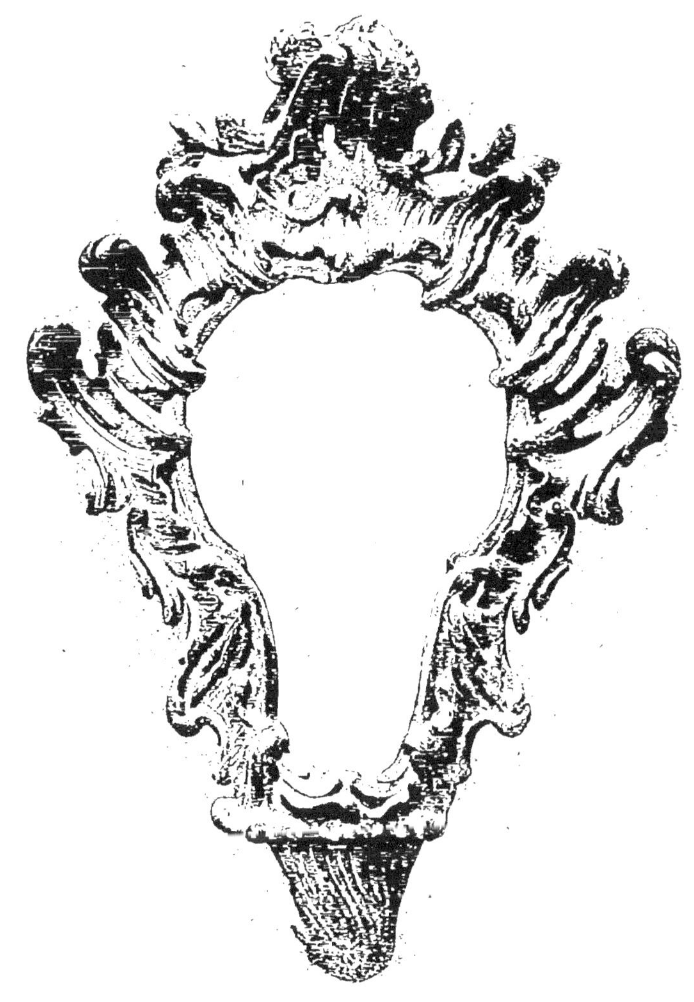

Fig. 47. — *Glace.*

mulent, au détriment le plus souvent de la simplicité

et de la pureté linéaire, mais dont la richesse décorative est somptueuse.

Il est à remarquer que les meubles : chiffonniers, secrétaires, etc., ont le plus souvent des pans coupés en place d'arêtes vives et que le prolongement en droite ligne de cette partie méplate aboutit à des pieds tordus. D'autre part, l'entre-jambe a disparu des meubles, c'est-à-dire que les pieds des sièges sont libres depuis la fin du XVIIe siècle.

Aussi bien chaque artiste conserve singulièrement sa personnalité à travers ces créations les plus diverses, grâce au respect d'un motif fondamental autour duquel brode son imagination. Ici des mascarons couronnés de palmettes et de plumes, là des quadrillages, des crossettes et des coquilles, des palmes, des moulures gondolées de mille manières différentes.

A cette décoration extrêmement gracieuse, qui concerne aussi bien l'ornementation murale que celle du meuble, viennent s'ajouter pour ce dernier, les peintures à l'huile et au vernis Martin qui chantent à l'unisson des scènes pastorales.

Et ce sont des cartels d'applique, des horloges sur des pieds en forme de tronc d'arbre en cuivre ciselé, toutes sortes d'œuvres enfin, ingénieusement tourmentées et d'une préciosité rare.

En attendant que nous complétions, au chapitre suivant, les caractéristiques du style Régence, *ro-*

*caille* ou *rococo*, il ne nous déplaît pas de remarquer avec quel entrain souvent les époques confondent ou mêlent, du moins, leurs satisfactions de beauté. C'est le cas de la fin du Louis XIV adoptant les décors de

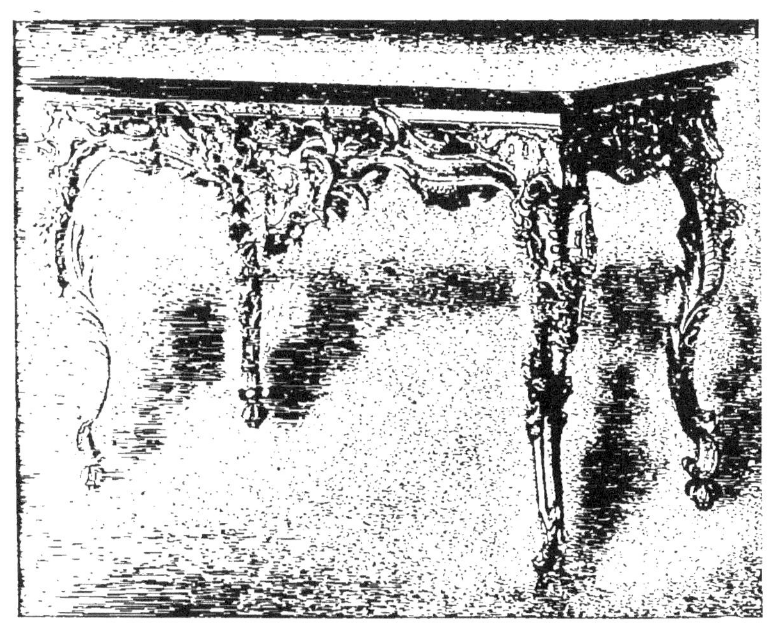

Fig. 48. — *Table rocaille.*

chinoiseries, ces mêmes décors qui feront les délices de la Régence avec Gillot, Watteau, Aubert, Jeaurat, autant que ceux de Louis XV, grâce à Boucher.

Et voici pourquoi, du déclin d'une esthétique à l'aube d'une autre, en passant par les ténèbres de l'indécision intermédiaire, des phénomènes analogues s'observent, et voici pourquoi Régence et Louis XV

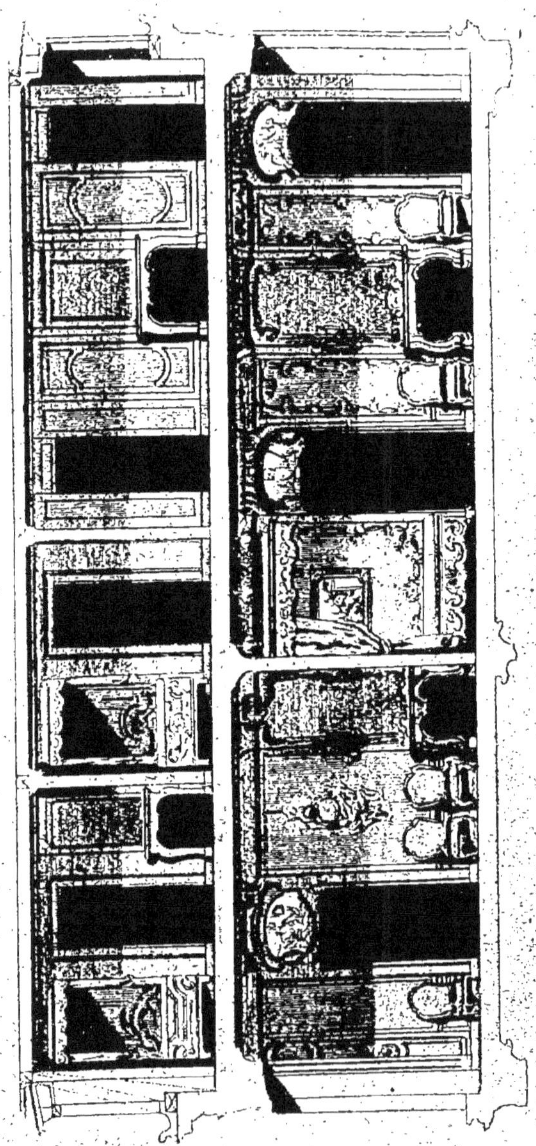

Développements du second et troisième Étage.

se fondent dans une personnalité seulement indiscu-
table. Ils communient dans la rocaille et l'esprit contorsionné, malgré les nuances propres à la Régence,
que nous indiquâmes, lorsque cette époque n'osait
point encore rompre tout à fait avec le xviie siècle,
quand elle n'avait pas encore initié ou convaincu le
Louis XV.                          ,

Pourtant, Louis XIV avait su résister aux agaceries
des arts de l'Orient dont la révélation fantaisiste
devait être, au contraire, des mieux harmonisées aux
temps frivoles qui suivirent, et, en même temps que
la mythologie illusionnait à point de son mensonge
charmant, tandis que des magots, en rupture de pagodes, étourdissaient de leurs grelots, des singes
s'échappaient à travers un décor de bambous favorable
et inédit.

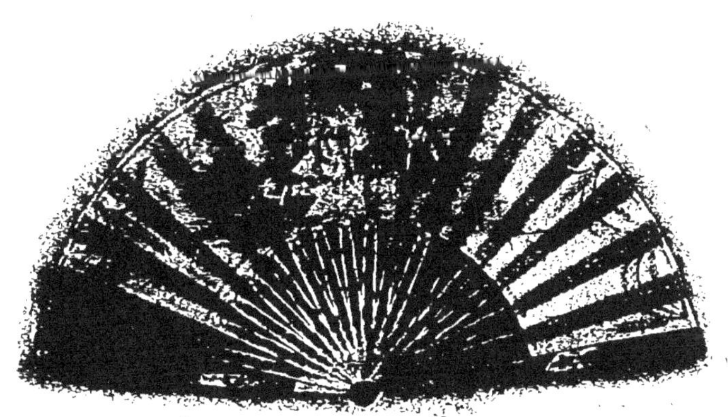

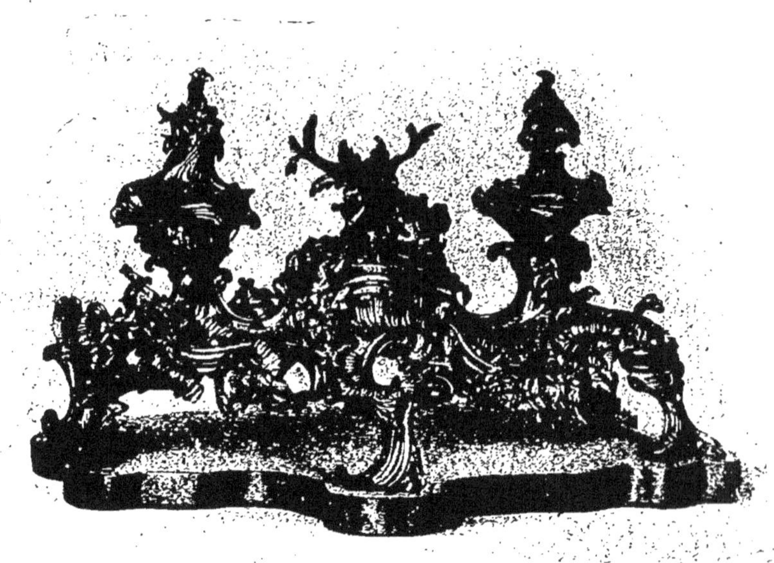

# CHAPITRE IV

**Des caractéristiques du style Régence** (*Suite et fin*).
**Jean-Antoine Watteau, les van Loo,
Antoine Coypel, etc.**

Si l'art ne vit que de grandeur, il importe de ne
pas confondre la grandeur avec l'ennui et l'ennui avec
le beau. C'est ainsi que le délicieux peintre Jean-
Antoine Watteau succédant au majestueux Le Brun
fait heureusement diversion. A chaques mœurs,
expressions artistiques différentes, et la nuance varie
du rose au gris et du gris au noir, suivant la gaîté, le
souci et la gravité des époques. En ce moment, le ciel
est rose, vive Watteau !

Nul autre que Watteau, si ce n'est François Boucher sous Louis XV, ne pouvait peindre des grâces aussi suaves, éveiller des idées plus frêles et plus fraîches, ne pouvait répondre enfin plus exactement aux alanguissements voluptueux de son heure.

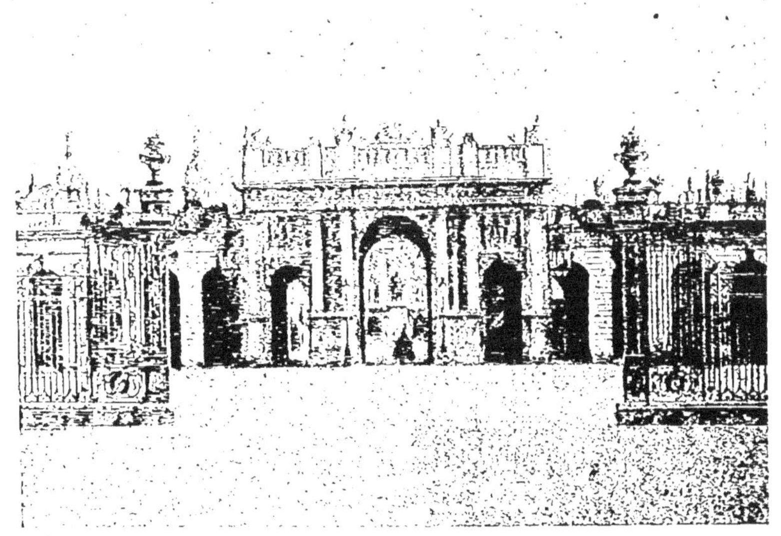

Fig. 52. — *Arc de triomphe*, par Héré, à Nancy.

Watteau (1684-1721) prouva que les petits maîtres de sa trempe valaient les plus grands maîtres. Il fut le *peintre des fêtes galantes* avec un génie original, avec une richesse et un idéal ravissants, représentés notamment par l'*Embarquement pour Cythère* (*fig.* 36); la *Conversation dans un parc* ; *Gilles* (*fig.* 43), au musée du Louvre.

« Watteau, a écrit Paul Mantz, tombait du ciel des

féeries. Poète aux inventions romanesques, maître des perspectives élyséennes, inépuisable créateur de caprices et de costumes, il apportait un idéal nouveau, il donnait la vie à un monde. »

Et ce furent, sous son pinceau enrubanné, des théories de bergers et de bergères énamourés, vêtus de satin frais, aussi frais que les bosquets où ils s'égaraient ; toute une fantaisie où défilèrent, dans un décor idéal, Arlequin, Colombine, Pierrot et Scaramouche, tandis qu'éperdus dans des nuages irisés, des amours volaient, ajoutant au rêve ambiant.

A côté de Watteau : Pater, Lancret, poursuivent le genre du maître, sous son étiquette joyeuse, cependant que François Lemoyne (1688-1757), autre peintre, aborde la grande décoration.

Mais à vrai dire, le vaste plafond du *Salon d'Hercule* de Lemoyne, à Versailles, n'aboutit pas plus loin, malgré sa haute visée, que ses mythologies amoureuses. En revanche, Antoine Coypel (1661-1722), fils de Noël Coypel, directeur de l'Académie de peinture sous Louis XIV, reçoit du Régent le titre de premier peintre du roi pour des œuvres qui portent encore la marque pompeuse du dernier siècle, et il décore le château de Meudon, le Palais-Royal, avec cette étonnante facilité que l'on retrouve encore chez Jean-François de Troy (1679-1752), autre peintre du temps, auteur notamment d'une *Histoire d'Esther* (reproduite en tapisserie par les Gobelins), d'une *Bethsabée au bain*, d'une *Mort de*

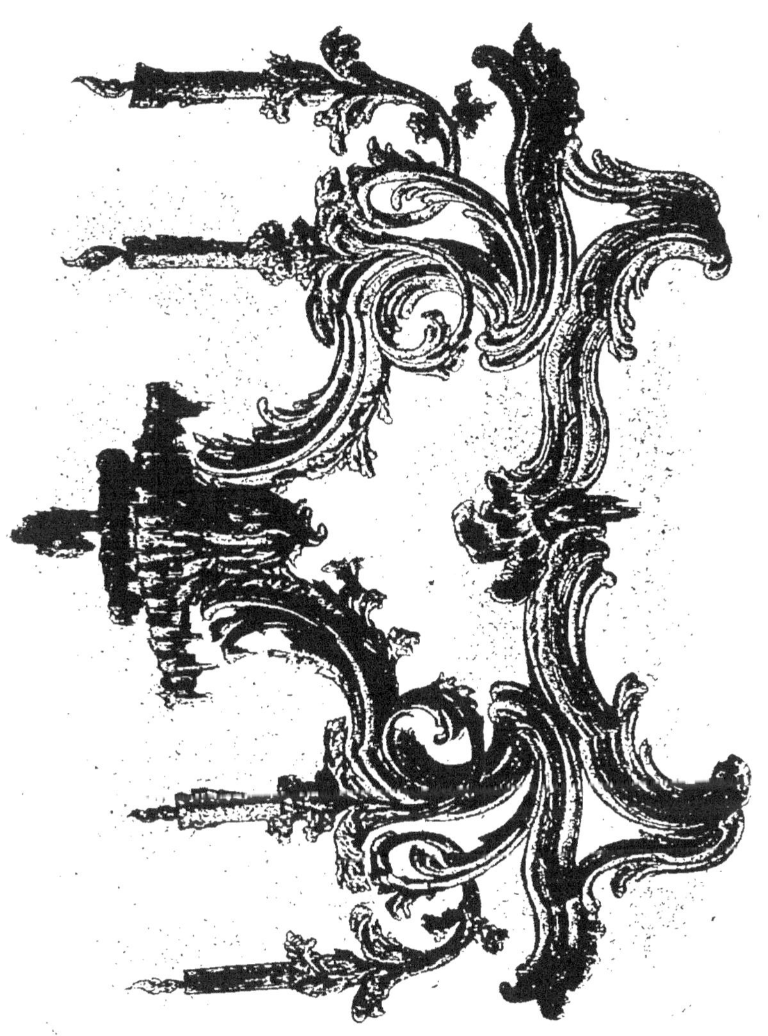

FIG. 53. — *Dessin attribué à Meissonnier (Musée des Arts décoratifs).*

*Lucrèce*, au Louvre, etc. OEuvres d'une grande élégance et d'une réelle distinction non exemptes de froideur.

Les van Loo, encore, Carle (1705-1765) et Jean-Baptiste (1684-1745), principalement, représentent dignement la peinture avec plus de brio, il est vrai, que de solidité. Du premier de ces artistes, on peut citer le *Portrait de Marie Lesczynska* (*fig.* 66) au Louvre, et du second, l'*Institution de l'ordre du Saint-Esprit*, même musée.

Du côté de la sculpture, se poursuit l'école victorieuse des Coustou, si brillante depuis Louis XIV et non moins remarquable sous Louis XV.

C'est là, si l'on veut se borner à la tyrannie des chronologies, que s'arrête l'énumération des artistes les plus fameux de la courte Régence. Mais c'est là aussi que débute la longue suite d'artistes dénommés du xviii⁰ siècle, et nous verrons s'allonger la liste des noms célèbres de l'art, lorsque nous parlerons de l'important règne de Louis XV. Aussi bien il ne faut pas oublier que le xviii⁰ siècle est un tout.

Il nous reste à donner la physionomie d'ensemble d'un salon Régence, et auparavant nous citerons ces lignes d'un contemporain, à propos de la distribution des bâtiments... « Avant ce temps, on donnait tout à l'extérieur et à la magnificence. A l'exemple des bâtiments antiques et de ceux de l'Italie que l'on prenait pour modèles, les bâtiments étaient vastes et sans aucune commodité. Toutes ces distributions agréables que l'on admire aujourd'hui dans nos hôtels modernes, qui dégagent les appartements avec tant d'art ; ces escaliers dérobés, toutes ces commodités recherchées qui rendent le service des domestiques si aisé et qui font de nos demeures des séjours délicieux et enchantés, n'ont été inventés que de nos jours. »

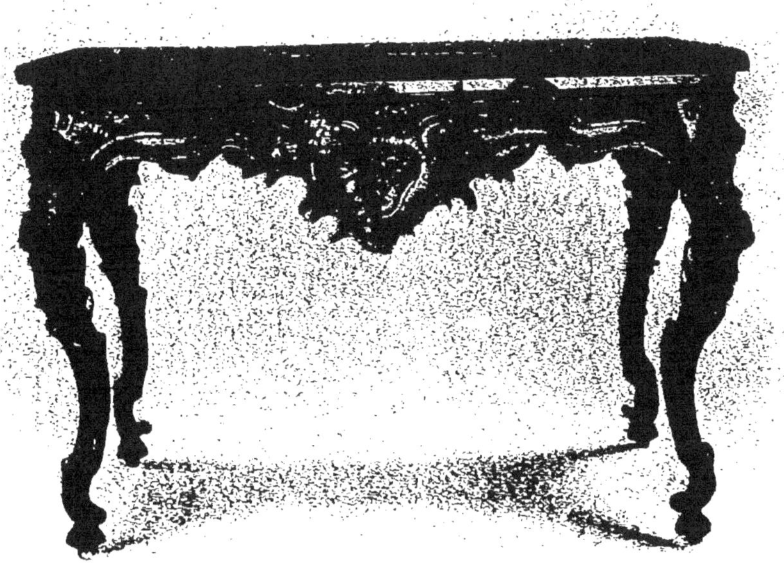

Fig. 54. — *Table rocaille.*

Nous nous sommes d'ailleurs expliqué, sur le symbolisme de cette métamorphose, sur cette mutilation de la pensée de Louis XIV, en dégoût de la majesté royale, par des successeurs plus préoccupés des désordres de leur vie intime que des charges de la couronne. A quoi tient l'esthétique ! Goûtez les origines du confort !

BIBLIOTHÈQUE NATIONALE R.F. IMPRIMÉS

7

Henry Havard, dans *les Styles*, insiste d'autre part, sur la sensualité de l'heure : « ... La chambre à coucher devient une sorte de temple, dont le lit est l'autel ; et le boudoir un sanctuaire privilégié, facilement accessible aux fidèles. Galante parodie du Petit et du Grand Lever, c'est devant son miroir et pendant sa toilette qu'une femme aimable reçoit, et le décor se réduit, s'amenuise à mesure que la scène se fait plus intime. »

Précisons maintenant, cette coquetterie, cette intimité et ce bien-être, non plus dans leur philosophie, mais dans leur description matérielle.

La cheminée, hier monumentale, est remplacée maintenant par une petite cheminée. Alors qu'elle s'écrasait auparavant sous des motifs ornementaux massifs, elle s'allège de miroirs encadrés dans des trumeaux. Et, cette cheminée, à chenets de petite dimension, qui orne la chambre à coucher, est amène, comme il sied à un temple. Des peintures représentant des Amours, des Grâces, sourient au plafond, au lieu des farouches guerriers de jadis ; à moins que ce ne soient des rosaces, des arabesques dorées, des guirlandes de fleurs, à peine en relief.

« Les chambres sont ornées de sculptures, écrit Boffrand à propos de l'hôtel d'Argenson, de dorures et de glaces, et le plafond du salon, peint par Antoine Coypel, premier peintre du Roy et de S. A. R. M<sup>gr</sup> le

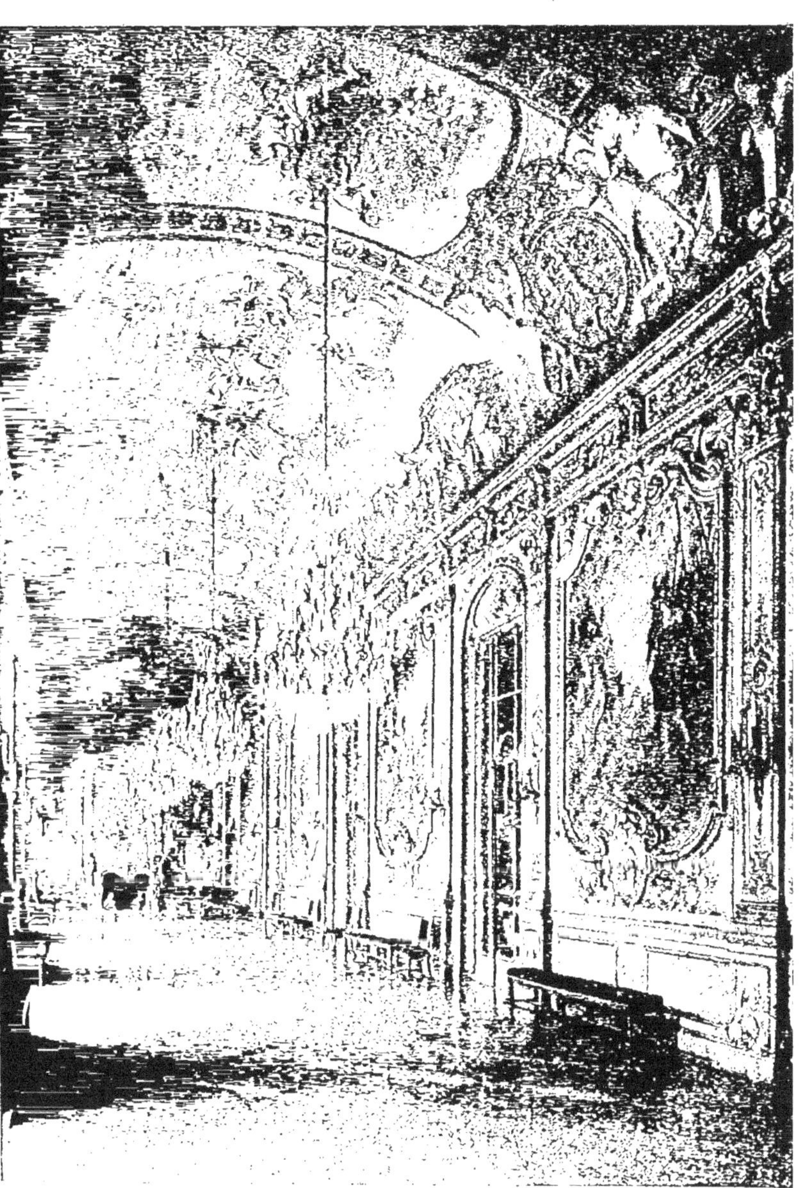

Fig. 55. — *Galerie dorée* (Banque de France),
par Robert de Cotte.

duc d'Orléans, est un des plus beaux travaux de ce fameux peintre. »

L'abondance des glaces qui prolonge indéfiniment les lignes d'architecture et réfléchit éperdument l'éclat des lumières, multiplie aussi la beauté des femmes et le geste « Régence » des hommes. Rien d'étonnant donc à ce que Robert de Cotte ait eu, le premier, l'idée de l'avantageuse disposition des glaces au-dessus des cheminées.

Mais poursuivons. Dans le boudoir, le décor s'est fait plus câlin, et le salon lui-même, que le boudoir tend à remplacer, participe à cette fête des yeux. Du moins, à la majesté du salon unique d'autrefois, succède, au xviiie siècle, le *salon de compagnie*, « où se trouvaient des sièges, un canapé, un métier de tapisserie, des tables de jeu, des livres de musique, une guitare, etc. », en un mot une pièce de moindre apparat où l'on recevait ses familiers. Et ce sont les hôtels de la Vrillière (aujourd'hui la Banque de France), de Soubise (aujourd'hui le Palais des Archives), de Rohan (aujourd'hui l'Imprimerie Nationale), etc., qui nous charment de leurs magnificences.

Partout ce n'est que guirlandes de fleurs, qu'enlacements de feuillages dont les chutes se précisent aux encoignures des pièces, dans des réseaux de treillages dorés rehaussés de conques dans d'abusifs cartouches.

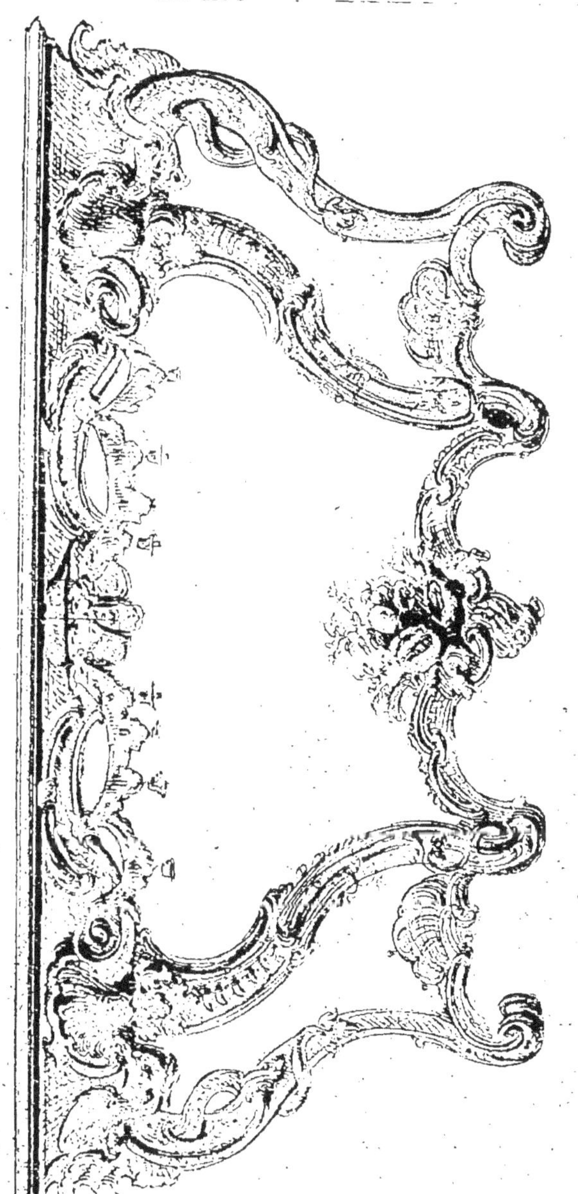

Fig. 56. — *Dessin d'une console, par François Cuvilliés (Musée des Arts décoratifs).*

Plus de tapisseries, mais des riches lambris relevés souvent de charmantes arabesques ou simplement peints en blanc, en vert d'eau, jonquille, lilas, et autres nuances claires.

Quant aux tapis, leur signification hiérarchique, soumise à une étiquette, dont on goûtera la rigueur dans le trait suivant, donnera une idée de leur rareté : « Madame la duchesse d'Orléans, écrit Dangeau dans son *Journal* (1718), entendit la comédie dans la petite loge de M. le duc d'Orléans ; elle ne va jamais dans sa loge que quand Madame y est, *parce qu'elle a le tapis* et Madame la duchesse d'Orléans ne l'a pas. »

D'où on a conclu au succès des fameuses « petites loges » de l'Opéra puisque, grâce à elles, le tapis se moquait bien du protocole.

D'ailleurs, depuis le xvii<sup>e</sup> siècle, l'usage du parquet a continué de se répandre. Il s'appelle parquet d'assemblage, il est en mosaïque, en point de Hongrie, et il y a des parquets de mosaïque de bois de rapport qui sont d'une grande beauté. Dans le miroir de ces parquets, se reflète avantageusement la radieuse lumière tombant des lustres en cristal de roche, toute cette lumière éclaboussante qui s'accroche aux moulures et fait étinceler les diamants des femmes, plus éclatants encore.

Tables en marbre de rapport, marqueteries en bois de rapport, autant d'appellations cossues. La simplicité décorative est dédaignée à cette heure de folie.

Le mobilier répond, naturellement, à cette ambiance où se mêle dans notre pensée le Louis XV tout

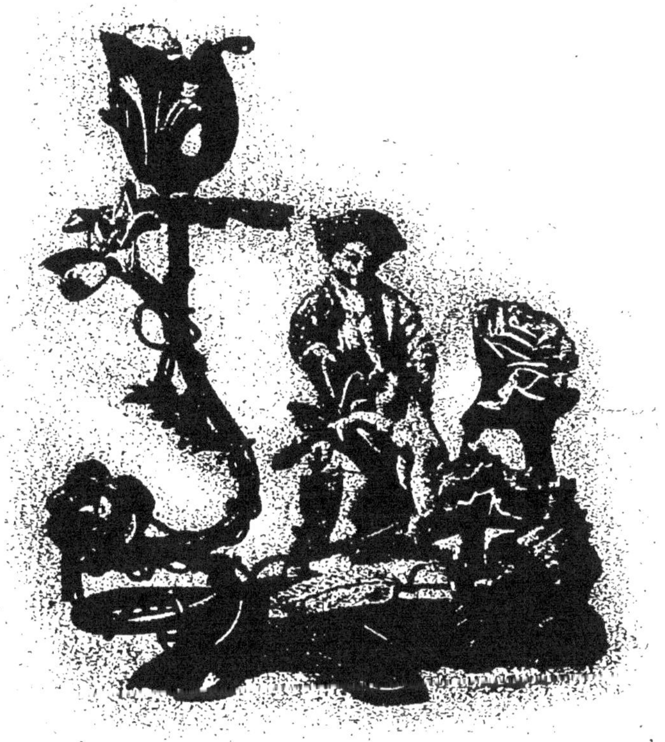

Fig. 57. — *Bout de table*, porcelaine de Saxe et métal.

entier. Voyez ces meubles blancs et dorés, tapissés de soies claires semées de bouquets, tous ces lampas, damas et brocatelles !

Comme on est bien assis dans ces bergères profondes et douillettes, sur ces chaises longues, sur tous ces petits meubles de repos, aux pieds tordus, aux moulures convulsées!

Tout s'infléchit, tout s'adoucit au toucher, tout chavire. Les dossiers des fauteuils sont arrondis, cintrés, rembourrés, tandis que leurs pieds, dans une torsade qui est une révérence, semblent se dérober sous le siège. Dans le rêve ébauché au sein de ces fauteuils moelleux, la profusion des peintures et des sculptures conte ses sujets délectables. Ce sont des pasteurs enrubannés madrigalant avec des bergères somptueusement vêtues de satin. Des tambourins, chalumeaux, mandolines, fifres, pipeaux, cornemuses soulignant à l'envi des scènes agréablement factices qui marquent, en réalité, tout autant le style Régence que celui de Louis XV. Ce sont des trophées rustiques et champêtres signés J.-B. Huet, des trophées mythologiques et floraux dessinés par Ranson, des trophées scientifiques assemblés par Oppenord, des trophées religieux et guerriers dus à de La Fosse. Voyons maintenant le lit.

Dès la Régence, les châlits du lit suivent le mouvement tumultueux de la boiserie en général, et on en revient à la forme du lit romain. Il est entouré d'un dossier sur trois côtés, et ces dossiers, rembourrés comme un canapé, sont recouverts de riches damas, avec encadrements dans le style de l'époque.

On nous apprend que « tandis que le jeune roi

(Louis XV) dormait tranquillement, aux Tuileries, dans un lit de damas jaune, lamé d'argent, le Régent, magnifique et dépensier, se prélassait dans une alcôve de glaces, entourée de tentures de velours gre-

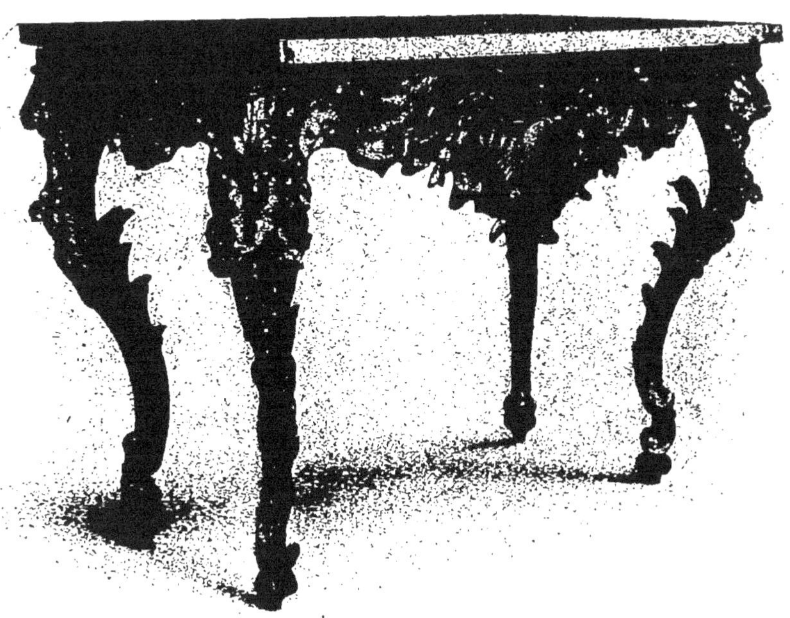

Fig. 58. — *Table rocaille.*

nat, dont la couleur disparaissait sous les broderies d'or fin de la plus grande somptuosité ».

Cependant, si des rideaux de serge et de velours descendent gracieusement en chute du haut du ciel des lits chargés de plumes et de panaches ou des dômes élégants ornés de sculptures, souvent aussi ces rideaux manquent, plus favorablement à l'harmonie de légèreté ambiante.

Au surplus, Meissonnier sème sur les cheminées, sur les tables d'alentour, de délicieux bibelots dus à ses dessins : vases en onyx et bronze, cartels, horloges en marbre rehaussé de cuivre, etc. Et notre imagination anime ces salons où, assemblées comme des fleurs autour du soleil, les plus élégantes « poupées » jouent avec de petits miroirs, tandis que leur geste précieux berce leur tête poudrée et que leur visage sourit, ponctué d'une mouche « assassine ».

Dans cet atmosphère cependant, où il n'est bruit que de soies et de satins froissés, n'oublions pas que l'hypocrisie est maîtresse, mais le mensonge tombe de si jolies lèvres ! Et cette immoralité qui hante encore ces groupes alanguis, guettés par la philosophie, est si fleurie !

Aussi bien nous ne décrirons les costumes de nos personnages que lorsque nous parlerons, dans notre fin, de la parure au xviiie siècle.

Pour l'instant, les traîneaux, carrosses (*fig.* 147), chaises à porteurs (*fig.* 123), etc., déjà en vogue sous Louis XIV, incitent encore à la morbidesse, tout dorés, sculptés, capitonnés qu'ils sont, en manière d'écrin, pour ménager les pas ou bercer la nonchalance de la grâce.

Sur tout ce décor enfin, victorieux comme il sied, dans un nuage de poudre de riz, Cupidon plane. Ses flèches caressent des cœurs embrasés, son carquois

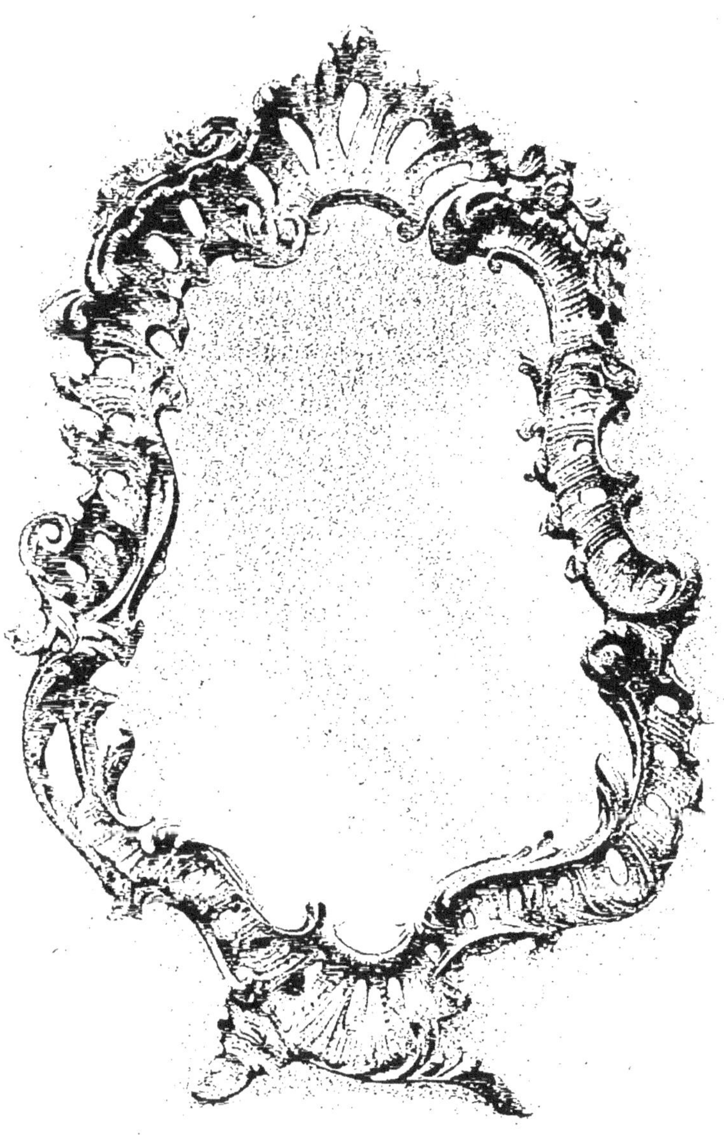

Fig. 59. — *Glace.*

est rempli de fleurs, et la torche qu'il brandit n'effraie même pas les blanches colombes occupées à se becqueter.

Toutefois, François Boucher s'apprête à célébrer davantage ce joli décor, et nous parlerons plus loin de M<sup>me</sup> de Pompadour.

Watteau, lui, règne sur la Régence dont il est à la fois l'expansion et la synthèse, la joie et la gloire.

Dans notre fin, nous saluerons un manque de force, mais une mièvrerie caractéristique, une excentricité féconde, puisqu'elle fut le point de départ d'une exquise originalité, et une richesse inouïe dont le long siècle de Louis XV va continuer à s'enorgueillir.

Le court geste de la Régence fut en quelque sorte un armistice galant. Comme le duc Philippe d'Orléans, l'art s'amusa, s'évada des formules et triompha dans la fantaisie qui ne croît que dans la liberté.

Nous avons analysé l'esprit de ce geste las, durant lequel cependant jamais le caprice du décor n'avait été aussi souple, aussi vif depuis la Renaissance. D'aucuns ont condamné la grâce vis-à-vis de la grandeur, et c'est l'erreur des classifications. En vérité, si l'art se devait sans cesse à la tradition, c'en serait fait de la personnalité et de la trouvaille. Le xvii<sup>e</sup> siècle porte une lourde auréole dans la convention classique, et il faut avouer que lorsque Louis David, dès la fin de Louis XVI, exterminera de son glaive les charmants

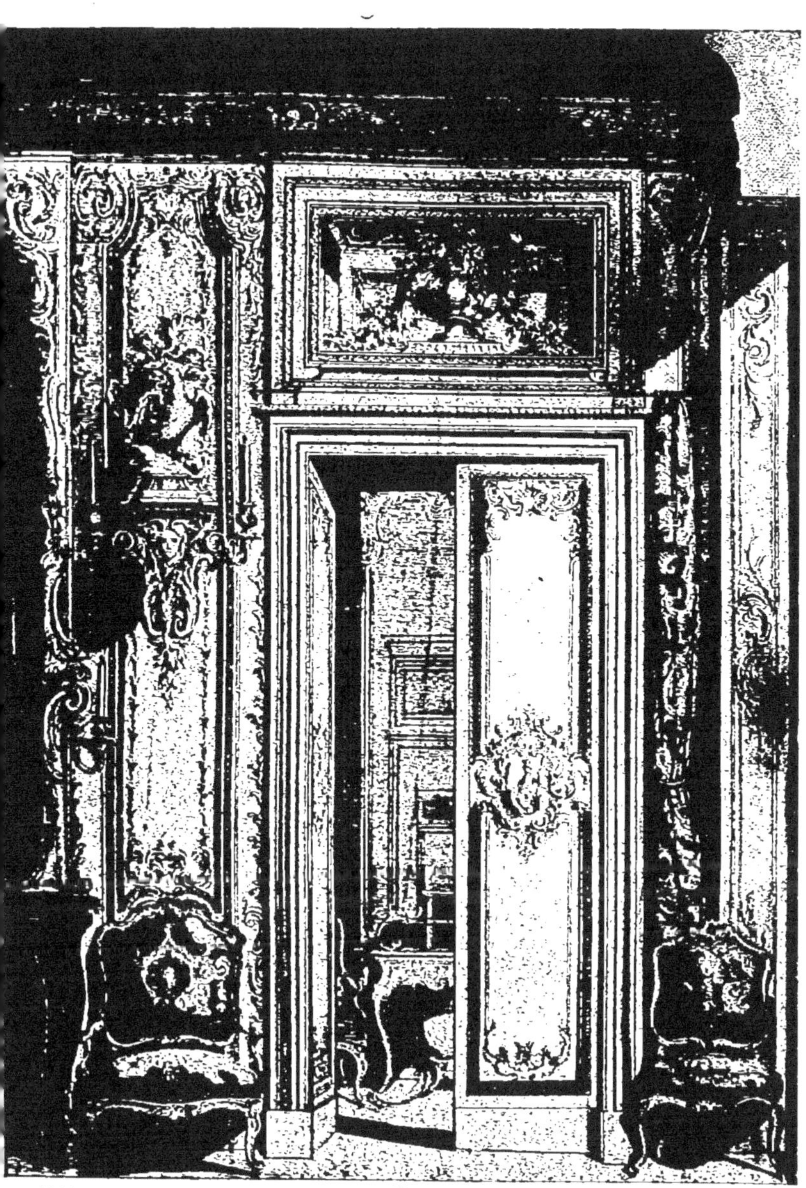

Fig. 60. — *Style rocaille*, composition de J.-A. Meissonnier.

petits maîtres essentiellement français qu'il exécrait au nom de l'art gréco-romain, quelque chose sera mort dans notre génie national.

Les romantiques ont eu beau, par la suite, mettre en déroute les classiques, il n'en demeure pas moins établi, dans le préjugé, que la peinture, que la sculpture et la musique légère ou « de genre » sont d'essence inférieure. Et pourtant, après le xviii$^e$ siècle, original et charmant, la dernière originalité si l'on veut (le premier Empire mis à part), qu'a-t-on donné depuis dans la manière affranchie et française, suivant le propre caractère de notre race? Quand donc ne concédera-t-on plus, à l'art antique, l'infaillibilité esthétique!

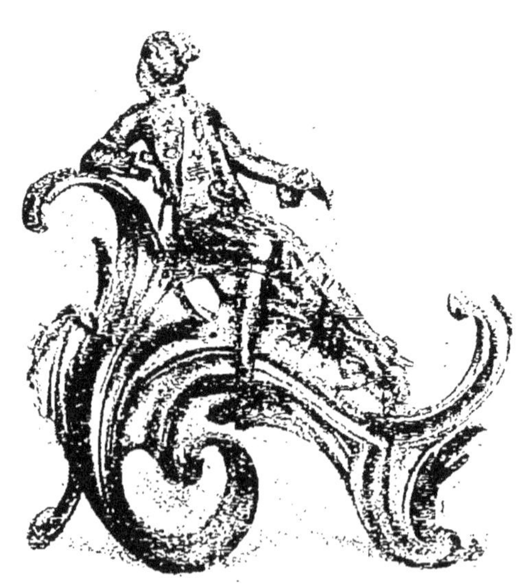

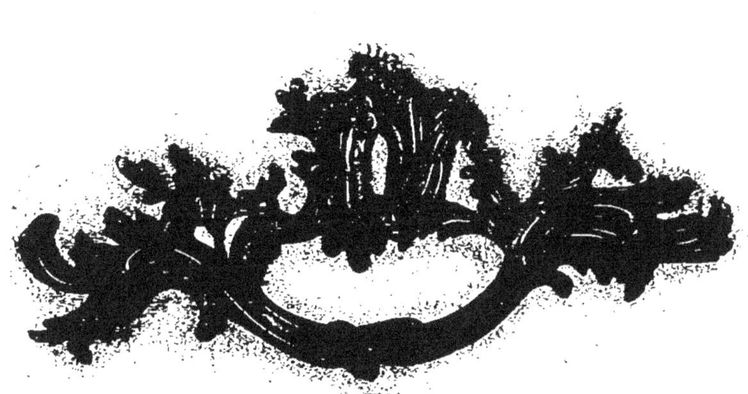

# CHAPITRE V

## Considérations générales sur l'époque
## et le style Louis XV

Sous le règne de Louis XV, les formes de la Régence
ont être généralement harmonisées. Ces formes du
este ne perdront rien de la grâce et de la légè-
eté qui leur vinrent de leur maniérisme indécis et
.e leurs tâtonnements précédents.

Le Louis XV apprivoise, en quelque sorte, la Ré-
;ence ; il ordonne, d'autre part, l'originalité de la ro-
aille. Et nous verrons même M$^{me}$ de Pompadour, à
m certain moment, discipliner la forme Louis XV,
lans le goût antique.

D'ailleurs nous avons signalé, vers 1750, la fin du
ococo, et cette répression pourrait bien concorder
ivec les vues esthétiques de la favorite, en rupture de
Régence.

Dans les meubles dits *à la reine* [1], les culots, chutes de fleurs et choux frisés prennent une attitude plus régulière, plus rangée, et c'est M^me de Pompadour qui aurait provoqué ces innovations, qui aurait tempéré le goût exalté, au nom de... Marie Lesczynska.

Mais, malgré la curiosité de ces meubles dits *à la reine*, leur régularité, propice à l'idée d'avènement d'un pur style Louis XV, ne saurait néanmoins suffire à établir la ligne de démarcation entre le style Régence (dégagé du Louis XIV) et le style Louis XV ou Pompadour.

Malgré le caprice de la divine marquise pour les meubles « à la grecque », caprice que prônaient, dans la coulisse, le graveur Cochin et le frère de la courtisane, il demeure incontestable que les desseins de la favorite de Louis XV trouvèrent seulement leur réalisation absolue et précise sous le règne de Louis XVI.

Que l'on concède à cet accès d'humeur contre le désordre de la ligne, quelque repentir exprimé par le retour de l'ordre classique, en certains cas, et plutôt vers la fin de Louis XV, soit; mais c'est toute la concession que peut révéler le style qui nous occupe, fort heureusement pour l'ensemble de son originalité.

1. Les meubles (lits, chaises et fauteuils) dits *à la reine* cessèrent d'être ainsi désignés à partir de 1780. La reine Marie Lesczynska affectionnait un fauteuil de ce modèle. Les sièges *à la reine* étaient surtout caractérisés, en somme, par la forme ovale de leur dossier.

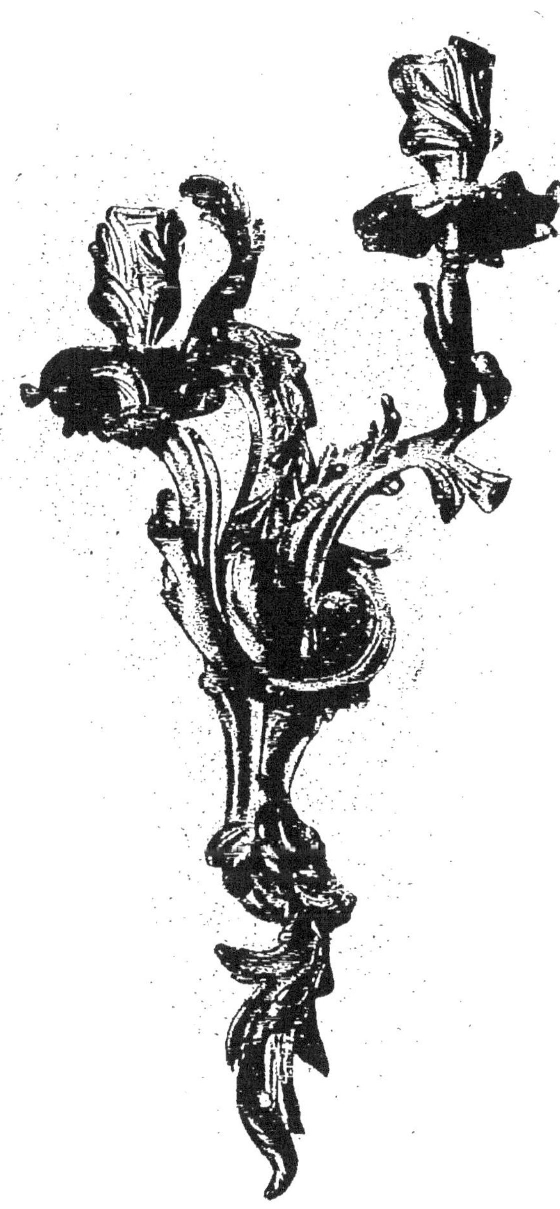

Fig. 61. — *Candélabre-applique* ou *bras*.

Sous Louis XV, évidemment, l'espièglerie de la ligne sera définitivement régie dans sa torsion et, si à l'époque du Régent, à côté d'une expression Louis XIV fleuri et arrondi, il y eut des exagérations qui s'expliquaient par la recherche plus ou moins heureuse des artistes, nous verrons présentement un style « au point », et du moins plus catégorique.

Poursuivons maintenant notre aperçu de l'esprit au xviiie siècle.

En vérité, Louis le Bien-Aimé succéda dignement à Philippe d'Orléans, dans l'immoralité. Rien d'étonnant à cette constatation, si nous demeurons fidèle au principe de l'identité de l'homme et de ses mœurs avec son style. Voilà même une preuve de plus de l'enchaînement des deux formules esthétiques dans un courant d'atmosphère identique. Sous Louis XVI, la vertu ne fut pas excessive, certes, mais la tragique Révolution inquiétait la volupté à bout d'excès, et l'esprit antique n'altérait point encore l'essor original de l'art, il ne lui faisait que les gros yeux. Voilà comment se pourrait expliquer la rupture entre les deux styles Louis XV et Louis XVI.

Bref dans notre parallèle entre le Régent et Louis XV, nous avons établi l'insouciance de ce dernier prince, de qui les actes de puissance furent le plus souvent inspirés ou dirigés par des ministres et particulièrement par des favorites. « Le roi a du jugement, un tact assez sûr, une certaine connaissance des

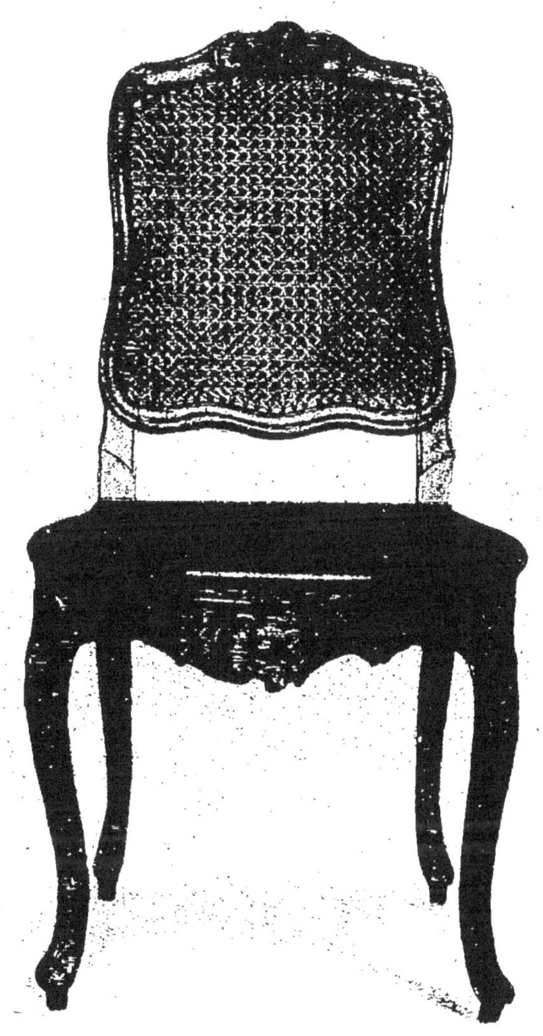

Fig. 62. — *Chaise.*

hommes et des choses; mais tout cela s'endort aisément au milieu des circonventions du petit coucher

ou dans les saturnales des *petits appartements* du palais de Versailles. »

Choiseul le dépeint encore au moral : « Un homme sans âme et sans esprit, aimant le mal comme les enfants aiment à faire souffrir les animaux, ayant tous les défauts de l'âme la plus vile et la moins éclairée. »

Il est vrai qu'au physique, suivant d'Argenson, le roi « lors de son sacre, ressemblait à l'amour ». Cette dernière assimilation n'est point pour nous déplaire à l'époque où François Boucher, peintre de Cupidon, régnera côte à côte avec la marquise de Pompadour, la vraie souveraine de la France pendant près de vingt ans.

Quant aux vues esthétiques du roi, elles se bornent à l'art culinaire [1] en lequel Sa Majesté est personnellement fort entendue, et à des travaux de tapisserie... A moins que la passion du *tour* ne soit toutefois comptée pour un art, à notre personnage. Écoutons à ce propos un contemporain : « Quelquefois le roi passe quatre ou cinq heures à enlever des copeaux d'un morceau de bois

----

1. « ... Aux fêtes des petits appartements qui remplacèrent les *appartements* sous Louis XIV, Louis XV se charge de préparer la plus grande partie des mets. Il a fait construire en conséquence, dans cette partie mystérieuse du château, une fort jolie cuisine, un four, des fourneaux... Les ragoûts de Sa Majesté sont délicieux; plusieurs sauces nouvelles, dont les cuisiniers de la capitale se sont donné les gants, sont réellement dues à l'imagination du roi de France et de Navarre... »

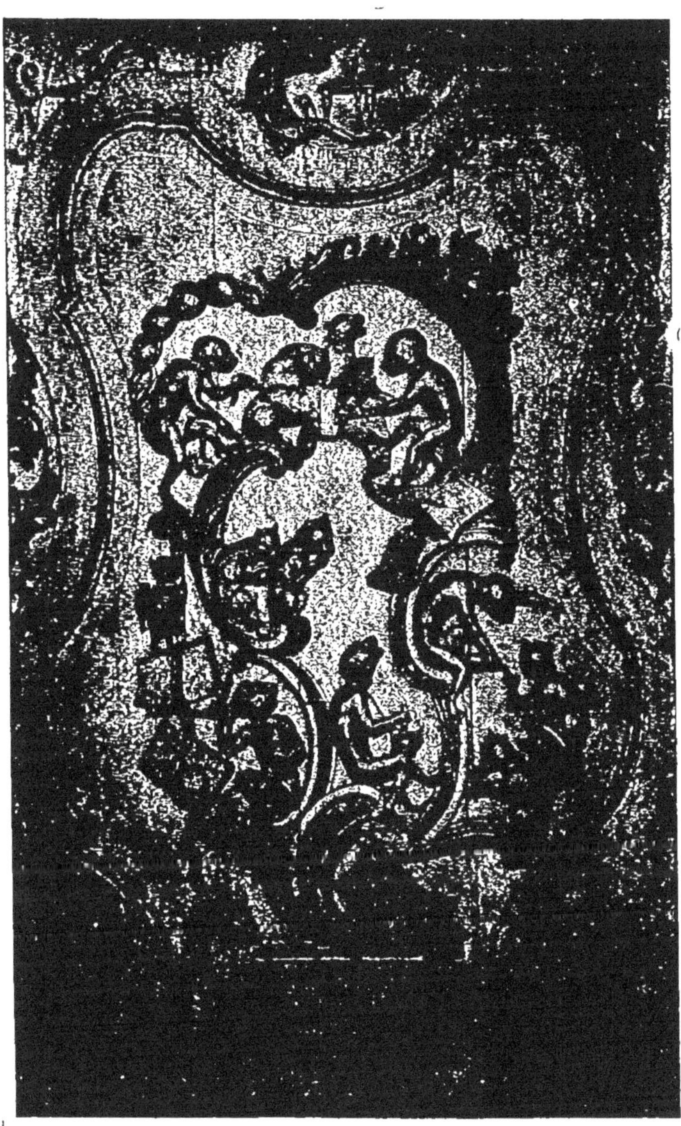

FIG. 63. — *Panneau Régence* (Musée des Arts décoratifs).

qu'il arrondit; et il est devenu si habile à cet art qu'il pourrait gagner au moins trois livres par jour chez un tourneur de Paris... » D'autre part, notre auteur condamne singulièrement l'*art* de Sa Majesté : « Dernièrement, le roi donna pour étrennes (1739) à plusieurs de ses courtisans des tabatières tournées par lui-même ; la mode, comme on le pense bien, en est devenue tout de suite générale. Or, imaginez-vous un morceau de rondin qui paraît encore couvert de son écorce, et vous aurez l'idée de ces tabatières. Rien de grotesque comme de voir un seigneur dont l'habit est couvert d'or, tirer de sa poche et ouvrir d'une main garnie de diamants un petit morceau de bûche valant deux à trois sous... »

D'ailleurs, le nom du coiffeur Dagé, dont « le peigne était plus vanté à la cour que le pinceau d'Apelle ou le ciseau de Phidias », nous rappelle à la réalité d'une coquetterie plus sensuelle qu'artistique. Cependant, si sous Louis XIV les expositions de peinture et de sculpture n'avaient été qu'intermittentes, elles devinrent une institution régulière sous Louis XV.

Malgré que la digne reine Marie Lesczynska ait « apprécié » la musique, malgré que l'une de ses filles, M^me Henriette, ait excellé dans le dessin et la miniature, l'art est représenté, au temps qui nous occupe, par la Pompadour. Douée d'une belle voix sonore et étendue, elle manie habilement le crayon

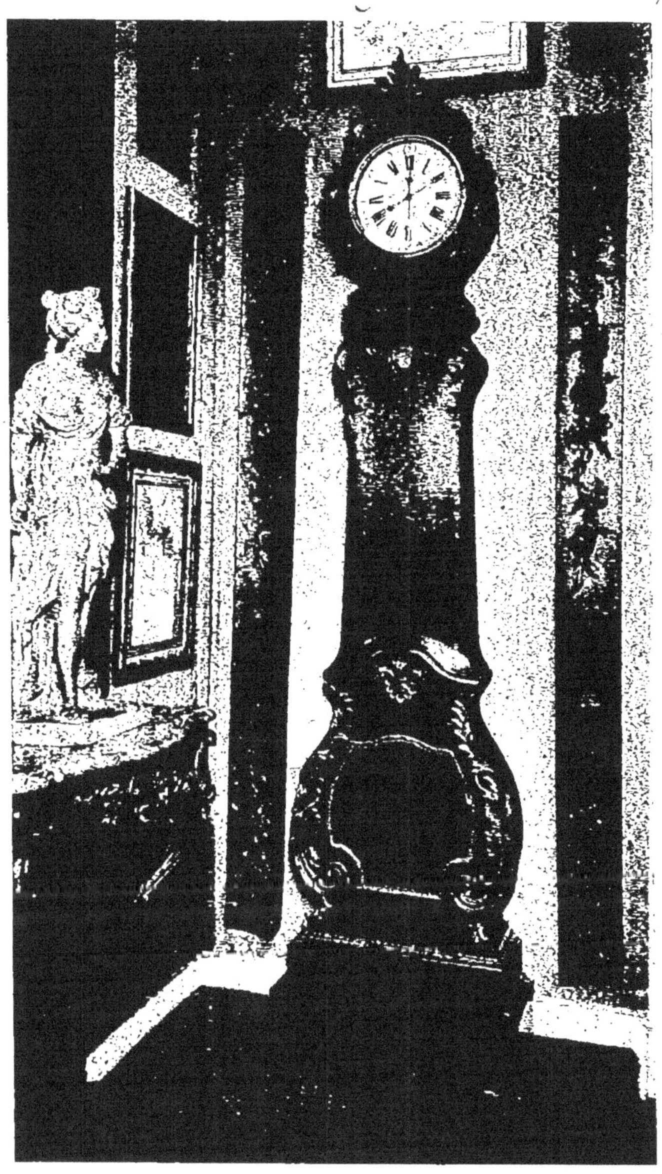

Fig. 64. — *Console, pendule,* etc. (Musée des Arts décoratif

et le burin et grave elle-même les événements de son règne. « La caillette du roi » encourage les artistes et leurs œuvres, tandis que les lettres forment son esprit tout disposé à leur égard.

Voltaire et les Encyclopédistes héritent de sa mansuétude, au nom de l'avènement des idées philosophiques qui triompheront particulièrement sous Louis XVI.

Les châteaux de Choisy [1], Bellevue [2], Montretout, La Celle, l'ermitage de Versailles [3] deviennent, par ses soins, des musées où s'entassent les porcelaines de Saxe, les bibelots de la Chine et les meubles de Boulle. Cet éclectisme témoigne en vérité d'un culte plutôt dédaigneux à l'égard de l'art de son temps, à moins que là ne soit l'origine de cette évolution, plutôt que de ce style, auquel la favorite attacha son nom au cours des améliorations du style Louis XV. Toujours est-il que le fait d'emprunter de la beauté à l'étranger et au siècle précédent équivaut à une disgrâce dont on

1. « Comme Versailles était l'expression de Louis XIV, Choisy fut celle de Louis XV. Versailles était un poème monarchique ; Choisy fut un poème d'amour... »

2. « Cette maison de plaisance, ce petit palais élevé sur un coteau qui domine le village de Sèvres a été construit sur les dessins de Lassurance ; il est de bon goût, quoique simple et sans ordre d'architecture. Entre les croisées qui sont au nombre de neuf à chaque face, on a placé des bustes de marbre. Les frontons servant de couronnement aux quatre faces sont remplis par autant de bas-reliefs dus au ciseau de Coustou. »

3. Joli pavillon avec jardin, édifice retiré, annexe du temple des plaisirs érigé dans les petits appartements.

peut savoir gré néanmoins à une femme de goût, ja-
louse sous son règne de grâce de réprimer les audaces
esthétiques d'une Régence écervelée, sur les bords
du précipice.

D'ailleurs, M^{me} de Pompadour fonda la manufacture de Sèvres, essentiellement française, on serait

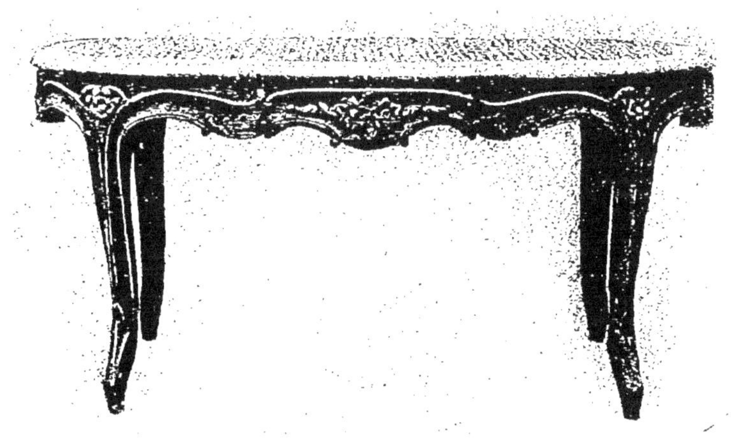

Fig. 65. — *Tabouret.*

tenté d'ajouter essentiellement féminine par la délicatesse de la pâte, la douceur du coloris et la frêle ap-
parence. Hélas! lorsque le mobilier de feu la « divine
marquise » passera de Versailles à Potsdam, acquis
par le roi de Prusse Frédéric II, nos regrets s'aggra-
veront de cette narquoise déclaration du monarque :
« Ce sont là mes dépouilles opimes », disait-il, en
recevant des chandeliers d'or massif, des lustres de

cristal de roche, des écrans entourés de pierres précieuses. « Tout cela est le prix du zèle que cette beauté mettait à me lâcher les bataillons français, qui heureusement étaient souvent commandés par des chefs de son choix. Je pourrais dire de toutes ces belles choses, ce que maître Perrin-Dandin disait des rubans de son fils :

Chacun de ces rubans me coûté une bataille. »

Pour terminer, enfin, le chapitre de l'éloge artistique décerné à la favorite de Louis XV, il faut relire cette phrase d'adieu qui lui est tristement dédiée par Bachaumont : « Ce soir est morte M<sup>me</sup> la marquise de Pompadour. La protection éclatante dont elle avait honoré les lettres, le goût qu'elle avait pour les arts ne permettent pas de passer sous silence un si triste événement. »

Et Voltaire, lyrique, s'était auparavant écrié :

Ainsi donc vous réunissez
Tous les arts, tous les goûts, tous les talents de plaire,
Pompadour, vous embellissez
La cour, le Parnasse et Cythère,
Charme de tous les cœurs, trésor d'un seul mortel.
Qu'un sort si beau soit éternel !

Au résumé, laissons à la « divine marquise » la délicatesse de son auréole, si toutefois l'idée d'un nimbe

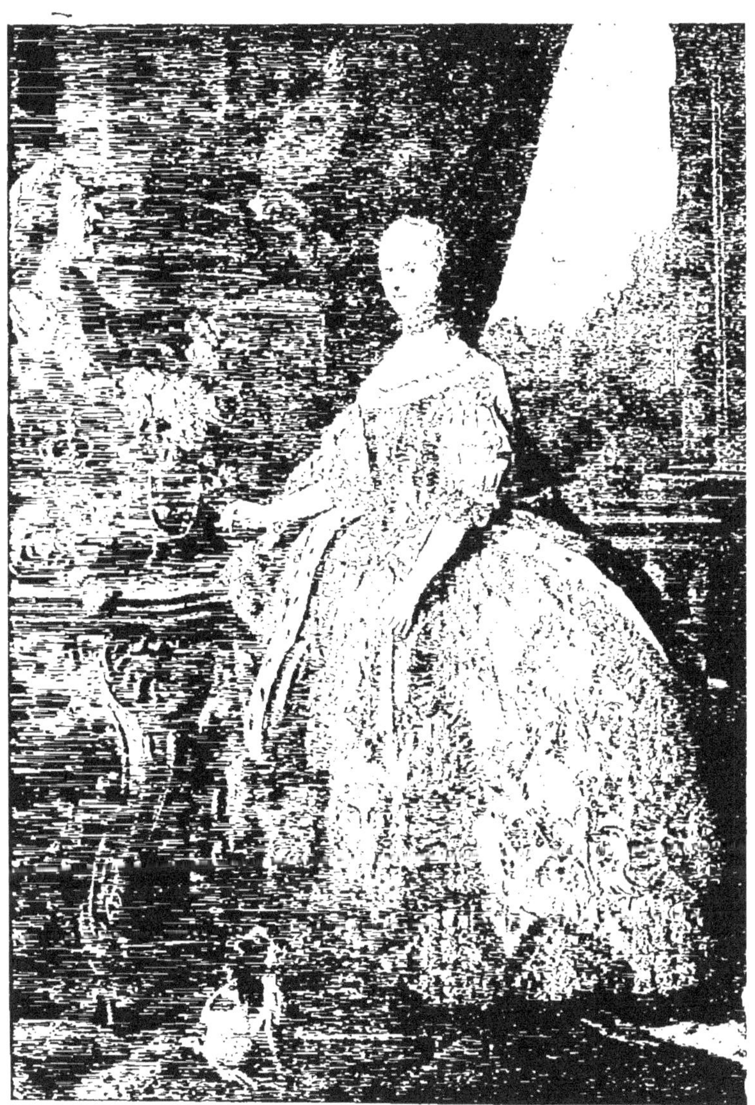

Fig. 66. — *Portrait de Marie Lesczynska*, par Carle van Loo
(Musée du Louvre).

ne choque pas sur la tête d'une courtisane. Il est vrai que cette courtisane s'était en quelque sorte réhabilitée par l'art. Il ne faudrait pas croire, cependant, que l'influence de M<sup>me</sup> de Pompadour qui fit, en créant le *Parc-aux-Cerfs*, une si singulière abdication de sa personne, ait jamais laissé de traces esthétiques individuelles. Il importe de fondre son influence dans le style Louis XV tout entier — en sa manifestation la plus sobre, néanmoins — et non point d'y relever une expression strictement Pompadour. Les auteurs qui ont écrit sur le style Louis XV *ou* Pompadour, ou « à la reine », ont cédé plutôt à la galanterie ; cette même galanterie au nom de laquelle, du temps même de cette femme illustre, les ébénistes ne craignaient pas d'intituler des meubles : chaises, tables et autres conceptions cependant bien Louis XV, « à la Pompadour ». Notre ébénisterie parisienne ne s'avisa-t-elle pas, vers la seconde Restauration, de lancer certain vilain fauteuil capitonné « à la Pompadour » ! Bref, si nous assistons au « règne du cotillon », si l'on donne à ce moment des fêtes « impayables », nous applaudissons à l'essor de l'art, qui ne peut que rayonner sous de tels auspices, tempéré qu'il est dans son luxe, par le goût.

Il nous tarde maintenant d'aborder l'art sous Louis XV. Art d'un grand charme en même temps que d'une grande beauté dont nous avons déjà effleuré

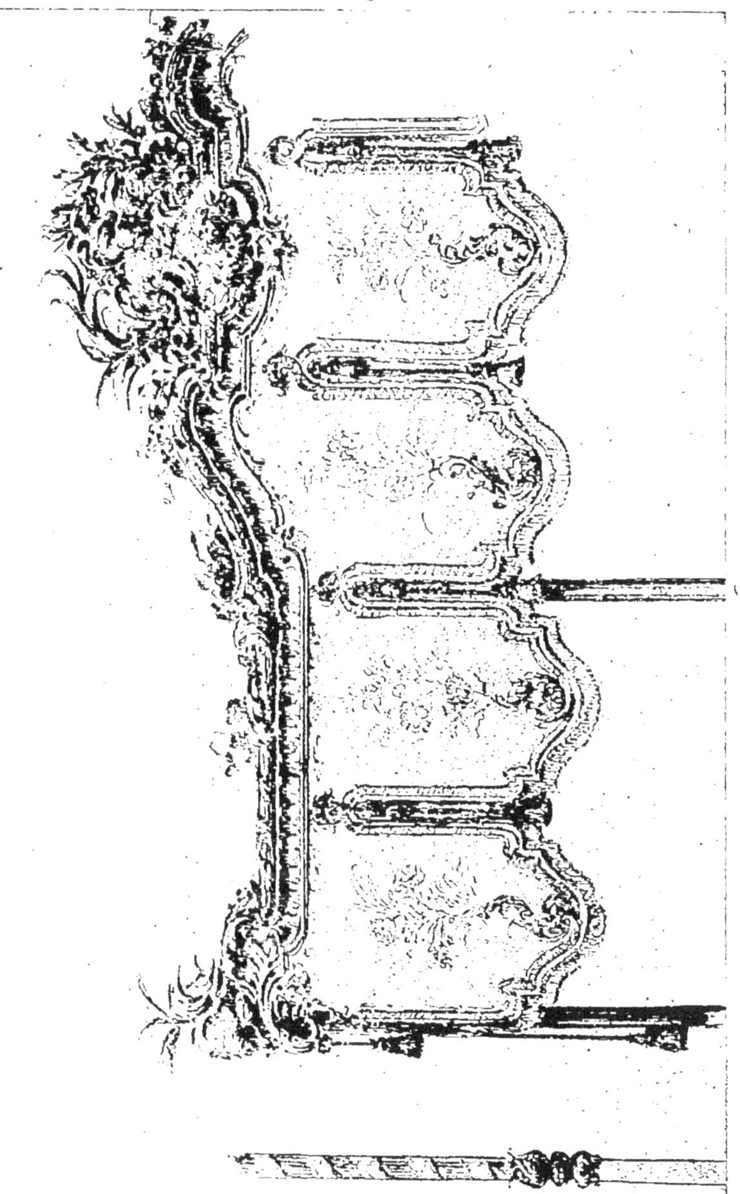

Fig. 67. — *Dessin d'un lambrequin de lit* (Musée des Arts décoratifs).

la caractéristique sous les sept années de la Régence, prélude du xviii<sup>e</sup> siècle, prélude aussi, répétons-le, du moins dans le meuble et la décoration en général, de l'esprit ornemental du Louis XV.

Quant à la peinture et à la sculpture, nous leur verrons aussi suivre le gracieux mouvement précédent ; il n'y a que l'architecture qui reniera sa courte infidélité à la tradition.

Aussi bien le monument, dans l'histoire des styles, n'a guère varié à travers les siècles. Ses grandes lignes demeurent impassibles, logiquement presque, devant la fantaisie. Plus que tout autre art, nous le voyons fasciné par l'antique qui a, d'ailleurs, fixé sa grandeur et déterminé ses libertés rationnelles.

Toutefois nous savons l'originalité de ses distributions intérieures, dès la Régence, et nous avons assisté à ses aspirations moins grandioses en même temps qu'à son aménité.

On a dit que le xviii<sup>e</sup> siècle était le règne des tapissiers cela nous dispensera d'insister sur le désir général de confortable exprimé par ces petites pièces, aussi nombreuses que les petits meubles, devenus plus légers, portatifs, enfin. Les petits hôtels vont dès lors se multiplier, les salons se réduiront à l'unisson, et la société causera de plus près, en dépouillant non seulement la morgue du Grand Roi, mais en marivaudant entre deux échanges de philosophie réclamés par la mode.

C'est dans cette intimité que l'architecture, au XVIIIe siècle, s'est renouvelée. Son originalité alors est incontestable et, de nos jours, en sacrifiant avec talent à l'hygiène, l'art monumental dégénéré en maison « de rapport », a retrouvé de même, une personnalité.

Ainsi la science vient-elle au secours de l'art, lorsque l'esthétique satisfaite ou tarie est bornée aux adaptations ou aux redites.

Du besoin d'intimité dériva l'hygiène, et il est piquant de constater qu'il ait fallu attendre jusqu'au XIXe siècle pour connaître les soins

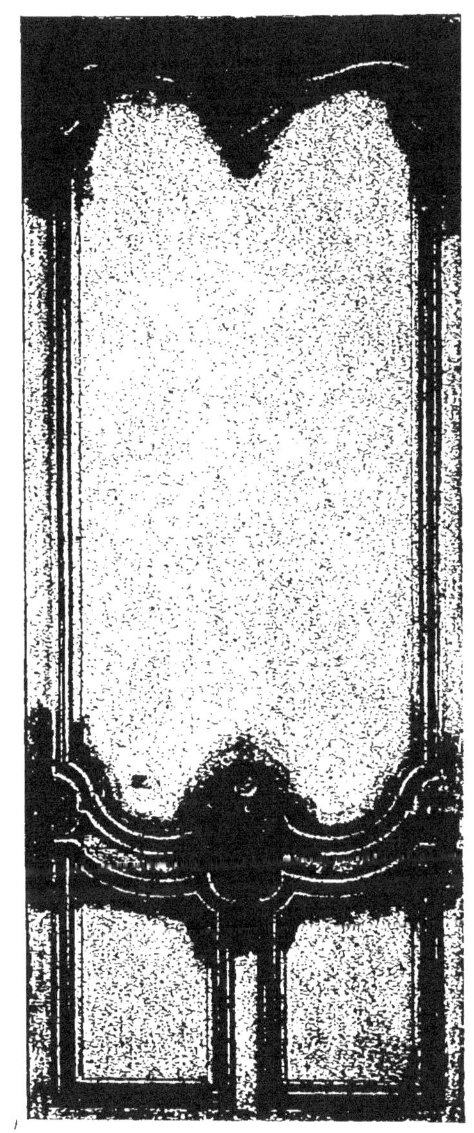

Fig. 68. — *Panneau.*

corporels et les commodités les plus élémentaires.

Mais, en présence de tant de beautés héritées du passé, on est tenté de croire que tous ces délicieux personnages vêtus de soie et de satin, chamarrés d'or, eussent considéré nos besoins modernes comme vulgaires. Et si cela est fâcheux pour l'idée qui s'attache à leur humanité, ce dédain n'est-il pas encore très poétique ?

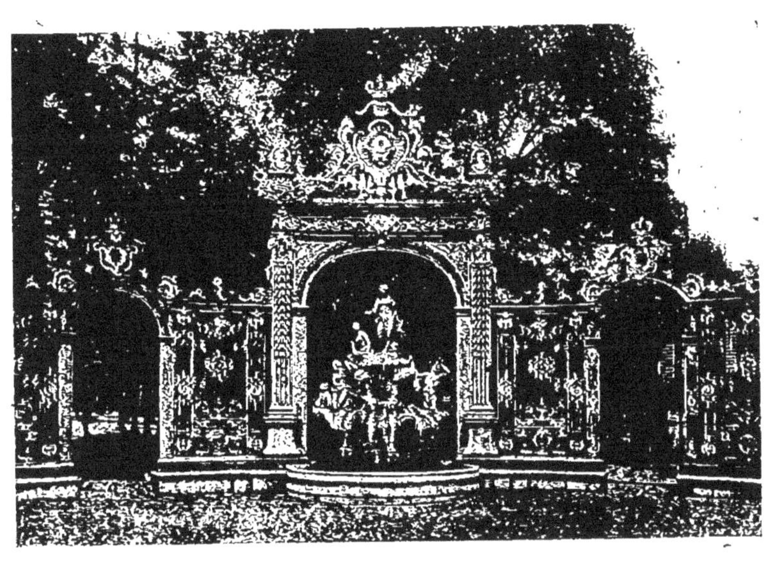

# CHAPITRE VI

## L'Architecture : J.-A. Gabriel, etc.

Nous avons décrit l'un des deux courants auxquels obéit simultanément l'architecture française au xviiie siècle, c'est-à-dire l'originalité, d'ailleurs savoureuse, de la Régence. Examinons maintenant l'autre voie, celle de la tradition.

Si l'on excepte Gabriel, architecte classique, émule des plus grands maîtres, qui voyons-nous parmi les doctes adeptes du passé, à comparer aux Robert de Cotte, aux Héré, aux Boffrand, aux Oppenord?

A ces artistes personnels, du moins le plus souvent affranchis, opposerons-nous victorieusement Soufflot?

Certes oui, au nom de certaine « grande » architecture uniquement appuyée sur l'art gréco-romain, en gratitude du respect exclusif des chefs-d'œuvre précédents ; mais, en ce qui concerne l'invention et la nouveauté ?

Nous avons dit que les doctrines de **F. Mansard**, inventeur en quelque sorte du style Louis XIV, n'avaient pas eu une heureuse influence sur la plupart de ses successeurs et que ce fut réellement à dater de cette époque que l'architecture française était impersonnellement revenue aux imitations de l'architecture antique.

Ce reproche de décadence ne saurait **cependant** atteindre ni Robert de Cotte, auteur classique il est vrai, du portail de l'église Saint-Roch (*fig.* 78) et de la colonne de Trianon, mais aussi créateur des intéressants embellissements de l'hôtel de la Vrillière (Banque de France), ni Héré à qui l'on doit les beaux édifices de la place Stanislas, à Nancy, ni Boffrand dont quelques erreurs s'absolvent de l'élégant château de Lunéville et des remarquables appartements de l'hôtel de Soubise, ni Oppenord dont les décorations sont d'une séduction renommée.

En revanche, Jacques Soufflot (1709-1780), architecte du Panthéon de Paris, est nettement visé par cette diatribe contre la « noble » routine. Il est vrai que, malgré le rattachement chronologique de cet

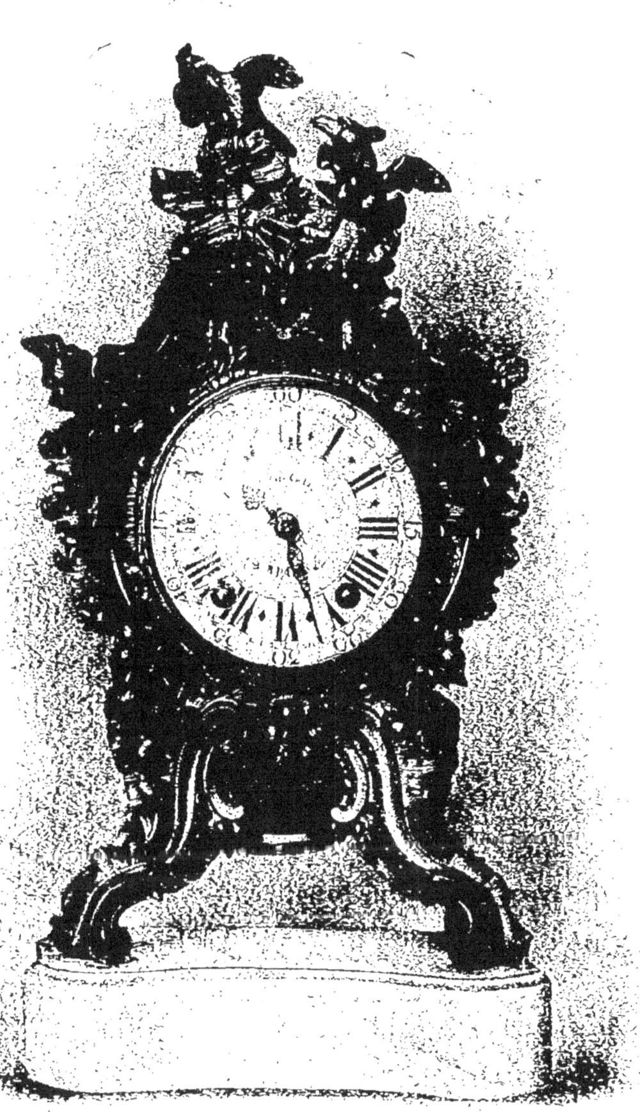

Fig. 71. — *Pendule.*

artiste au style Louis XV, nous n'hésitons pas à classe
son œuvre en tête de l'esprit antique qui commencer
à fleurir sous Louis XVI pour dominer sous le pre
mier Empire. Aussi bien, jamais le Panthéon, l
théâtre de l'Odéon, l'église de la Madeleine, l
Palais législatif, ne personnifieront pour nous l'ins
piration française, tandis que l'hôtel des Invalides
la Sorbonne, le Val-de-Grâce résument notre art na
tional sous Louis XIV ; tandis que l'hôtel de Soubis
est bien Régence comme les deux bâtiments d
Gabriel, sur la place de la Concorde, et la fontain
de la rue de Grenelle (*fig.* 73), sont parfaitemen
Louis XV ; tandis que le palais de la Légion d'honneur
le Petit-Trianon (construit pourtant par Gabriel sou:
Louis XV), le théâtre de Bordeaux, le palais de Baga
telle, au bois de Boulogne, appartiennent selon tout
vraisemblance à l'époque de Louis XVI.

De même qu'aux époques victorieuses de Louis XIV
et de Napoléon I<sup>er</sup> correspondent certainement le:
arcs de triomphe renouvelés des anciens Romains,
pourrait-on attribuer au premier Empire toutes le:
réminiscences gréco-romaines, plus sûrement encore
qu'au Louis XVI, puisque c'est sous le vainqueur
d'Iéna que la France assistera au retour des temples,
panthéons et odéons chers à l'antique.

Toutefois Soufflot semble se rattacher par l'audace
de sa réaction classique au mouvement indiqué par

ᵐᵉ de Pompadour, mouvement d'accord avec les
pirations de François Blondel (qu'il ne faut pas
nfondre avec son homonyme qui vivait sous
ouis XIV), théoricien de l'architecture, placé sous
nvocation de Vitruve.

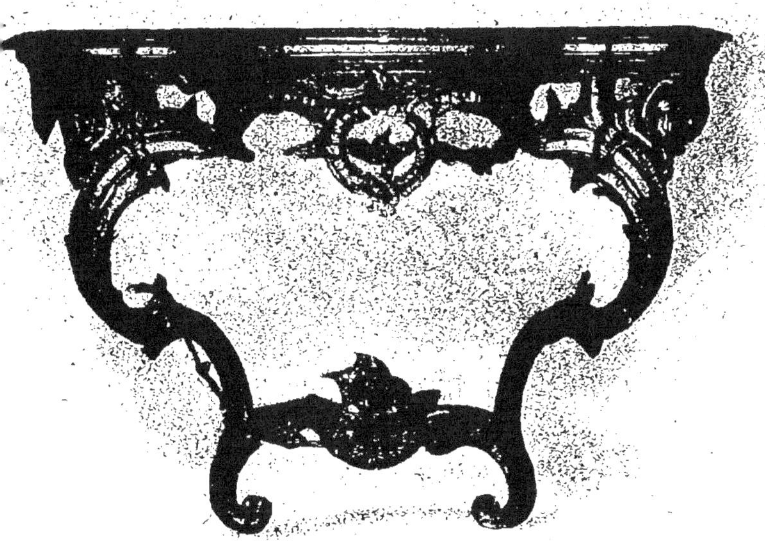

Fig. 72. — *Console.*

Soufflot, érigeant à Paris son Panthéon, excessive-
nent inspiré du Panthéon d'Agrippa et de Saint-
Pierre, en pleine rénovation décorative et mobilièrc,
nous donne l'exemple d'un art inharmonieux, inférieur sans nul doute à tout progrès imaginatif, même..
Régence !

Mais l'œuvre de Soufflot se rattrape de son esthé-

tique rétrograde sur une grande science, elle marqu
au surplus, le début de la stagnation imaginati
architecturale et, il n'y a que Gabriel, son conten
porain, pour lui donner une leçon de génie.

Rendons cependant justice à François Blonde
puisque son admiration sans bornes pour les monu
ments grecs et romains nous valut cette unité de l'ar
chitecture de Louis XV que l'on se plaît à constate

De cette unité dériva, somme toute, un art const
tué, l'autorité influente résumée par un maître comm
Jacques-Ange Gabriel, quatrième du nom.

**J.-A.** Gabriel (1710-1782) a laissé des chefs-d'œuvr
qui rivalisent avec ceux du xvii<sup>e</sup> siècle par l'aspec
grandiose et décoratif, et s'en éloignent par un cache
d'élégance purement xviii<sup>e</sup> siècle. Cette originalit
est saisissable dans des monuménts comme l'*Ecol
militaire* (*fig.* 88) et surtout comme les hôtels ju
meaux qui ornent la place de la Concorde (*fig.* 103)
l'ancien *Garde-Meuble* (aujourd'hui ministère de l
Marine) et l'*hôtel Crillon*.

Gabriel est aussi l'auteur de la belle salle de spec
tacle du château de Versailles, et du palais de Com
piègne. Son expression élevée, mais sans morgue, de
meure parmi les derniers témoignages d'une esthé
tique classique bien française, dont l'influence nous
garda de cette décadence complète que les arts avaient
déjà subie en Italie.

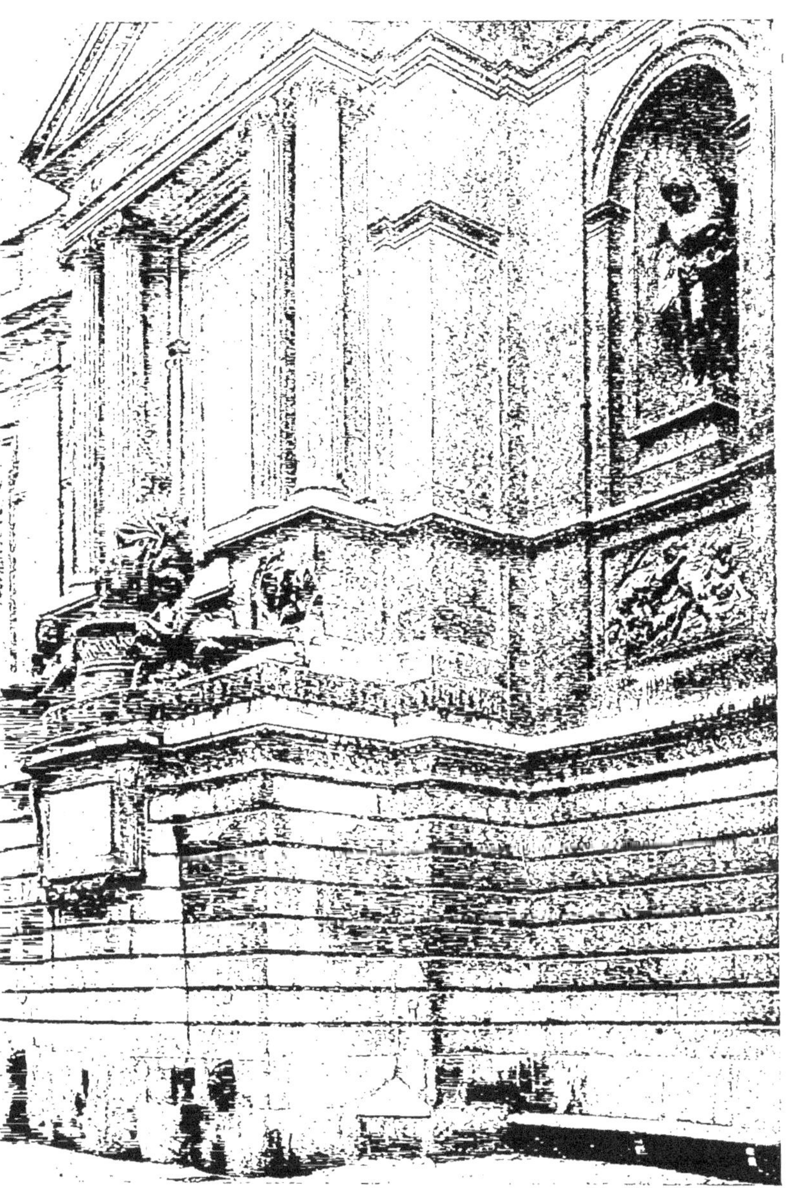

FIG. 73. — *Fontaine de la rue de Grenelle*, Paris,
par Edme Bouchardon.

Les caractéristiques, au résumé, de l'architecture au XVIII<sup>e</sup> siècle, sont, en première ligne, la séduction et l'harmonie, la commodité et l'agrément.

Cette séduction et cette harmonie ne vont pas sans quelque sacrifice dans les détails de l'ornementation, qui ont perdu de leur vigueur et de leur correction au profit d'une richesse et d'une amabilité plus sympathiques que sous Louis XIV, par exemple.

« Ils (les architectes) s'attachaient de préférence, observe Vaudoyer, aux formes et aux contours qu'ils croyaient les plus agréables à la vue et même au toucher; dans les appartements, ils répudiaient avec raison toutes les formes anguleuses ; ils avaient très bien compris qu'à l'intérieur on ne saurait affecter les masses et les saillies, qui sont le propre de la pierre, et doivent être réservées pour le dehors. »

Parallèlement, ne voyons-nous pas les meubles s'arrondir depuis la Régence? N'assistons-nous pas à un général aplanissement des angles, tant dans le geste que dans le caractère, depuis Louis XIV?

Quant au grandiose, si toutefois il ne change pas de celui du XVII<sup>e</sup> siècle dans la construction monumentale, ni dans la hauteur des étages, ni dans la largeur et dans la disposition ample des escaliers, il se métamorphose en tant qu'habitation particulière. Son type se résumerait plutôt alors, dans cet autre chef-d'œuvre de Gabriel que nous gardâmes

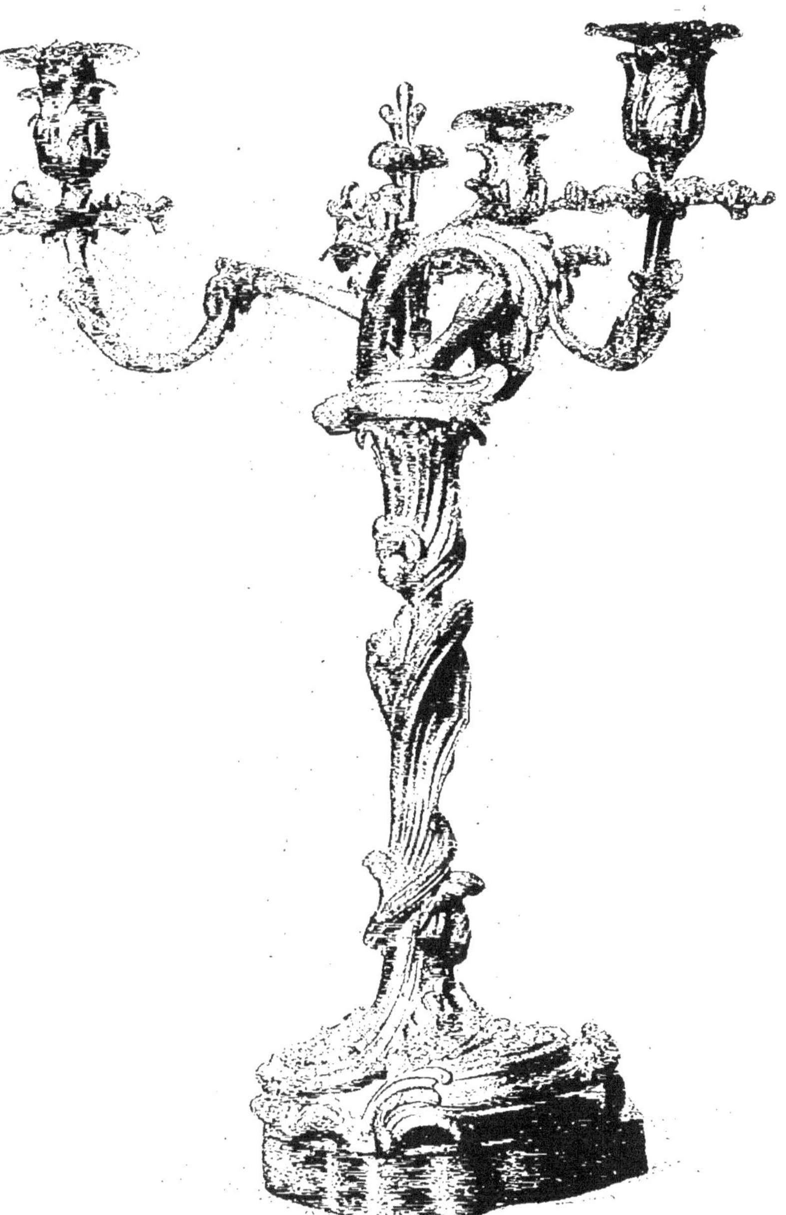

Fig. 74. — *Candélabre.*

pour notre fin : le Petit-Trianon [1] (à Versailles) ; miniature de palais qui, bâti pour Louis XV, dont l'artiste était premier architecte depuis 1743, devait être donné plus tard à Marie-Antoinette par Louis XVI, comme don de joyeux avènement, en 1774. Les constructions particulières, les petits hôtels, voilà quel fut le triomphe de ce siècle aux évocations cossues dans un petit cadre.

Nous ne répéterons plus que le délicieux xviiie siècle enfin, voulut l'intimité et la discrétion du boudoir, qui est tout un programme.

Il n'empêche qu'à côté de Gabriel, dans l'art monumental Jacques-Denis Antoine (1733-1801) fait excellente figure. L'auteur notamment de l'hôtel des Monnaies [2], à Paris, représente encore excellemment un

1. « Ce gentil édifice — qui occupe au plus un espace carré de douze toises — se compose du rez-de-chaussée et de deux étages compris dans un ordre corinthien que termine une balustrade. Il n'y a que cinq croisées sur chaque face ; celle qui regarde le jardin est ornée d'un avant-corps formé de quatre colonnes isolées. Les dispositions intérieures répondent au peu d'étendue du pavillon : au rez-de-chaussée, un salon de moyenne grandeur et une salle à manger ; au premier étage, l'appartement composé de très petites pièces ; au second, quelques chambres pour les seigneurs, voilà tout. Mais si les appartements sont bornés à d'étroites localités, leur élégance est d'une recherche inexprimable. La volupté semble avoir présidé au dessin des ornements (dus à Guibert), au choix des statues, à celui des meubles et à l'arrangement du tout. »

2. L'hôtel des Monnaies, commencé en 1771, fut terminé en 1779. Bien que les plans de cet édifice datent de l'époque Louis XV, il est indiscutablement Louis XVI, du moins dans son ornementation.

style noble, ferme et pur, et d'autre part, l'Italien Servandoni (né à Florence en 1695, mort à Paris en 1766), à qui l'on doit, entre autres œuvres, le portail de l'église Saint-Sulpice (*fig* 110) et la chapelle de la

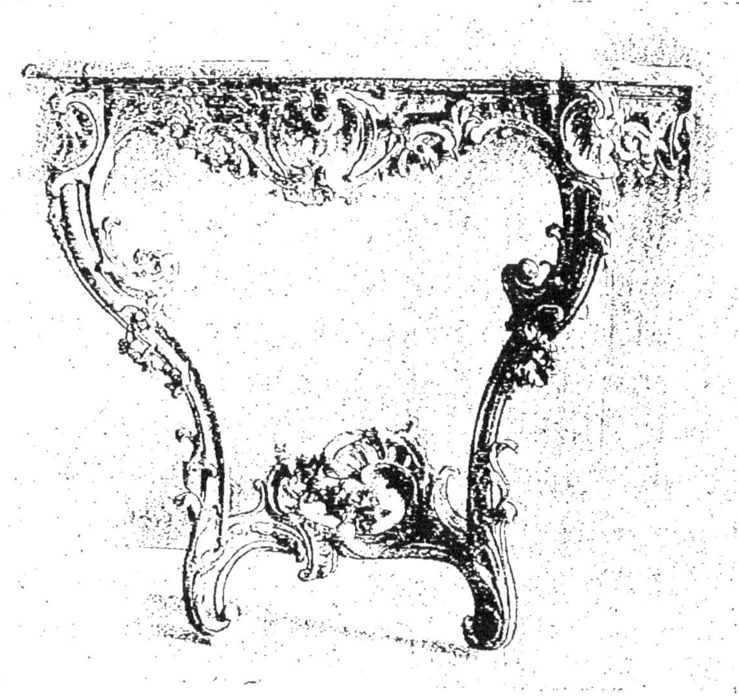

Fig. 75. — *Console* (Musée des Arts décoratifs).

Vierge, ne continue pas moins les saines traditions de goût et d'unité.

Nous noterons encore les noms de Defrance, de Cottard et de Lassurance, ce dernier qui, avec Giardini, construisit le Palais-Bourbon, ainsi que les hôtels de Châtillon (rue Saint-Dominique) et de

Noailles; sans oublier le petit palais de Bellevue pour M^me de Pompadour.

Mais, en somme, il n'y a guère qu'un Gabriel pour fléchir la formelle donnée classique, à l'heure qui nous occupe. De même, sous Louis XVI, le génie d'un Victor Louis nous consolera-t-il seul d'une indigence imaginative progressive, affirmée par le ressassement, la compilation et les variations jouées sur le thème antique éblouissant, hallucinant, paralysant.

Si le début du xviii^e siècle avait vu naître une fantaisie rocaille ou rococo délectable, l'époque gracieuse de Marie-Antoinette ne devait guère connaître que les élucubrations d'un Ledoux (1736-1806).

Apôtre de l'architecture parlante, Ledoux croyait avoir trouvé une merveille en faisant la maison d'un vigneron en forme de tonneau, comme il eût donné, sans doute, à la demeure d'un ivrogne, l'aspect d'une bouteille... Mais si les conceptions de cet artiste tinrent parfois de l'exaltation, elles ne manquaient pas, il faut l'avouer, d'un certain intérêt. Témoin le charmant château de Luciennes, construit pour M^me Du Barry et les anciennes barrières de Paris dont il reste encore traces place Denfert-Rochereau.

Aussi bien nous ne citons Ledoux que pour son originalité intempestive, monstrueuse, dans l'histoire de l'architecture, qui ne va plus guère s'égayer, se distraire de ses tendances aveugles, fatales, dès la fin du

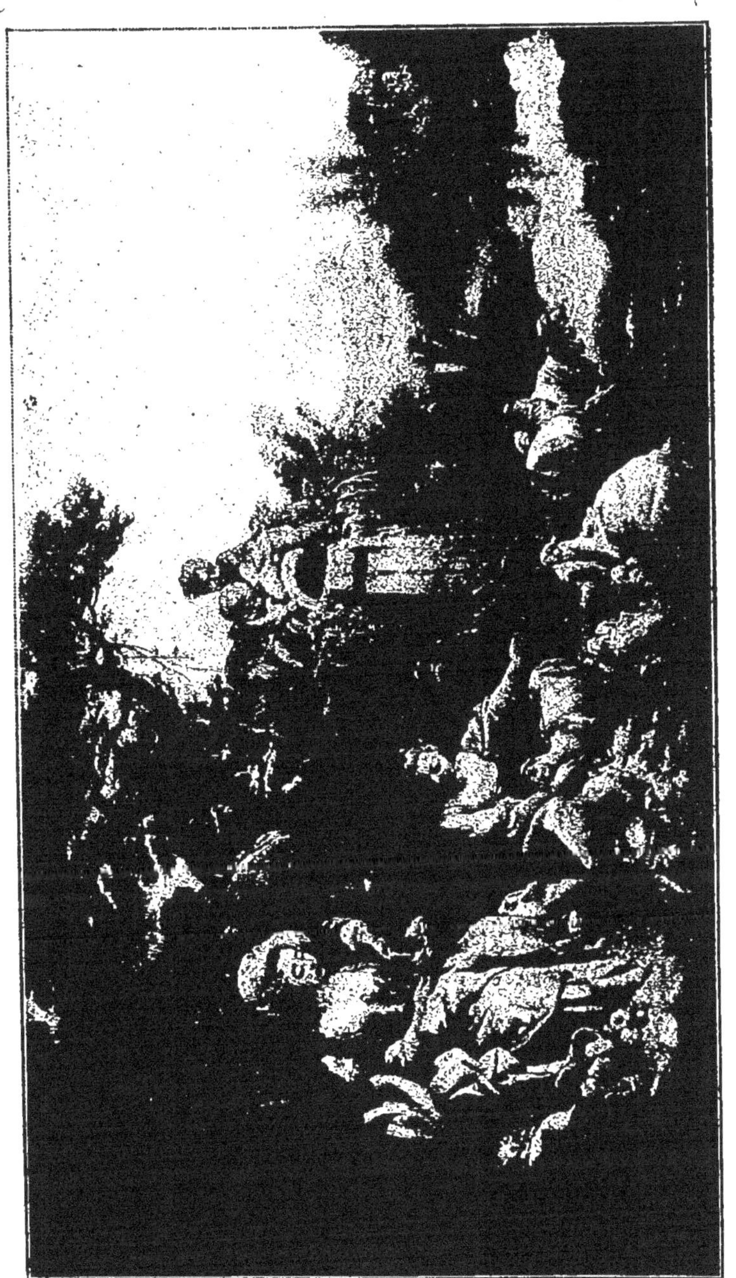

Fig. 76. — *Pastorale*, par F. Boucher (Musée du Louvre).

xviii<sup>e</sup> siècle que par la recherche, plus ou moins heureuse, mais au moins avide de  personnalité, de notre art moderne.

On a reproché aux architectes de la Régence d'avoir cherché dans la  mode une  vogue  facile. Cela n'est pas notre avis, d'autant que, pour  faire  échec  à ces esprits fiers d'être de leur temps, et désireux de marquer leur  passage par  un  art  de  situation, on  leur a opposé des  artistes « *sérieux*, qui, cultivant  leur art avec  amour  et conviction, s'attachèrent à  maintenir les types de cette beauté *éternelle* qui est l'émanation du vrai ».

Comme si les audaces, pour la plupart si fécondes, devaient se  borner à des  répétitions, à  vivre  sur  le passé ! Comme  si seuls  étaient sérieux les  artistes routiniers asservis au culte d'une vérité unique, d'une beauté définitive !

N'est-ce  pas avec  de tels  dogmes que l'on  risque d'étouffer dans l'œuf, les génies ?

Est-ce  que  toutes  les  manifestations  d'art,  aussi diverses soient-elles,  à  condition d'être appuyées par le métier, ne valent pas toutes autant?

Nous verrons  au  chapitre  suivant, lorsque  nous parlerons de  la  peinture  et de la  sculpture,  la  grâce parfaitement traitée, et cette grâce qui change de  la force précédente, trouvera  dans une technique excellente le triomphe  de son art. Cette grâce  correspond

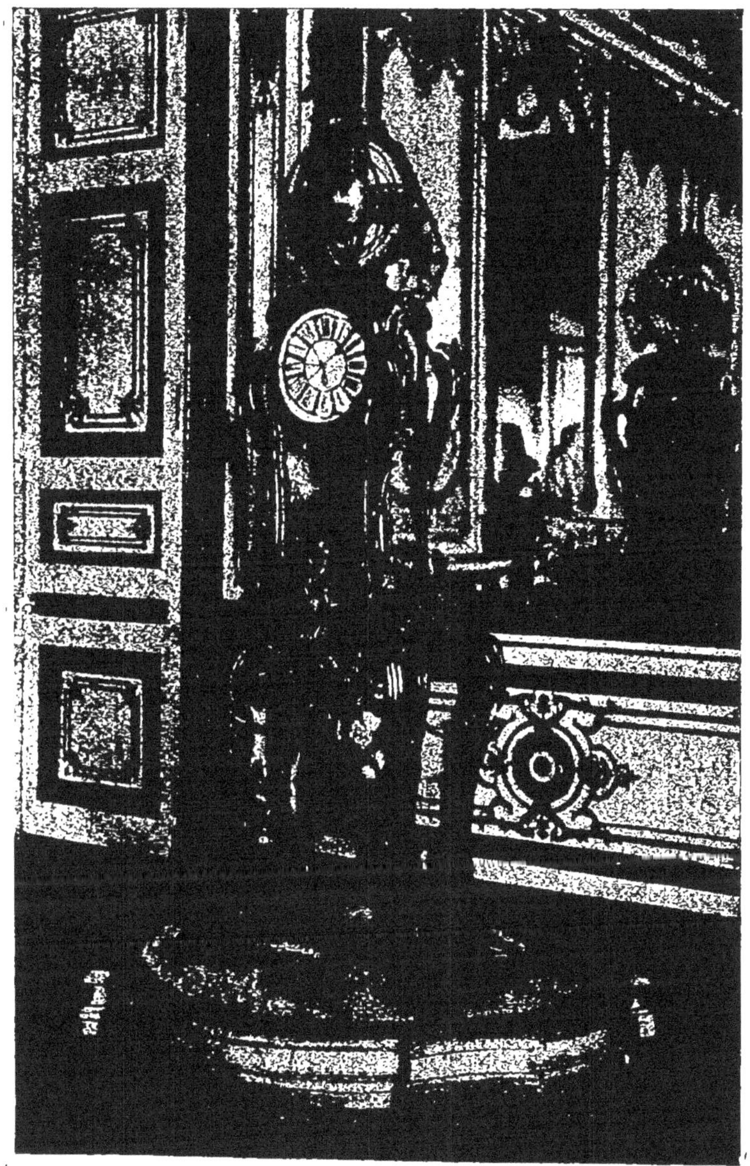

Fig. 77. — *Pendule de bronze*, par Caffieri (Palais de Versailles).

d'ailleurs au goût de l'époque, et l'art n'a d'autre but que de séduire. Lorsqu'il moralisera sous Louis XVI, il sourira cependant encore à l'esprit de l'heure ; de même, sous le joug de David, la peinture et la sculpture deviendront héroïques pour obéir aux inspirations de Napoléon.

A la faveur d'un mot, l'art qui suit les mœurs demeure sans cesse lui-même et toujours admirable, selon les yeux qui le contemplent.

Sa manifestation différente nous verse aussi des joies opposées dont nous apprécions seulement les altitudes au gré de nos préférences ; mais il serait injuste de ne classer parmi le grand art que celui devant lequel nous ne sommes émus que de gravité.

Hélas ! la mode actuelle n'est-elle pas suffisamment cruelle et insensée, qui adopte à tort et à travers les styles du passé pour les glorifier exclusivement et contradictoirement tour à tour ! L'art ne doit point être sujet au caprice ; s'il y eut des petits maîtres, il n'y a pas de petit art, il y a l'Art, simplement.

Cependant il ne faut pas oublier que la personnalité de l'architecture du xviiie siècle ne saute pas aux yeux comme celle du meuble. Sans parler des nécessités constructives qui dictent à la maison des lois plus rigides, il faut compter sur les difficultés plus évidentes de l'originalité du bâtiment, surtout lorsque l'analyse s'impose au nom de la tradition.

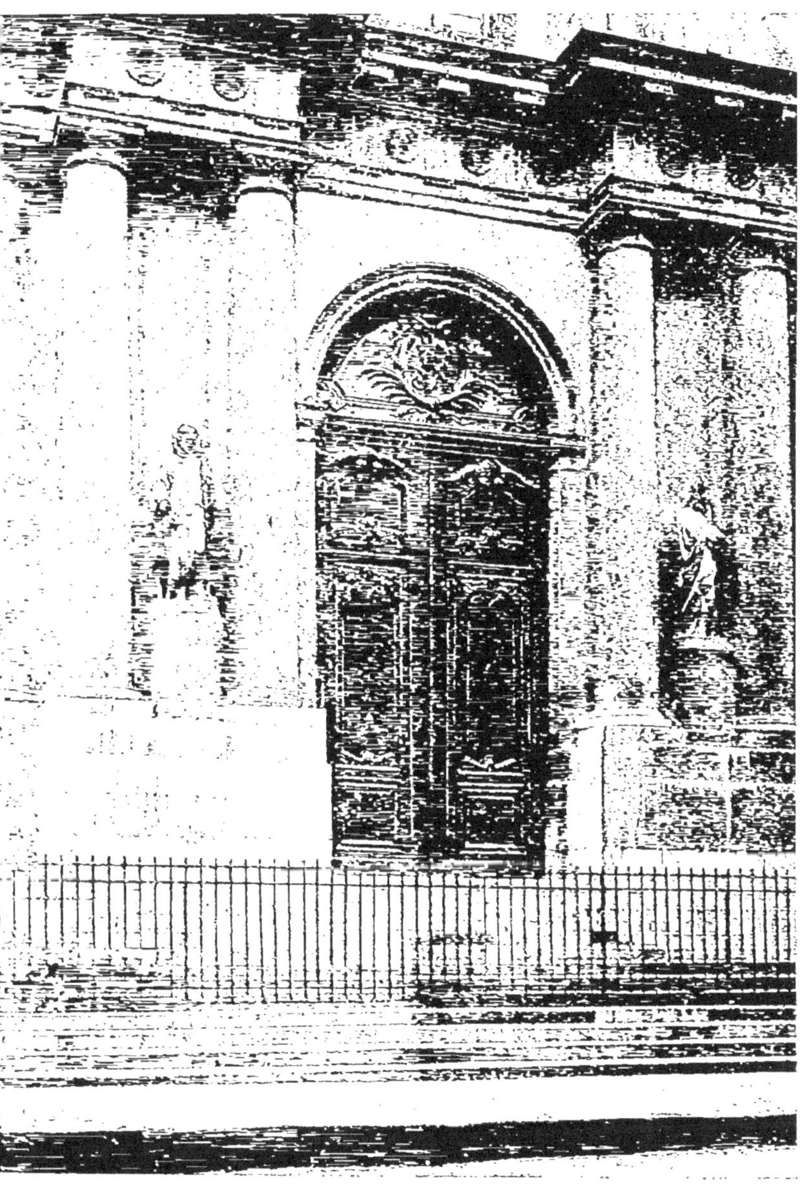

Fig. 78. — *Église Saint-Roch* (portail), à Paris,
terminée par Robert de Cotte.

Entre le Louis XV et le Louis XVI, époque du retour à l'antique, à part quelques motifs ornementaux révélateurs (surtout sous Louis XV, à cause de l'esprit tourmenté du décor, essentiellement français), la confusion est possible, du moins dans les grandes lignes extérieures.

Et cela est si vrai que le style de Gabriel, indiqué notamment par le Petit-Trianon, est aussi bien celui de Louis, architecte de Louis XVI. Même —répétons-le — si l'on ignorait que cette élégante construction fut bâtie sous Louis le Bien-Aimé, ne l'attribuerait-on pas de préférence à l'époque de Louis XVI ?

Néanmoins, à l'intérieur, le changement ornemental de Louis XVI n'est qu'une légère variante des moulures grecques usitées sous la Renaissance, date de la première résurrection classique.

D'où une analogie quelque peu déconcertante, lorsque l'on examine des fragments architecturaux intérieurs de ces deux époques particulièrement solidaires de l'antique, dans une fantaisie française similaire, dans une sobriété nationale parallèle.

En fait, le Panthéon, temple romain, fut bâti sous Louis XV et la colonnade de Gabriel dans ses palais de la place de la Concorde, ressemble singulièrement à la colonnade du Louvre de Perrault, architecte du XVIIe siècle ; c'est le signal de la déroute constructive, de l'égarement profiteur qui nous dis-

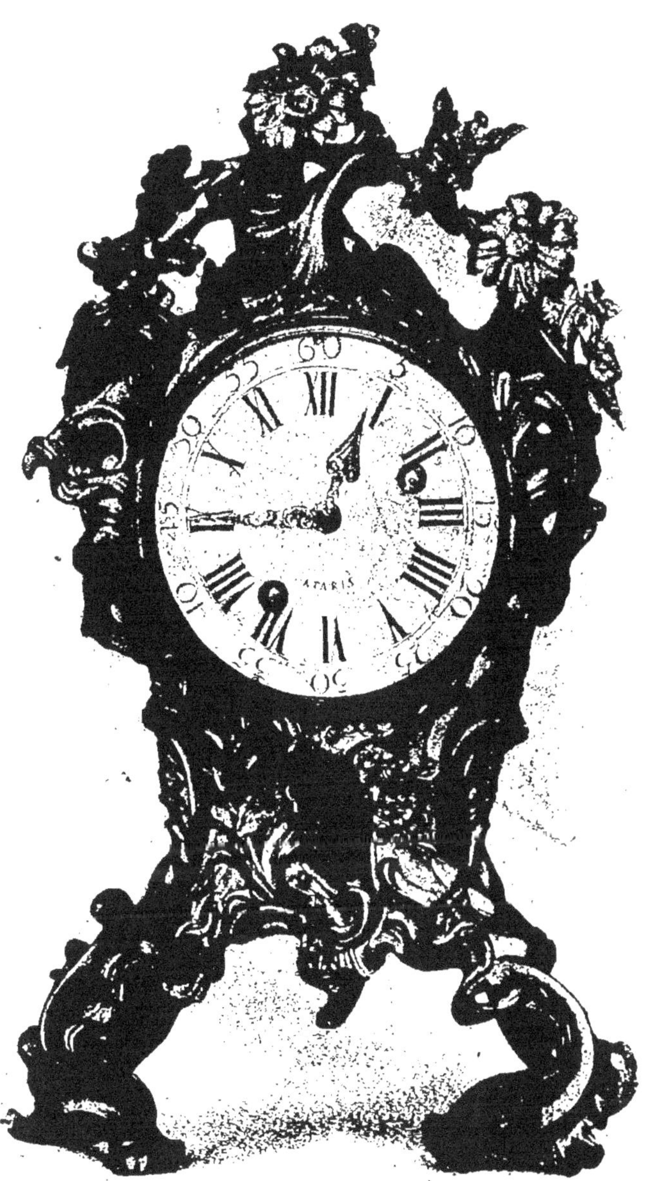

FIG. 79. — *Petite pendule* (Musée des Arts décoratifs).

pensera d'en dire plus long sur les rapports de l'originalité du meuble au bâtiment, à l'époque en question.

Pour clore le chapitre de l'architecture, nous em-

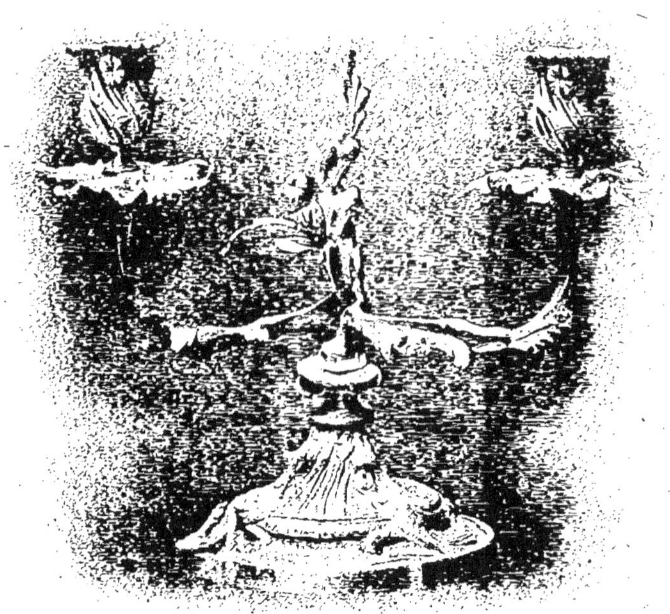

Fig. 80. — *Bout de table.*

prunterons à Paul Lacroix (*Le* XVIIIe *siècle*) cette description pittoresque : « La façade des maisons était généralement noire, sordide et délabrée; ces maisons dont la plupart n'avaient pas moins de deux ou trois siècles d'existence, quoique construites en charpente recouverte de plâtre, se crevassaient de tous côtés et

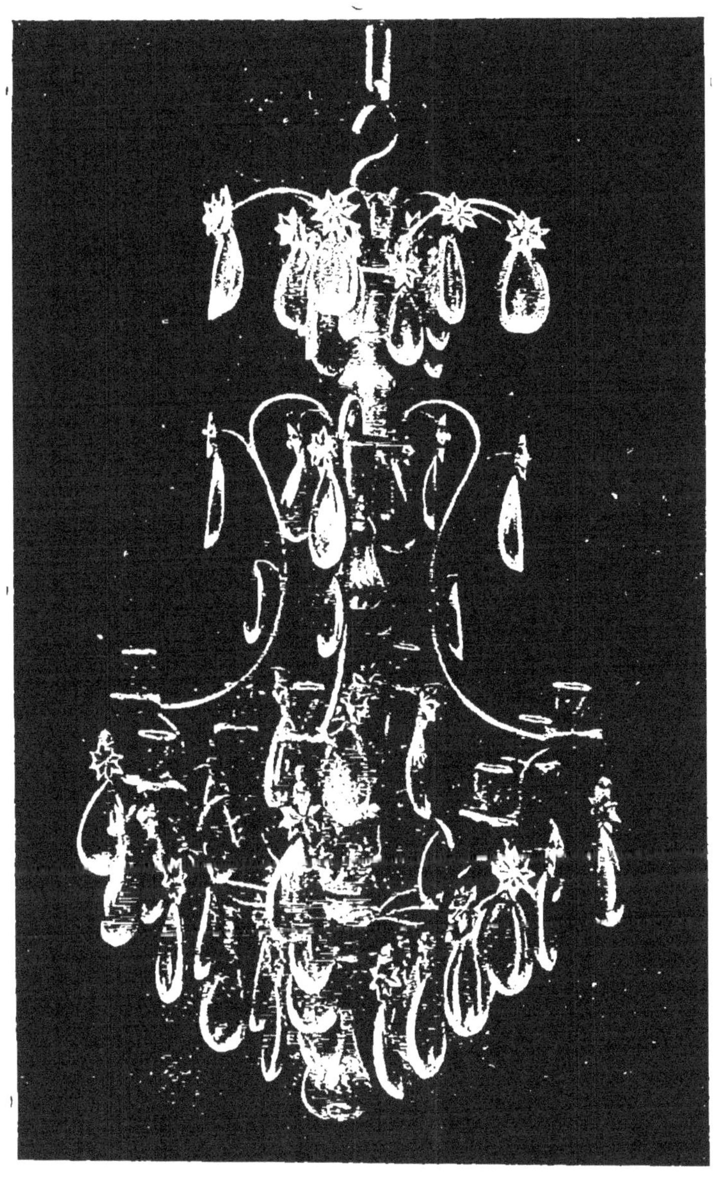

Fig. 81. — *Lustre cristal.*

penchaient en avant, sans que l'autorité y prît garde ; une multitude de bizarres constructions parasites, accrochées aux murailles et suspendues à chaque étage, sans compter d'énormes enseignes en fer se dressant de tous côtés, attestaient, de la part des locataires et des boutiquiers, l'intention d'empiéter le plus possible sur la voie publique. Il y avait à toutes les fenêtres un envahissement de pots de fleurs et de cages d'oiseaux. Toutes ces maisons, habitées par le commerce et la petite bourgeoisie, n'étaient pas mieux entretenues à l'intérieur qu'extérieurement... » Mais pour revenir à l'architecture monumentale, nous vanterons sa technique forte dans l'ensemble et merveilleuse dans les détails. La preuve en est qu'à l'étranger Versailles demeurait encore le modèle et que toutes les cours, à l'envi, se modelèrent sur celle de la France

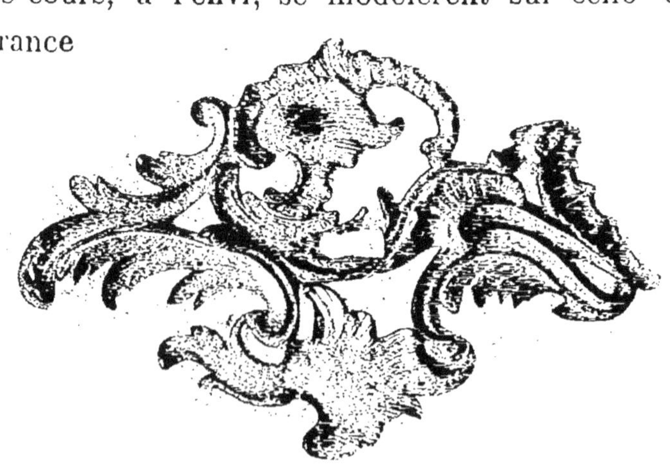

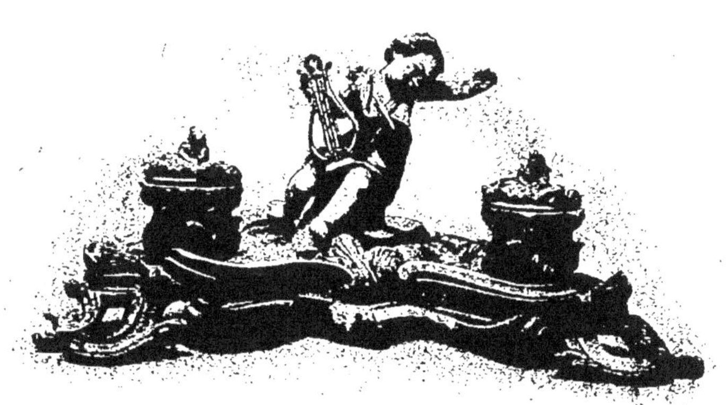

# CHAPITRE VII

## La Peinture et la Sculpture : François Boucher, Nattier, Natoire, Nicolas Coustou, E. Bouchardon, etc.

Après Watteau, François Boucher! François Boucher, élève de Lemoyne, est tout le sourire de cette suite de Régence où l'amour et la grâce se poursuivront.

Certes il manqua à ce peintre la majesté et le sentiment du grand genre historique, mais il était né pour faire sourire les trumeaux et les plafonds. Sa verve, au surplus, n'étant pas méditative fut seulement improvisatrice et galante, et il ne faut pas demander à Cupidon de coiffer le casque antique.

Mieux que personne, François Boucher (*fig.* 76 et 98)

a exprimé l'enfant malin, capitonné de fossettes, aux innocentes culbutes dans un ciel rose ou très blanc, cet Amour, né du boudoir qui, avec ses frères pareillement dodus, enguirlande et taquine Vénus alanguie.

Figures « nourries de roses et de lait », a-t-on dit; soit, mais harmonieusement assorties au décor et, mieux, à l'atmosphère du moment. Art inférieur à celui de Watteau? Peut-être, mais si éminemment décoratif, si suave, qu'il ne saurait être diminué par aucun chef-d'œuvre, dans son genre essentiellement français.

Bref, François Boucher, patronné par la cour et par la marquise de Pompadour, à qui il enseigna la peinture, dès 1745, reçoit seulement le titre de peintre du roi trente ans plus tard. Il est vrai que Boucher était le peintre du roi depuis si longtemps !

Nous avons dit, d'autre part, le revirement d'enthousiasme de la favorite à l'égard de son maître, lorsque, pour obéir à ses aspirations antiques, elle rejeta les conseils du peintre des Amours et des Grâces en faveur de ceux du sculpteur Bouchardon et du graveur de camées Gay.

Malheureusement, de même que le nom de la marquise de Pompadour demeure intimement lié au style Louis XV, exclusivement français, il n'apparaît pas que son talent personnel d'artiste ait reflété davantage celui de Bouchardon que celui de Boucher. On n'en fait pas état, malgré que l'on mentionne, sans épiloguer, certaine suite de camées gravée et consacrée par elle à l'histoire du roi et quelques gravures de circonstance.

Au reste, la divine favorite avait été l'heureuse bénéficiaire des faveurs de Louis XV, avant M\ :sup:`me` Du Barry, sans toutefois laisser de traces davantage que sa remplaçante dans le cœur du roi. C'est le sort de tous les cultes, cette ingratitude, et, dans la cristallisation de la beauté des styles,

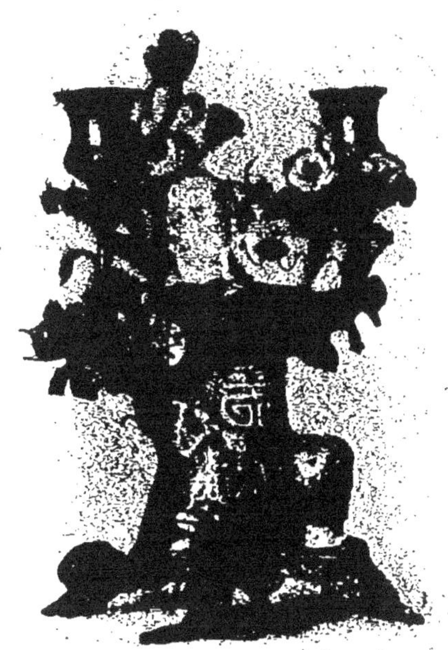

Fig. 84. — *Bout de table*, porcelaine de Saxe et métal.

les influences s'évaporent, et il ne reste de tous les caprices qu'une seule trace de beauté.

Poursuivons donc notre examen de l'art sous Louis XV. Parmi les autres peintres de l'époque, nous noterons Honoré Fragonard (1732-1806) et Le Prince (1733-1781), tous deux élèves de F. Boucher.

Le premier de ces maîtres est particulièrement

original. Ce génie de verve, d'esprit, de couleur et de licence, affirmé par tant d'adorables fantaisies malgré qu'il s'égara dans la tourmente révolutionnaire après avoir brillé au second plan sous Louis XVI, ne saurait être disjoint de l'époque de Louis XV.

Peintre de M^me Du Barry, dernière favorite de Louis le Bien-Aimé, et peintre de la Guimard, femme et danseuse à la mode, dont les pointes firent merveille tant à la Comédie-Française qu'à l'Opéra, Honoré Fragonard appartient en propre à l'heure de Boucher.

Le *Serment d'amour*, *l'Heure du berger*, sont notamment de délicieux poèmes d'amour et de volupté inséparables de cette partie du xviii^e siècle qui s'arrête aux toiles « moralisatrices » de Greuze, peintre prôné par Diderot, sous Louis XVI.

Quant à Le Prince, malgré qu'il sacrifia souvent au goût de Boucher et de Fragonard, il sut d'autre part plaire aux réformateurs vertueux de la peinture, et il ne ressort pas de cette souplesse une œuvre équivalente à celle des maîtres fantaisistes qu'il imita seulement, par intermittences.

Parmi les meilleurs représentants de l'art, vers ce moment, citons encore Charles-Joseph Natoire (1700-1777); Nattier (1685-1766), qui continuent les traditions de charme et d'élégance précédents et François-Bernard Lépicié (1698-1755). Voici Hubert Robert (1733-1808), voici Chardin (1699-1779), le peintre

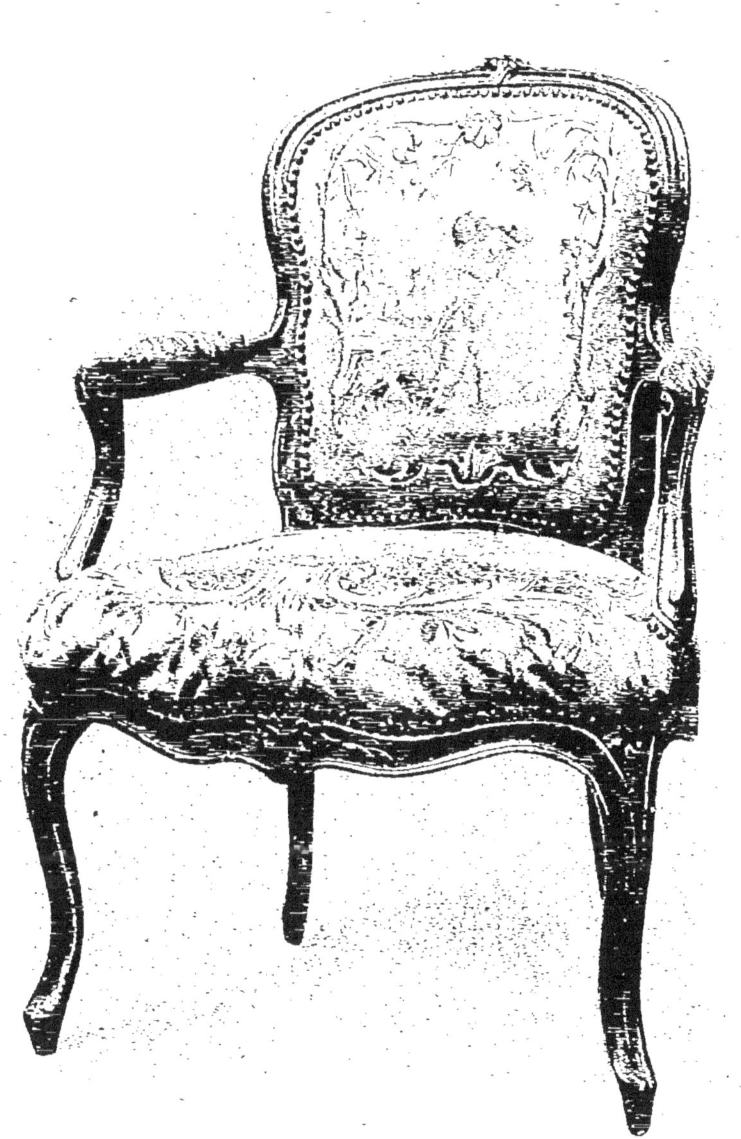

FIG. 85. — *Fauteuil.*

des natures mortes « ailées »; les pastellistes Maurice Quentin de La Tour (1704-1788) et Perroneau, etc.

Mais, dans cette dernière énumération, la plupart de ces grands noms collaborent plutôt au mouvement vertueux régi par Greuze, et mieux vaut nous arrêter aux strictes illustrations qui justifient notre titre, malgré le fatal entraînement d'un art similaire placé sous l'invocation du xviii^e siècle, en entier. Bornons-nous donc à célébrer ici, dans la peinture, l'esprit d'un F. Boucher, d'un Fragonard, de même qu'en sculpture nous nous en tiendrons à l'âme directrice d'un Guillaume Coustou ou d'un Edme Bouchardon.

Or, en sculpture comme en peinture, nous assistons à l'heure où « les marquis deviennent des Damons, des Tityres, des Corydons » et où « les marquises se transforment en faunesses, en dryades ».

Une folie parallèle entraînera plus tard à sa suite Marie-Antoinette et Louis XVI, qui se déguiseront l'une en paysanne et l'autre en meunier. On ne sait qu'imaginer en ces temps frivoles où l'on rit à l'ombre de la potence, comme pour se donner du cœur. Bref, même orientation dans la statuaire que dans la peinture. La ligne antique fléchit encore sous le génie aimable de nos artistes, obligés d'ailleurs de coordonner leurs efforts en vue d'une harmonie.

Il apparaît pourtant que cette harmonie suave ne fut point au goût des censeurs, écoutez plutôt la cri-

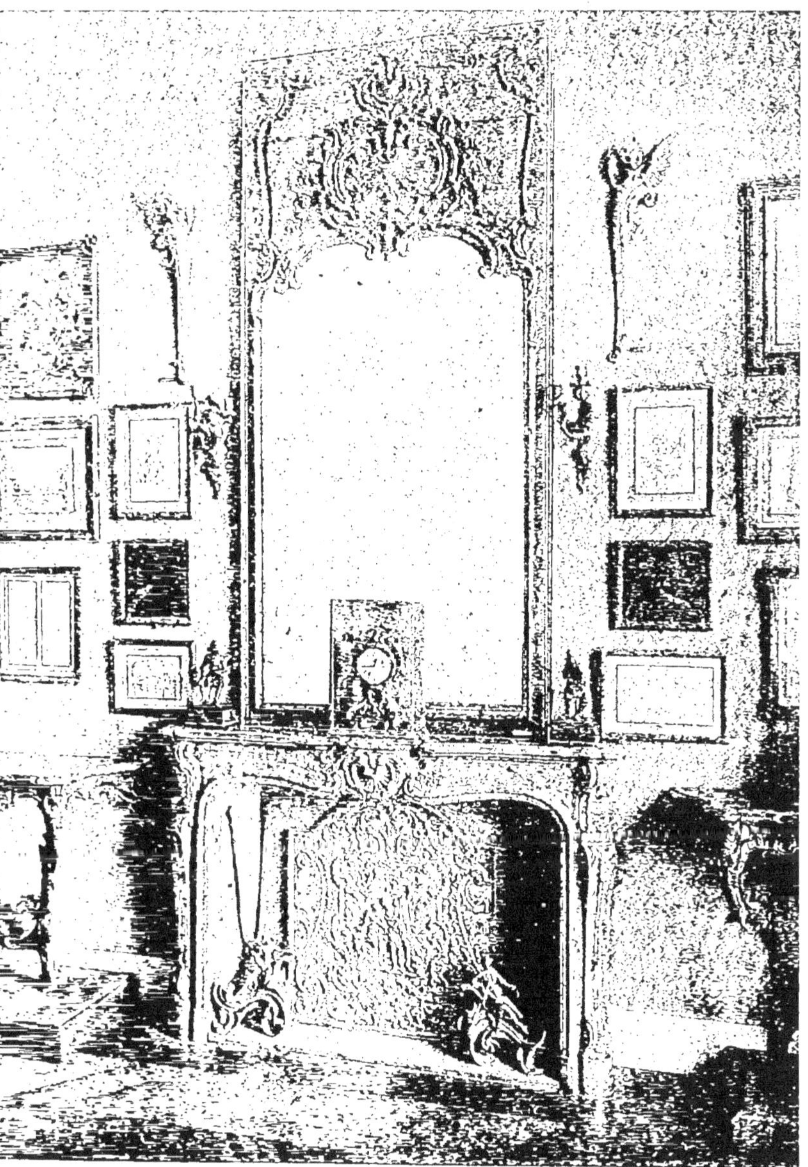

FIG. 86. — *Cheminée, glace,* etc. (Musée des Arts décoratifs).

tique d'un pontife de l'époque. « La peinture, détournée des beaux modèles par la funeste manie de briller, s'abandonne à la coquetterie, à une mollesse que les faux amateurs qualifient de touche fine et spirituelle, mais qui n'est qu'un style maniéré et dépourvu de naturel. Je n'ai vu réunis au Louvre que des portraits au teint fleuri, au sourire niaisement prétentieux, qui peuvent bien ressembler à quelques visages, mais où ne se trouve l'expression d'aucune physionomie. Du reste j'ai remarqué des nymphes, des sylvains, des dryades, des amours surtout, beaucoup d'amours; cohorte mythologique embellie de toutes les séductions que prêtent le carmin, l'outremer et la céruse, privée de tout ce qui manque de véritable grâce aux compositions faites loin de la nature et loin des chefs-d'œuvre que les grands maîtres ont laissés. Des teintes de lis et de rose, des lèvres purpurines, des formes grasses et rondelettes, des draperies symétriquement chiffonnées, des personnages toujours égarés au fond des bosquets verdoyants, foulant des gazons émaillés de fleurs; dans les airs, mille petits génies allégoriques voltigeant sur un ciel bleu comme la boutique d'un barbier : voilà ce qui se reproduit cent fois au Louvre. »

Bref, de même que la peinture, la sculpture est devenue plus essentiellement décorative et aimable. Le grand tableau d'histoire qui, servait en quelque sorte d'enseignement moral ou sentimental, a été

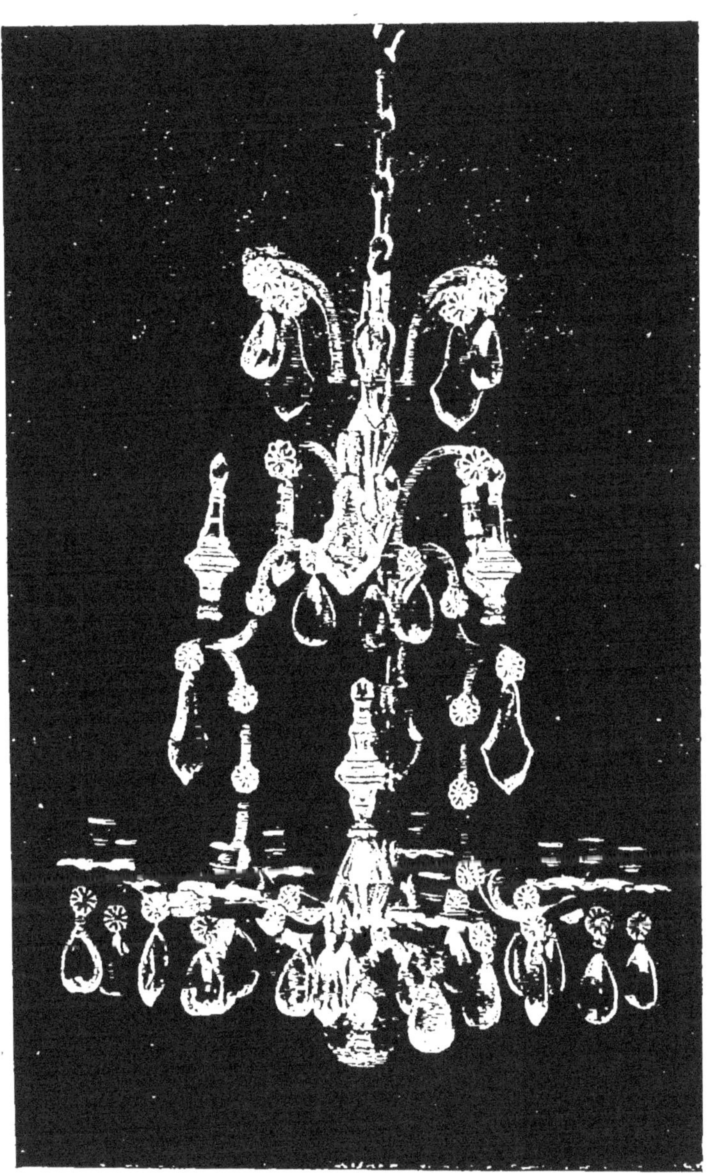

FIG. 87. — *Lustre cristal.*

sacrifié au joli décor sur lequel tranchent ou bien s'assortissent les élégances les plus tendres. C'est l'armistice de l'art pompeux, ne l'oublions, pas et ce n'est qu'avec David, lieutenant de Napoléon Ier, que les arts plastiques redeviendront héroïques et reprendront leur but social, dans la tradition.

Mais aussi, de quelle beauté cette statuaire, de même que cette peinture, est-elle empreinte dans la grâce décorative, dans la pureté bien nationale qu'elle a choisies !

A Nicolas Coustou, célèbre sous Louis XIV, succéda son frère Guillaume Coustou (1677-1746), auteur des *Chevaux de Marly* (*fig.* 91) (à l'entrée de l'avenue des Champs-Élysées), d'*Hippomène* et d'*Apollon et Daphné* (au jardin des Tuileries). Certes, en tête du mouvement gracieux, Edme Bouchardon serait mieux à sa place, mais G. Coustou, dans sa force élégante et libre, n'est-il pas aussi frappant, comparé, par exemple, à Puget sous Louis XIV ?

Puget, dont la puissance est rude et réelle, Coustou dont l'expression n'est encore qu'une forme décorative embellie de la puissance ! Mais passons et, après G. Coustou, citons Edme Bouchardon (1698-1762), le moins maniéré des artistes de son temps, sans toutefois qu'il s'évade de la personnalité de son heure.

Bouchardon à qui l'on doit la jolie *fontaine de la rue de Grenelle* à Paris (pour l'architecture et la

sculpture) (*fig.* 73), sans oublier, entre autres pages
typiques: un *Amour taillant son arc* (au Louvre), un

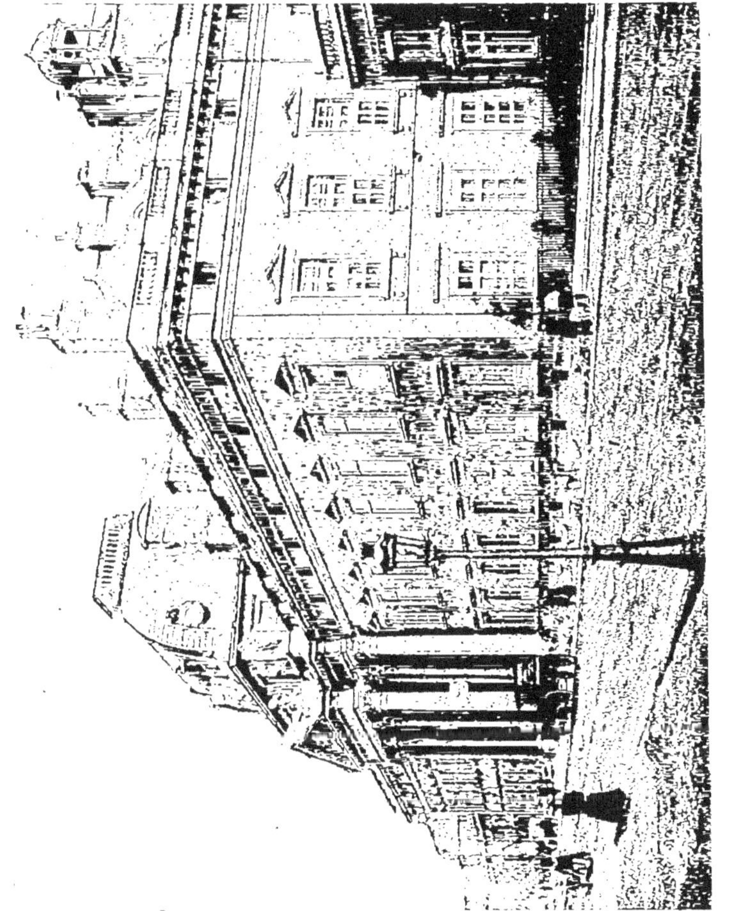

Fig. 88. — *École militaire*, à Paris, par J.-A. Gabriel.

*Génie de la poésie, le bassin de Neptune* (au parc de
Versailles), etc.

A côté du génie des précédents maîtres, il faut
encore citer les noms de Lambert-Sigisbert Adam
(1700-1759) dont le groupe de *Neptune et Amphitrite*

(au parc de Versailles) (*fig.* 95), est fameux; de Christophe-Gabriel Allegrain (1710-1794), sculpteur favori de M^me Du Barry, créateur d'une *Baigneuse* exquise.

Et Guibal qui modela la *fontaine d'Amphitrite*, à Nancy (en-tête du chapitre VI), et Cyfflé qui donna des modèles charmants à l'industrie, et Jean-Baptiste Lemoyne.

« Le trait distinctif de la sculpture française, au xviii^e siècle, a écrit René Ménard, c'est la recherche de la vie, des frémissements de l'épiderme, unie à la grâce du mouvement, qui se traduit toujours par des lignes sinueuses, et ne garde jamais la tranquille placidité de la statuaire antique; » et, après avoir noté cette caractéristique de sensibilité, l'écrivain d'art relève non moins judicieusement une faiblesse : « Les sculpteurs (du xviii^e siècle) avaient la prétention de tout rendre avec la pierre : les rochers, les broussailles, les étoffes et même ce qui est impalpable, comme ces lourds nuages de marbre tant prodigués dans nos églises et dans nos palais. »

Cette erreur découlait du caprice décoratif en vogue. Le grand art condescend au bibelot, sans faillir, et son désir d'harmonie voudrait contraindre la matière, même rebelle.

Dans l'ornementation, le motif nature de la palme a disparu dans un caprice délicieusement anonyme et, pareillement, ces nuages ont des lourdeurs qui sont des stylisations.

Malgré leurs défauts, nés d'ailleurs de leurs propres qualités, les maîtres sculpteurs du xviiiᵉ siècle ont été tout au moins inégalés dans leur représentation de la femme. Ils ont fixé, si l'on peut dire, son prototype.

La femme, chez eux, n'est pas une créature réelle, elle est la femme que nous rêvons, et l'antique n'a jamais réalisé conception plus souple, plus vivante.

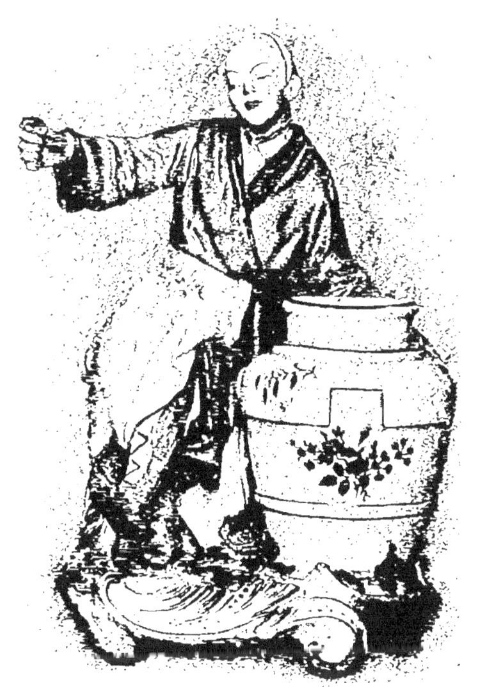

Fig. 89. — *Porcelaine de Saxe.*

Il faut savoir gré enfin, aux sculpteurs de ces temps, d'avoir immortalisé la femme française, et le plus grand compliment qui puisse leur être adressé en outre, est que leurs chefs-d'œuvre luttent en beauté avec les bosquets où ils sont placés, sans jamais être inférieurs à leur cadre de plein air.

Au xviiie siècle, les peintres et les sculpteurs com
munient, dans la parure du bâtiment, ils travaillcr
d'accord, ils demeurent enfin dans leur style et,

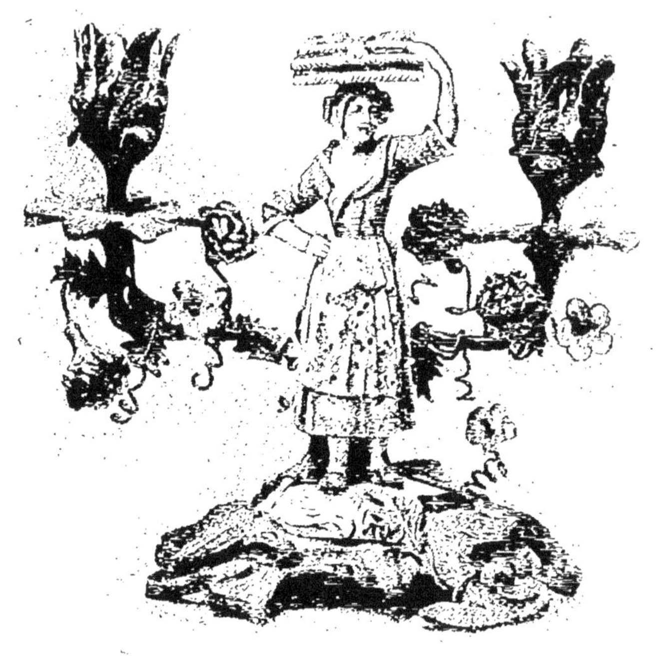

Fig. 90. — *Bout de table*, porcelaine de Saxe et métal.

l'envi, les ébénistes que nous verrons tout à l'heur
s'ingénient à un ensemble de beauté dont l'exempl
s'est perdu après le premier Empire.

Les belles grilles composées, dessinées et forgée
par le serrurier Jean Lamour (1698-1771) à Nanc
(voir l'en-tête du chapitre VI) relient parfaitement le

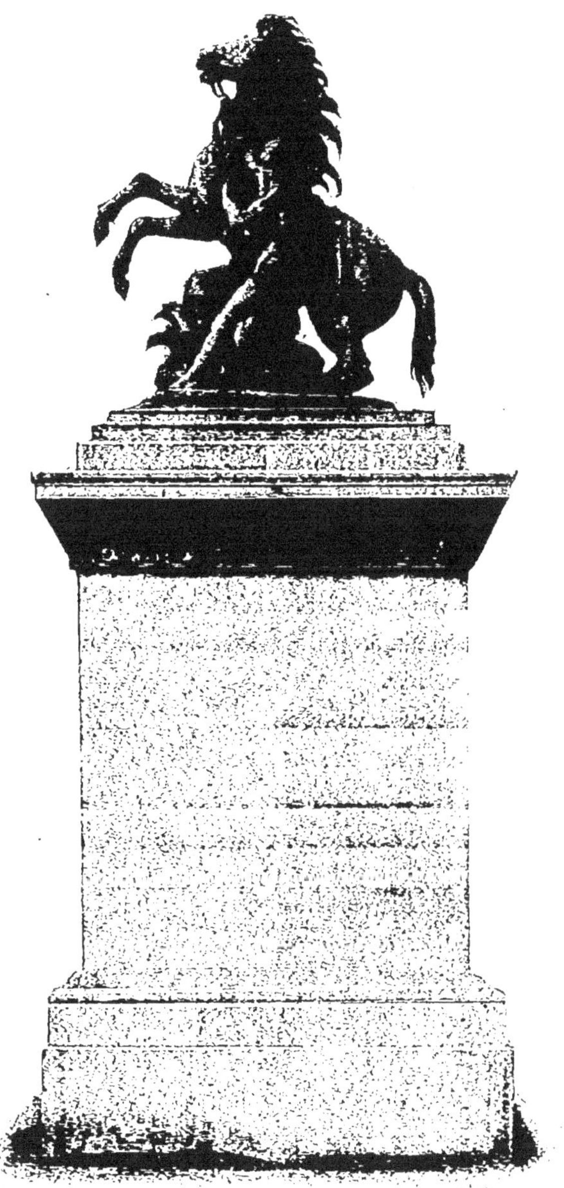

FIG. 91. — Un des deux groupes connus sous le nom de *Chevaux de Marly*, par Guillaume Coustou.

beaux édifices construits par l'architecte Héré sur la place royale de cette ville. Sans unité, ces grilles majestueuses eussent contredit à l'aspect général, tandis qu'elles enchaînent, au contraire, la solidité des masses de pierre avec la fragilité et les à-jours d'une dentelle de fer.

On retrouve, d'ailleurs, un égal souci d'harmonie dans le livre au xviiiᵉ siècle, où le crayon du dessinateur qu'il s'appelle Eisen, Gravelot, Moreau le Jeune, où le burin des Charles-Nicolas Cochin (1715-1790), des Jean Moyne, des Jean Daullé s'efforce à un faisceau de beautés, auxquelles répondent d'autres non moins attractives beautés de présentation.

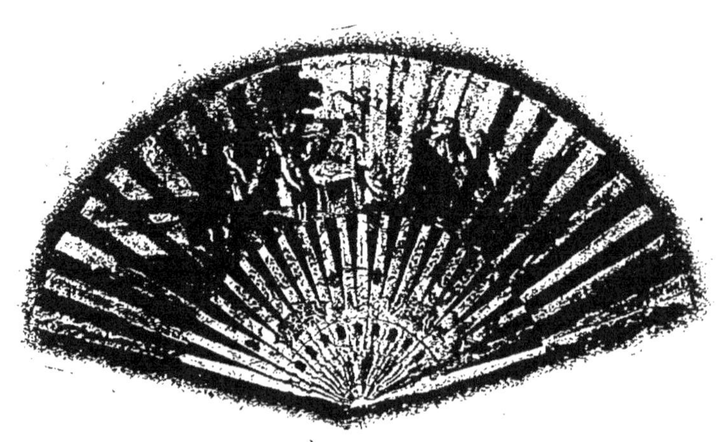

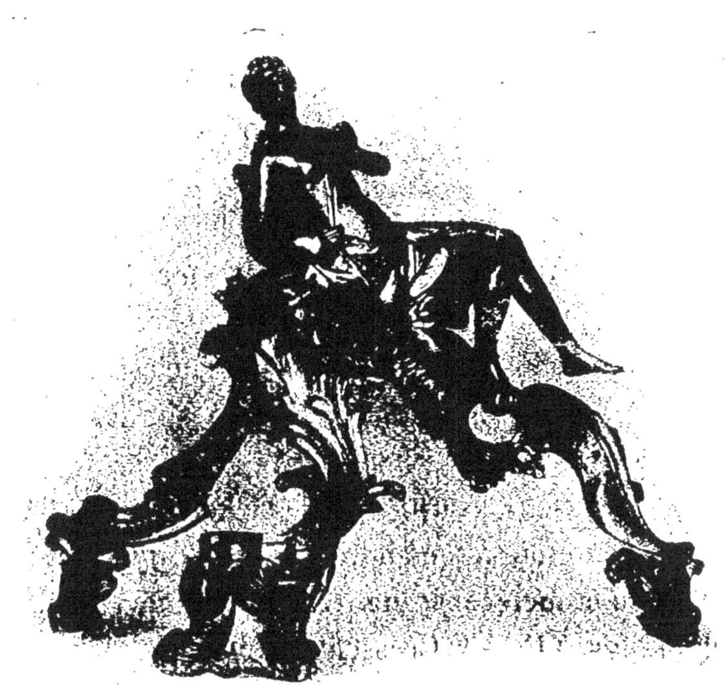

# CHAPITRE VIII

## Le Meuble : Jean-François Oëben, les Martins, etc.

L'ordre et la mesure que Louis XV apporta dans les fantaisies rocailles et rococo n'altérèrent en rien l'originalité du style galamment dédié à M$^{me}$ de Pompadour.

Nous savons d'ailleurs que si la favorite s'employa à réprimer de son temps les écarts de la ligne, elle fit plutôt le jeu du Louis XVI, époque où seulement ses idées « à la grecque » triomphèrent réellement[1].

1. « Depuis quelques années, écrit Grimm, en 1761, trois ans avant la mort de M$^{me}$ de Pompadour, on a recherché les orne-

Fort heureusement le pur style Louis XV demeure et, pour ne pas répéter les caractères de sa beauté, nous renvoyons le lecteur à nos gravures.

Si l'esprit de Watteau avait présidé à l'ameublement coquet de la Régence, tandis que Robert de Cotte donnait aux profils de l'ébéniste Cressent leurs lignes délicieusement mouvementées, c'est maintenant la pensée de Boucher qui plane sur les chefs-d'œuvre du mobilier.

Après Cressent, Jean-François Oëben.

Or Oëben était allemand, et Riesener, qui lui succéda, aura la même origine. Il est vrai que si Boulle (sous Louis XIV) et Cressent, tous deux français, avaient eu principalement des étrangers pour collaborateurs, Oëben et Riesener n'eurent que des Français comme auxiliaires.

De la sorte, les créations purement françaises, si parisiennes même, que nous allons examiner, vont paraître plus logiquement adaptées, régies par notre conception nationale.

D'ailleurs, nous vîmes sous la Régence dominer Just-Aurèle Meissonnier, dont l'imagination inépui-

---

ments et les formes antiques ; le goût y a gagné considérablement et la mode en est devenue si générale que tout se fait aujourd'hui à la grecque. La décoration intérieure et extérieure des bâtiments, les meubles, les étoffes, les bijoux de toute espèce, tout est, à Paris, à la grecque... »

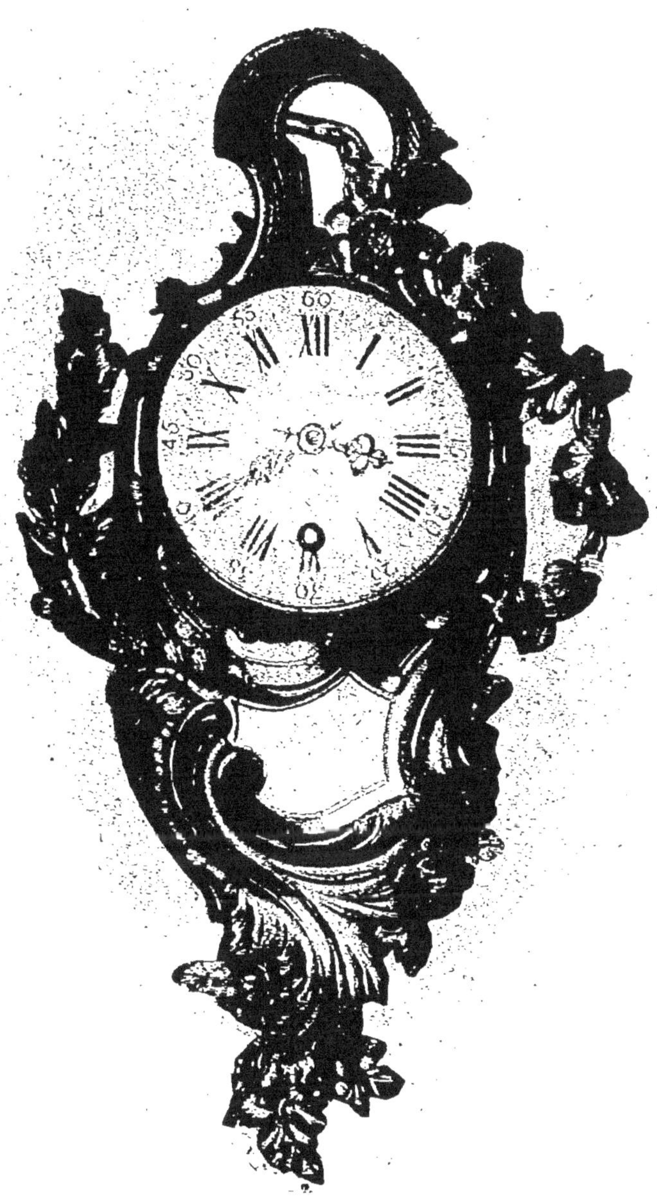

Fig. 94. — *Cartel.*

sable et l'incessante originalité firent merveille aussi sous Louis XV et nous parlerons plus loin de Jacques et de Philippe Caffieri, fils de Philippe Caffieri, sculpteur de Louis XIV.

Or ces trois artistes sont Italiens, et pourtant quelle manifestation réellement française fut la leur! Il suffit, pour en avoir la preuve, de comparer aux œuvres sorties des mains de ces maîtres, à l'époque, les travaux correspondants exécutés par leurs compatriotes.

Entre ces deux expressions, on goûtera la nuance du bon et du mauvais goût.

Aussi bien, pour en revenir à Oëben, cet artiste est élève de Boulle, ce qui explique l'essence de son talent, et Riesener, élève d'Oëben, était venu très jeune, de Gladbach, près Cologne, à Paris; il n'eut donc pas le temps de s'imprégner de la lourdeur nationale. Son maître, d'autre part, ne pouvait que lui insuffler les bons principes français, auxquels il avait été formé.

Quant à la famille Caffieri (*fig.* 77), on admettra aisément que son séjour de plus d'un siècle à Paris lui donne des droits à la nationalité française.

Il faut aussi reconnaître la merveilleuse ambiance de notre goût, puisque, insistons sur ce point, la France continue à ordonner l'art de tous les pays.

Bref, avec J.-F. Oëben (mort vers 1765?), ébéniste

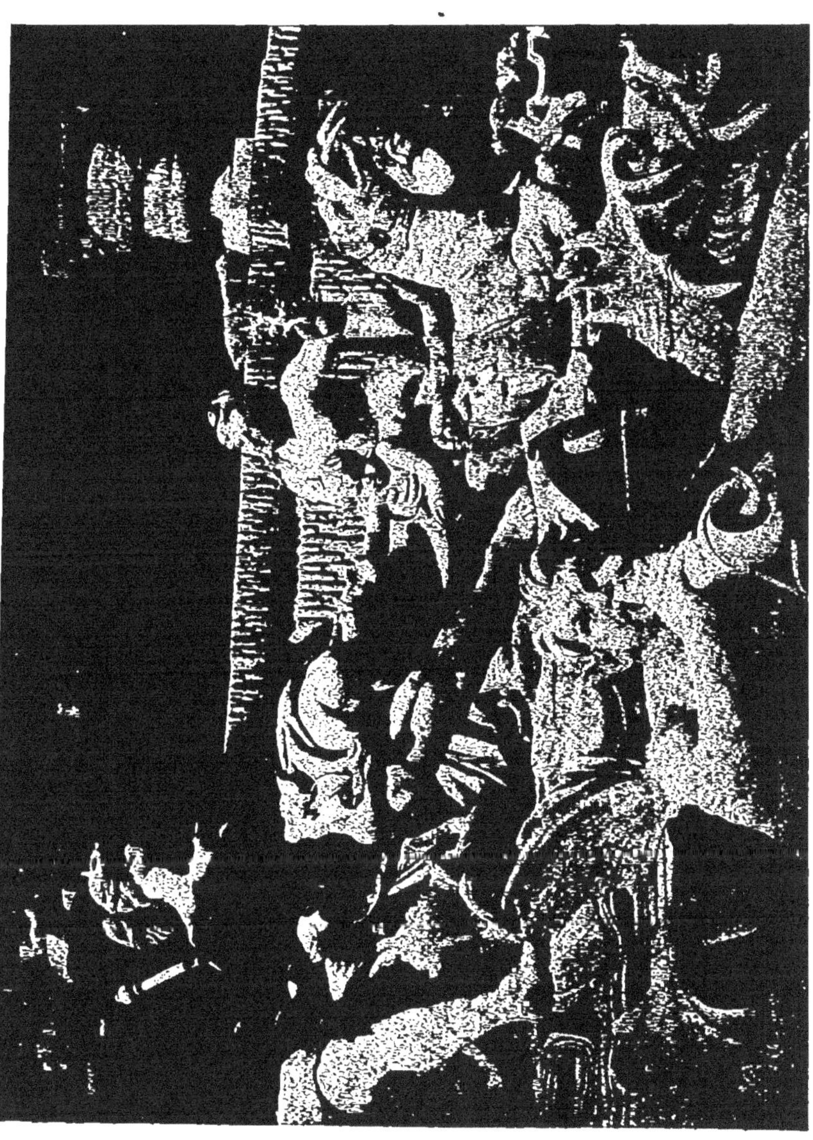

Fig. 95. — *Fragment du groupe de Neptune et Amphitrite, par Lambert-Sigisbert Adam ainé.*

de M^me de Pompadour [1], on revint plus spécialement aux ouvrages d'ébénisterie, c'est-à-dire que l'on réagit contre la profusion envahissante des bas-reliefs et ornements de bronze suivant la tradition de C.-A. Boulle.

La marqueterie, enfin, est plus que jamais en faveur, tandis que « les panneaux se parent de belles mosaïques ombrées, représentant des fleurs ou des oiseaux et affectant, par la nature même des sujets qu'ils portent, des allures plus sages ». C'est là le genre dans lequel brillent notamment les Lebesgue, les Levasseur, mais il ne faut pas croire néanmoins que la ciselure abandonne le meuble si elle consent cependant à être moins encombrante. Car il serait dommage que des talents comme ceux de Jacques et Philippe Caffieri (deuxième du nom) et comme celui du célèbre Gouthière qui travailla pour la Du Barry, à Luciennes, fussent sacrifiés. Au contraire, si toutefois leurs remarquables bronzes dorés et ciselés se bornent à habiller, non plus à commander, mais à servir, les formes de l'ébénisterie, ils complètent un effet d'ensemble d'une richesse et d'une tenue merveilleuses.

---

1. « La vente du mobilier de M^me de Pompadour dura un an. C'était un spectacle où l'on allait par curiosité ; il semblait que les quatre parties du monde s'étaient rendues tributaires de la marquise et avaient concouru à former ce mobilier précieux. »

Mais, d'autre part, comme les sculptures **sur bois** peuvent, dans leur magnificence, se passer souvent

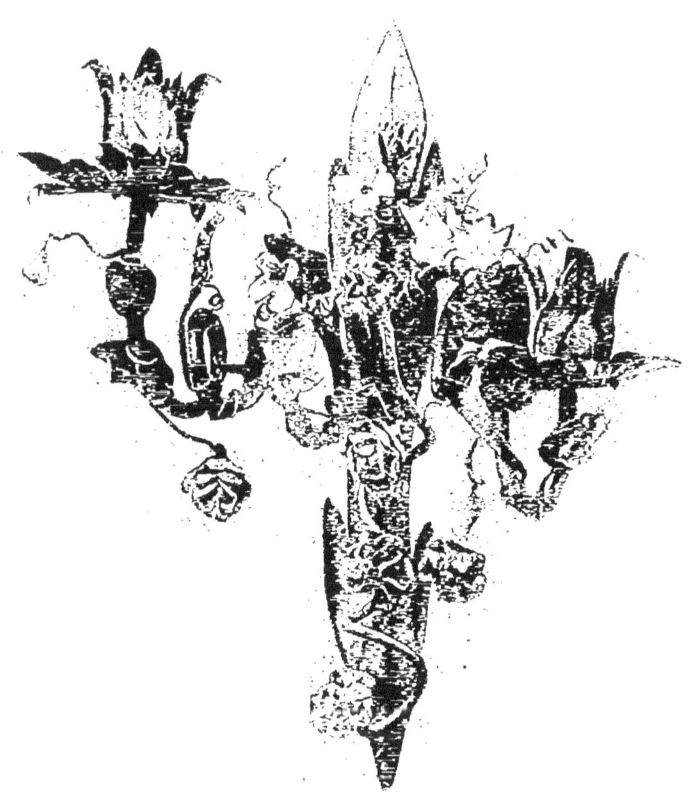

FIG. 96. — *Candélabre-applique*, porcelaine et métal.

du métal, nous y gagnons une variété décorative accentuée par des revêtements de peintures claires qui, assorties au décor, disparaissent légèrement dans sa clarté. A moins encore qu'entièrement dorés ces

meubles éblouissent comme le soleil, dans un en
semble aussi fulgurant.

Voici de grands chiffonniers fermés par des vantaux à coulisse, des encoignures à panneaux ornés de
grands bouquets de lis en marqueterie de bois; des
bureaux plats à pieds cannelés et ornés de feuilles
d'eau en bronze ciselé, entourés d'une bordure de
marqueterie losangée à coins arrondis, des bordures
de glaces, des bureaux à cylindre, des grands meubles
d'entre-deux, des coquilliers, des guéridons, des cabi-
nets, des consoles, etc., décorés de cartouches, à profusion, d'écussons, toujours dans l'axe oblique décrété
par la Régence, toujours en marqueterie et ciselure de
bronze, mais cette dernière plutôt secondaire dans la
décoration. Voici de riches médaillons de porcelaine
incrustés dans le bois des îles.

Ce sont des commodes en bois de satiné ou en bois
de rose ornées de cuivres, des vide-poches en bois de
rose et d'amarante avec bouquets de fleurs, de bois de
violette; des médaillons et des chiffonniers à tiroirs;
toutes sortes de meubles revêtus de marqueterie à
losanges. En voici un « avec des fleurs de bleuet se
détachant sur un fond blanc », en voici un autre en
laque noire garnie de bronze. Louis XV offre à l'im-
pératrice Catherine de Russie un bureau avec son
écritoire et son cartonnier de bois revêtu d'un vernis
vert et enrichi de bronzes dorés, dont nous emprunte-

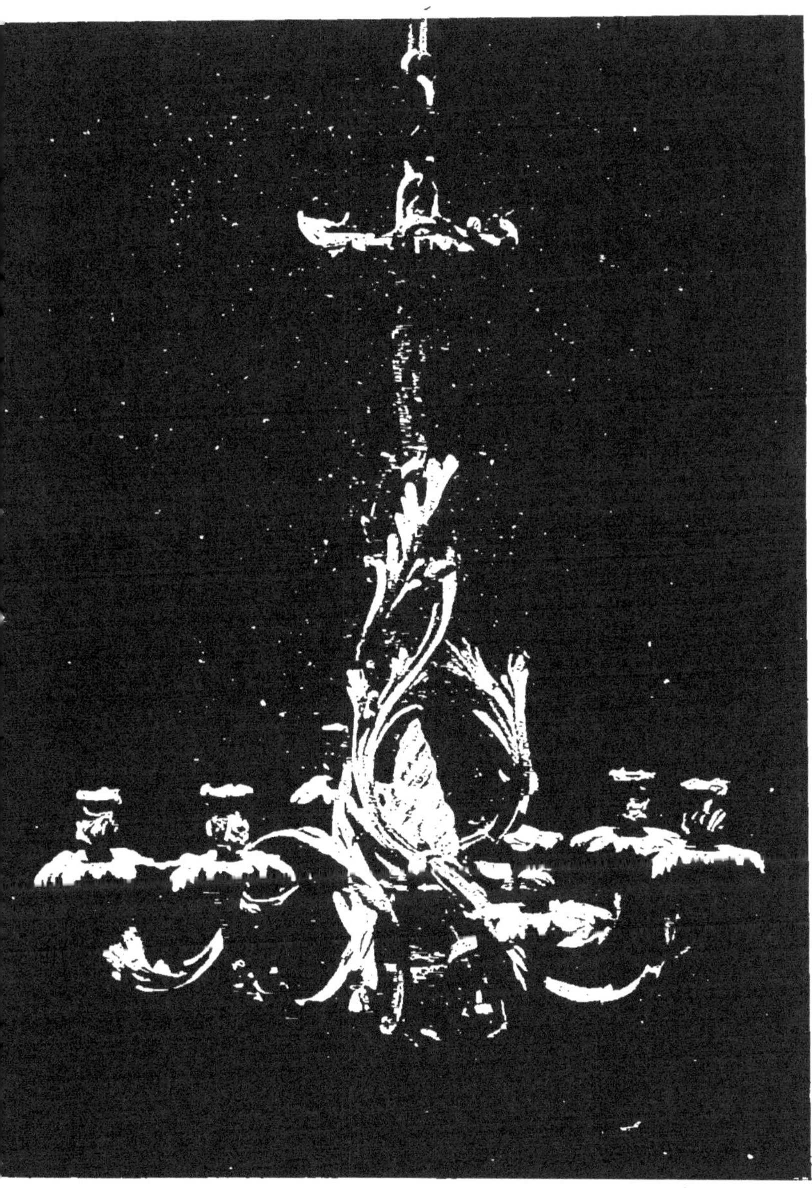

FIG. 97. — *Lustre façon Louis XV.*

rons la description à A. de Champeaux (*le Meuble*). « Les quatre pieds de table sont surmontés par des figures accouplées de sirènes; sur la ceinture est posée une galerie d'oves en bronze, dont on retrouve le modèle sur certaines pièces de Riesener. »

Ce dernier emprunt à l'antique classe le célèbre ébéniste Riesener dans le style Louis XVI; mais poursuivons notre description : « Le couronnement du serre-papier supporte plusieurs figures représentant l'Amour et Psyché, la Paix et la Guerre. »

Nous puiserons à la même source cet autre aperçu d'un grand meuble d'entre-deux : « Il est orné de quatre figures de bronze doré formant cariatides et représentant Hercule et Mars, la Tempérance et la Justice. Dans les panneaux entourés de guirlandes de feuilles et de bordures en cuivre ciselé, sont placés des vases de fleurs et des corbeilles de fruits. Au centre se détache le masque du soleil, entouré de rayons de cuivre ciselé. »

Notons encore des armoires-encoignures, des tables-toilettes, des secrétaires dont le panneau central s'abaissant servira de bureau, des guéridons, des petites tables « en bois de satiné, à pieds arqués et à tablettes en porcelaine de Sèvres », des bonheurs-du-jour, etc.

Le chef-d'œuvre d'Oëben est le bureau de Louis XV (*fig.* 112) (au Louvre) auquel travailla également Rie-

sener, artiste que nous renvoyons décidément au
Louis XVI, d'autant que ce meuble somptueux nous

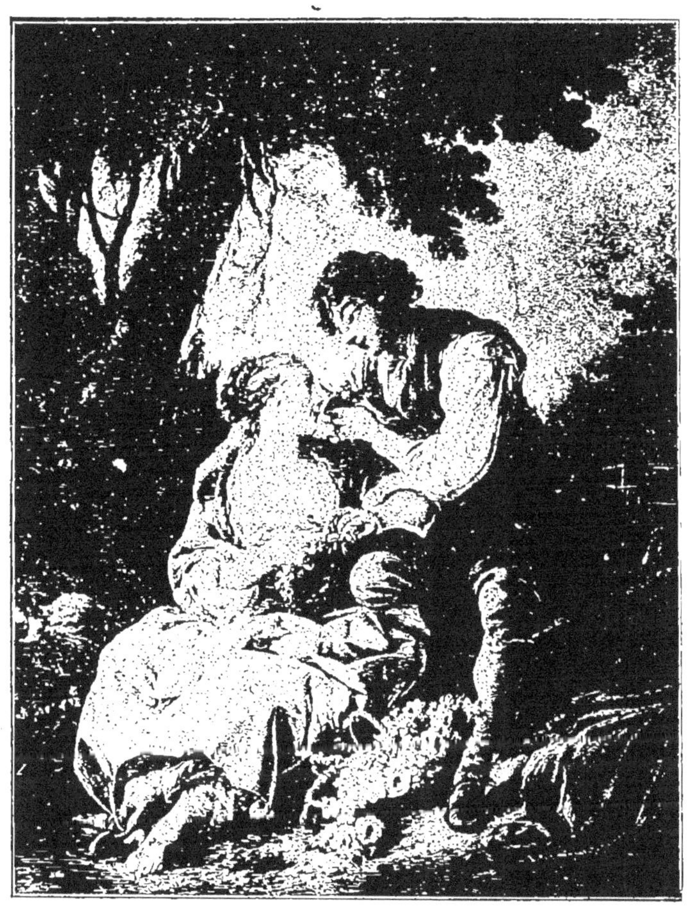

Fig. 98. — *Idylle champêtre*, par F. Boucher (Musée du Louvre).

fournit à nouveau l'occasion de cette séparation.
Effectivement, si dans son ensemble, le bureau de
Louis XV appartient bien au style de ce roi, nous

apercevons sur son couronnement, la petite galerie de cuivre ajourée et la cannelure enrubannée qui annoncent le style Louis XVI. Ces menues indications constituent en quelque sorte l'apport de Riesener dont le génie se développera complètement à la mort de son maître.

A côté d'Oëben, citons : Duplessis, Hervieux, Bernard, de Guesnon, L. Boudin, Olivier, etc.

Le goût des chinoiseries va conduire maintenant à d'admirables imitations des laques de Chine, et ce sera une merveilleuse transformation décorative bien caractéristique du temps.

Après les compositions de Gillot et de son élève Watteau, qui célébraient, entre deux conceptions essentiellement françaises, les usages et les jeux de l'Occident travestis à notre goût national; après le décor simiesque cher à Cressent et les décorations chinoises de Pillement, de Huet (pour l'ancien hôtel de Rohan, aujourd'hui l'Imprimerie nationale) et du peintre céramiste Guillebaud (pour la faïence de Rouen), voici les fameuses laques françaises, à décor français ou francisé, dues aux frères Martins.

C'est par la décoration des carrosses et des chaises à porteurs que ces artistes avaient débuté, et la vogue de ce mode de peinture ne tarda pas à s'étendre aux meubles et à tous les ustensiles de la vie privée.

Vernis à fond noir sur lequel des pagodes, des

ruits, des animaux et des paysages se détachent.
Vernis semés de poudre d'or sur champ aventuriné,
ux tons de bleu lapis ou de vert émeraude, vernis
écoré d'allégories mythologiques, de pastorales ou de
cènes galantes. Vernis à fond de couleur tendre unie.

Le vernis Martin était encadré de sculptures dorées,

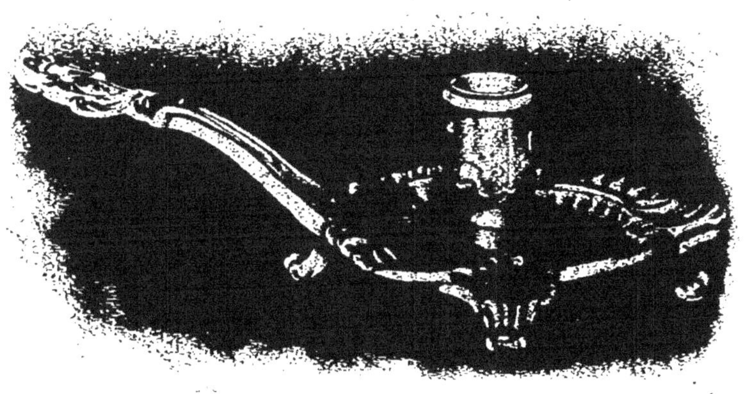

Fig. 99. — *Bougeoir en porcelaine de Saxe.*

e guirlandes de fleurs, faisant ressortir la douceur et
e fini des peintures translucides ; même on a employé
es modèles de vernis Martin appliqués sur des mo-
ifs en relief.

Au palais de Trianon et au musée de Cluny, on peut
uger quelque peu de l'art avec lequel traîneaux,
haises à porteurs, carrosses, furent décorés par les
Martins. Nous disons « quelque peu », car ces échan-
illons ne donnent qu'une faible idée d'un art des

plus délicats appliqué notamment **au luxe des équi**pages, alors des plus somptueux.

Ainsi, on parle d'une voiture ayant appartenu au roi, dont les ornements en bois doré et bronze ciselé, représentant des attributs de chasse sculptés par Haize, encadraient des panneaux peints par Oudry ; et les berlines décorées par Trémeau de broderies d'or figurant les quatre saisons et les quatre éléments, n'étaient pas moins luxueuses, de même que certains carrosses comme celui de M^me Du Barry, si beau qu'elle craignait de s'en servir de peur de scandale public, et tant d'autres aux caissons revêtus de carreaux en porcelaine dans des cloisons losangées de cuivre doré.

Parmi les vernisseurs réputés sous Louis XV, on cite encore Watin, Lacour, Leguay et Girardin, émules du génie des frères Martin dont l'étranger, non moins que la France, se disputait les précieux chefs-d'œuvre.

Marie Lesczynska paie 1.512 livres une « très belle cassette de « lacq » garnie en or » et M^me de Pompadour, très friande également de cette riche matière, ne possède pas pour moins de 111.945 livres de vieilles laques.

Pour revenir à l'ébénisterie, nous retrouvons naturellement les structures ventrues de la Régence, les mêmes lignes gondolées, inséparables de cette enflure

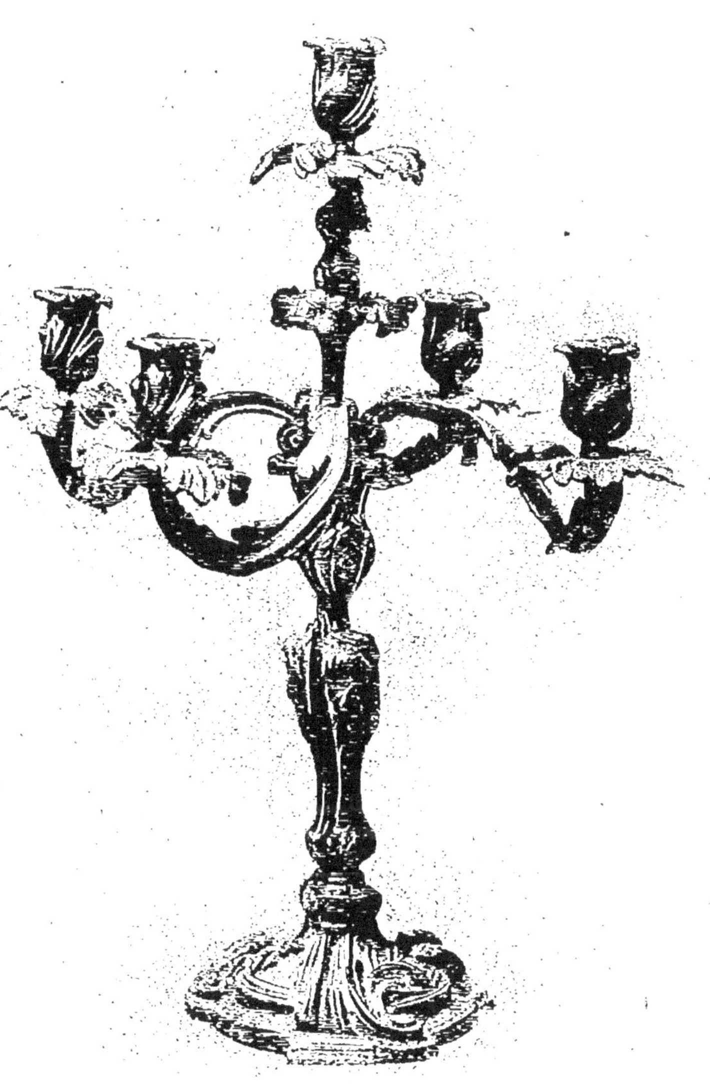

Fig. 100. — *Candélabre.*

caractéristique du Louis XV, non point seulement dans les grands meubles, mais dans les petits, dont il faut noter maintenant l'abondance réduite.

Du côté des fauteuils, fort nombreux au seuil du confortable, on constate que ceux-ci, depuis la Régence où les « paniers » faisaient fureur dans la toilette des femmes, ont subi une très agréable modification. Leurs bras ont été reculés et les consoles qui les portaient, sont placées en retraite.

De telle sorte que nous devons à la mode des « paniers » nos actuels fauteuils si pratiques.

A noter des fauteuils d'été couverts de paille pour changer de ceux dont les embourrures et les riches tissus convenaient mieux à l'hiver.

Des chaises longues en une ou plusieurs parties, dites *duchesses*, à dossier arrondi en gondole, si parfaitement harmonisées aux mœurs voluptueuses du temps; des fauteuils rembourrés au bras, fauteuils en écoinçon, couverts en tapisserie à la main, en tapisserie d'Aubusson, de Beauvais, lorsqu'ils n'étaient pas tendus de satin, de peluche, de velours, de taffetas à bandes moirées et brochées, de taffetas broché en chenille, de brocatelle de soie, et autres tissus doux à l'œil comme au toucher.

Tissus semés de fleurs légères, tapisseries aux sujets ou attributs champêtres, avec des paysages. Tissus peints de chinoiseries, etc.

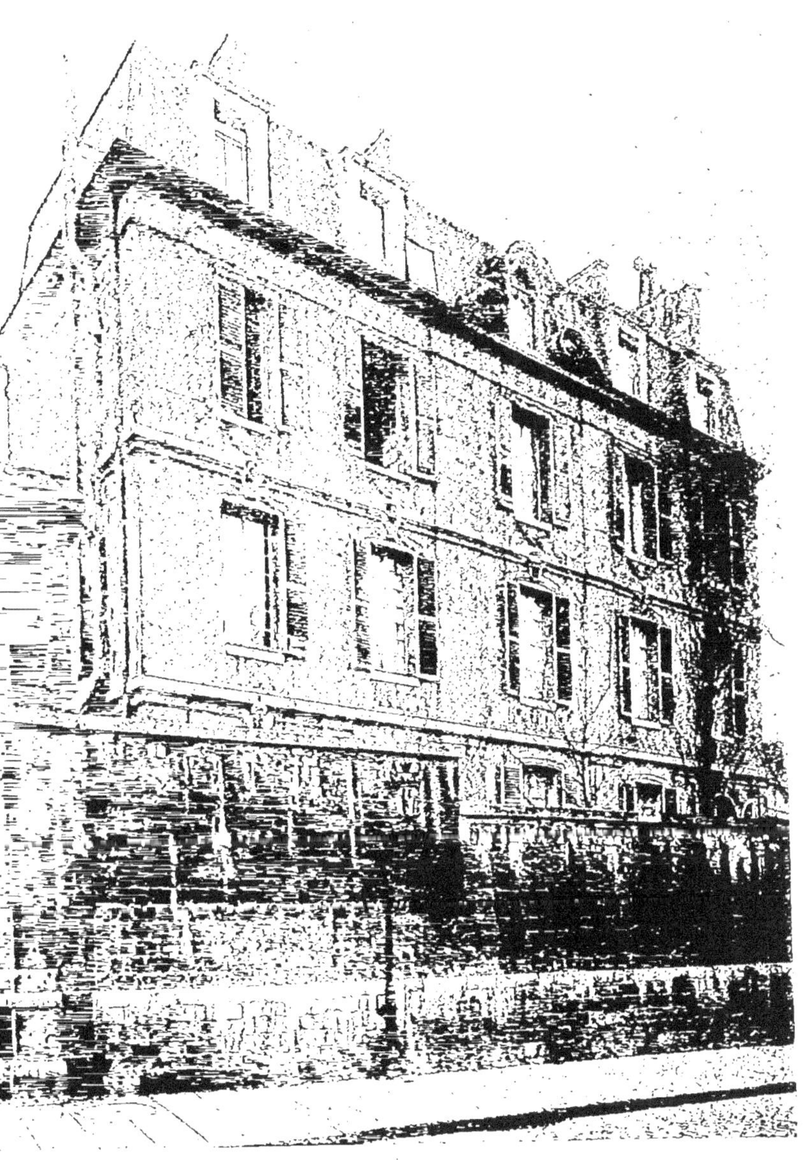

Fig. 101. — *Maison Louis XV*, à Paris.

Quant aux lits, ils demeurent ce qu'ils étaient sous la Régence, extrêmement moelleux et ornés, souvent entourés, sur trois côtés, de dossiers rembourrés. La couche de M^me de Pompadour était « de satin blanc, brodé de soie », à Fontainebleau; « à colonnes et à pentes de siamoise de Rouen, rayée bleu et blanc, à bouquets », à Marly; « fond or, travaillé en feuilles et peints à l'aiguille », à Versailles; « en niche et drapé d'un beau pékin », au pavillon royal de Croix-Fontaine.

Marie Lesczynska, extrêmement frileuse, adore les lits de plumes et, du côté artistique, on vante son goût pour les garnitures de dentelles. Ses filles, d'autre part, ont des lits « à colonnes et à pentes de damas de Tours cramoisi, avec découpures de satin blanc et compartiments de feuilles d'ornements en relief de cannelé cramoisi ».

En 1743, la reine couche dans un lit *à la duchesse*, c'est-à-dire non plus à quatre quenouilles comme les lits dits *à la reine*. Et ce meuble, depuis le duc de Luynes, « est de gros de Tours, blanc, brodé et peint ».

Louis XV, encore enfant, reposait dans un lit à la fois à la duchesse et à l'impériale, « c'est-à-dire que son dais, carré et garni de panaches aux angles, s'arrondissait au centre, de façon à montrer intérieurement une sorte de coupole ».

Bref, sous ce régime du confortable, du luxueux et

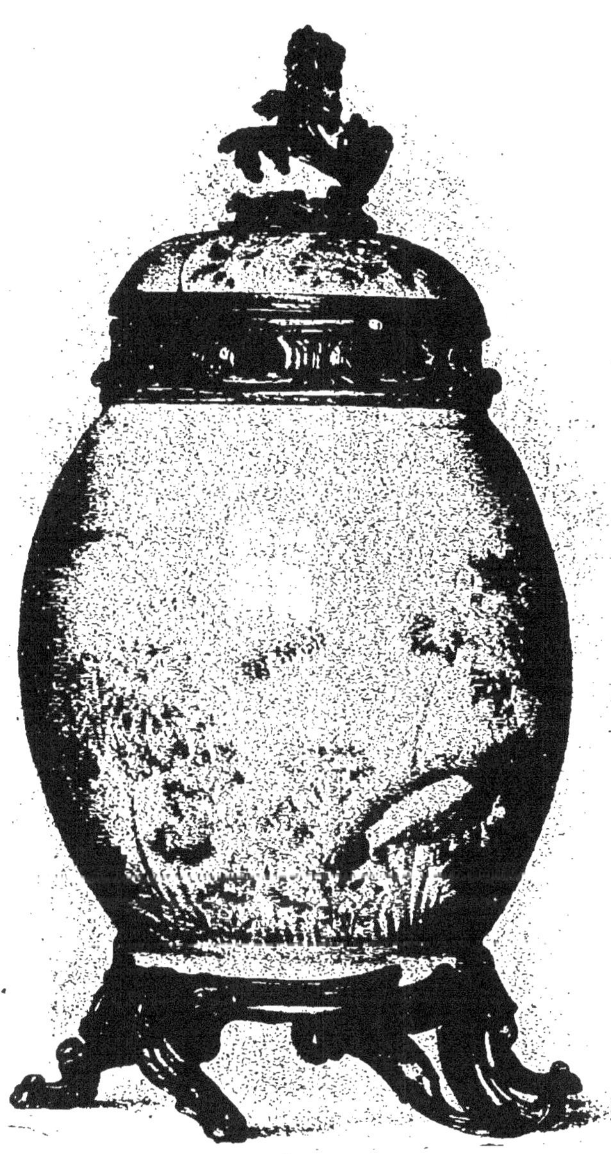

FIG. 102. — *Vase.*

du joli, les formes continuent à être aimables, arrondies et caressantes en leurs motifs interrompus, gais, jamais immobiles, dans une atmosphère claire, pour le rayon de soleil de l'ensemble.

Voyez combien s'animent sur le bois ces élégantes décorations : trophées d'instruments de musique enrubannés, bouquets de fleurs, carquois, flambeaux, colombes et autres emblèmes amoureux, sous leurs riches garnitures de cuivre doré : entrées de serrures, poignées de tiroirs, chutes, sabots, frises et rinceaux !

Les candélabres, pendules et autres chefs-d'œuvre dus aux Caffieri, qui résument l'éclat de la ciselure au xviiie siècle, répondent encore de tous leurs feux, à la magique fulguration du décor auquel les célèbres ornemanistes Cuvilliès (*fig.* 56), Babel, prêtèrent les mille tours de leur féconde imagination.

Car les moulures délicieusement ornées courent à profusion au long des cimaises, à l'entour des trumeaux, sur les panneaux des portes et les lambris, dans une asymétrie, maintenant caractéristique.

C'est une débauche exquise de lumière, de clair et d'or, répercutée à l'infini dans des glaces et des lustres de cristal.

Quant au reste du décor, il est représenté par des petites cheminées de marbre blanc sculpté, auprès desquelles on aperçoit des écrans aux proportions également réduites, par des paravents recouverts de

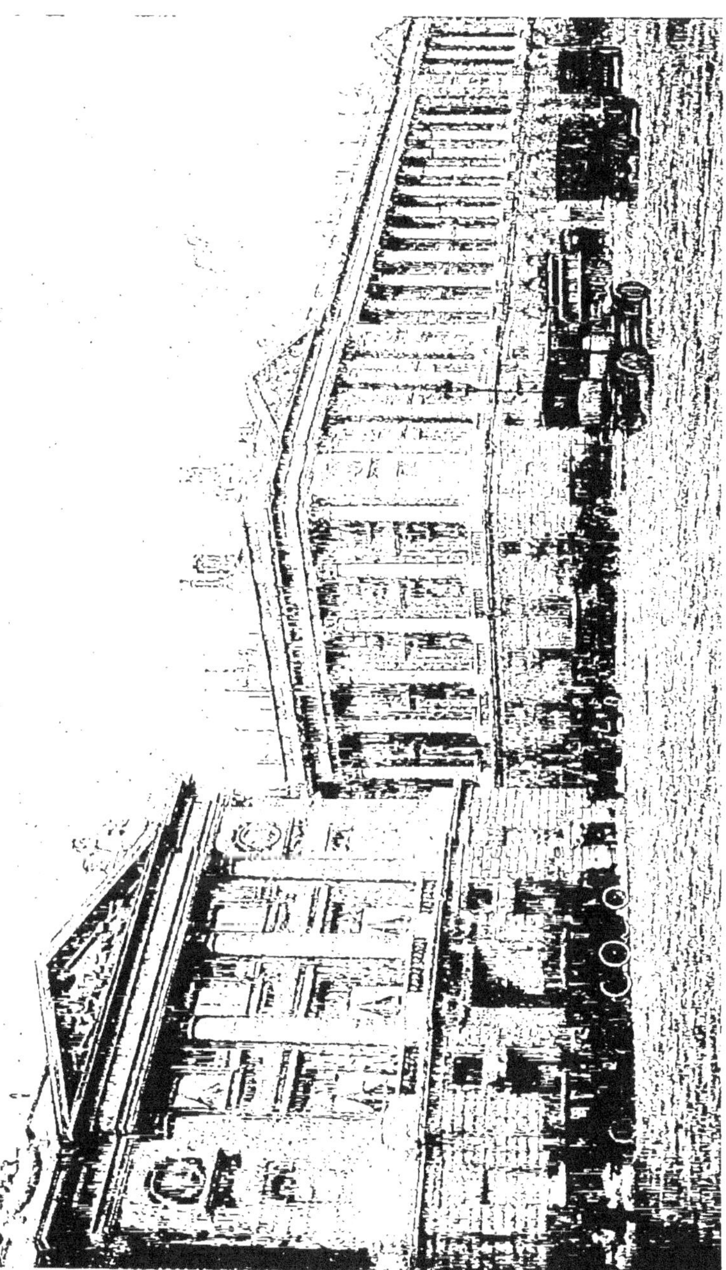

Fig. 103. — *Hôtel Crillon et Ministère de la Marine, à Paris, par J.-A. Gabriel.*

tissus ou de peintures, par des bergères, marquises, vis-à-vis, canapés, etc.

Et les vitres aux fenêtres sont de petite dimension, de même que les grandes glaces sont faites de morceaux raboutés, car on ignore encore les moyens de fabriquer les grandes glaces d'une seule pièce.

C'est en somme l'aménagement décrit sous la Régence et sous Louis XVI[1]. Dans tout le xviiie siècle, enfin, nous respirons la même grâce reflétée par un intérieur analogue, sinon dans la forme, du moins dans l'esprit général synthétisé par le boudoir.

Le geste d'art est devenu moins monumental, le règne des femmes a répandu le goût du bibelot. Tout s'est rapetissé dans le sens précieux du terme.

Poursuivons enfin le détail typique de cette ornementation. Les frises sont naturellement tumultueuses, et l'on remarquera que les volutes dont elles sont formées au cours de leur caprice, sont doubles et reliées par des ornements verticaux en forme d'O (petites crosses juxtaposées ou *haricots*).

Le motif « haricot », soit ajouré, soit en relief, soit doré sur mat, est frappant, de même que les baguettes avec enroulement de fleurs.

Le chapiteau retourne à la forme ionique agrémentée de feuillage simple, et la rosace est frappante par

1. Voir *le Style Louis XVI*, du même auteur.

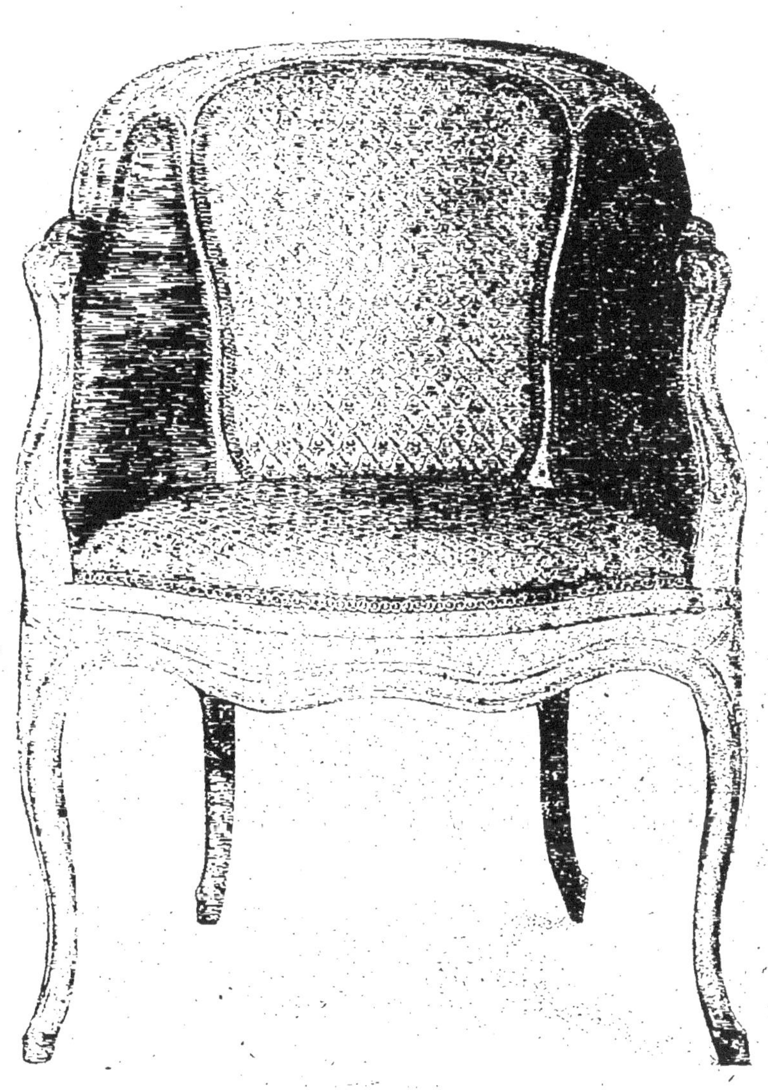

FIG. 104. — *Fauteuil* (Musée des Arts décoratifs).

le désordre de ses volutes percées à jour d'ornements cylindriques, par son fouillis capricieux qui
concourt à une rosace, ni ronde ni carrée, en « cul-de-
lampe ».

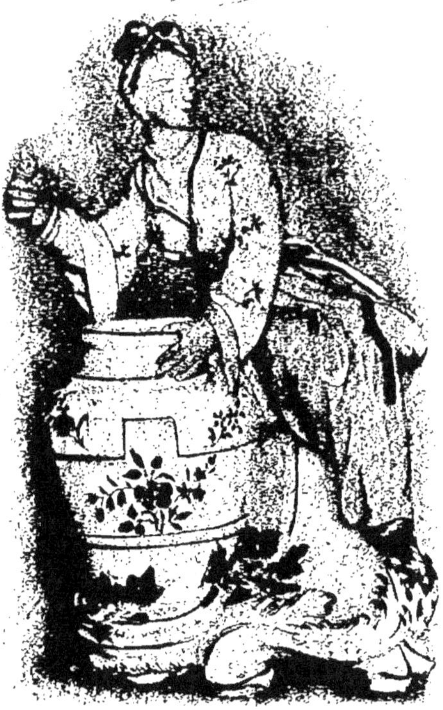

Quant à la guirlande, elle a rompu ses liens : feuilles contorsionnées, rubans fols et, dans le trophée, le carquois, au lieu d'être celui d'un mâle guerrier, sera celui de Cupidon. Du côté du cartouche, voici réapparaître, mais discrètement, la coquille de Louis XIV ; cette coquille domine deux volutes juxta-

Fig. 105. — *Porcelaine de Saxe.*

posées sur un léger fond de feuillage. Cette légèreté
préside encore à la console fort gracieuse, souvent caractérisée par une figure de femme — genre Watteau
— dont le corselet se perd ingénieusement dans la
courbe qui suit le relief principal.

Restent le balustre, capricieusement orné **avec**

les motifs tordus que nous savons, et les masques.
Masques de faunes et de nymphes malicieux, domi-

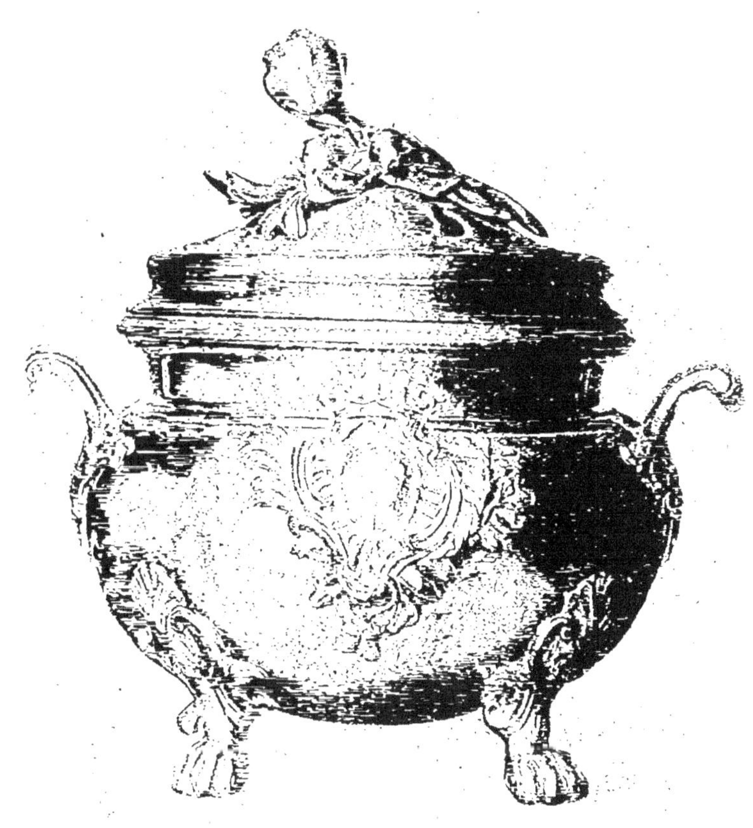

Fɪɢ. 106. — *Soupière* (argent) *en « pomponne »*
(Musée des Arts décoratifs).

nant les clefs des arcs, très nombreux, servant de
consoles aux balcons, décorant sur la porte les marteaux de fer forgé.

Mais nous n'aborderons l'art décoratif qu'au chapitre suivant, en sa magnificence complémentaire.

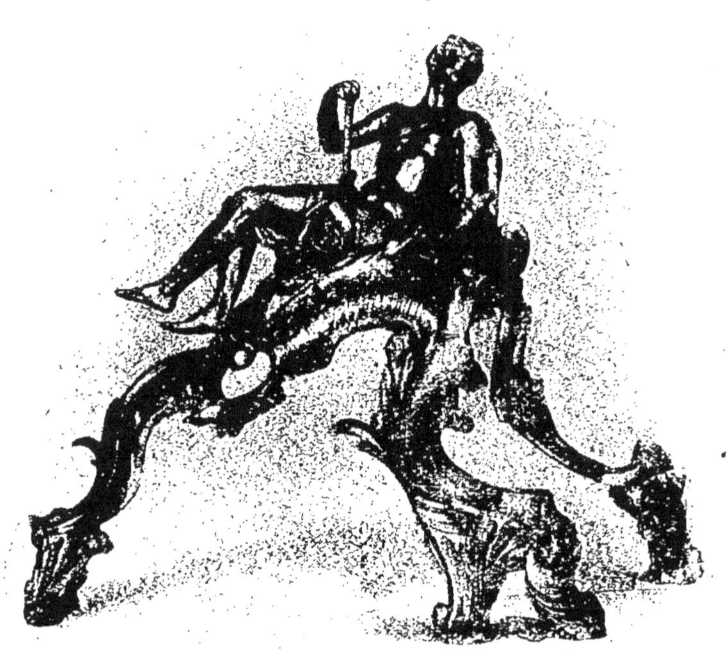

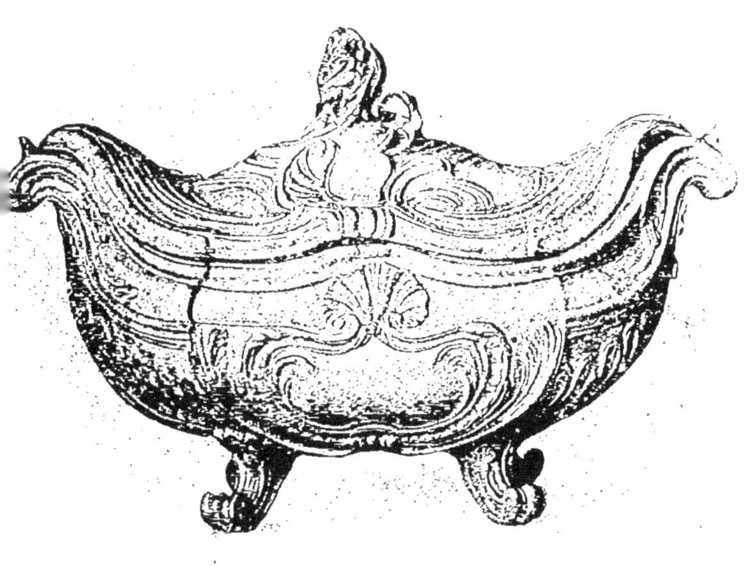

# CHAPITRE IX

**L'Orfèvrerie, l'Art décoratif, les Caffieri, etc.**

Dans l'orfèvrerie, nous revivrons le charme déco-
atif précédent et, de même que dans l'architecture,
ous distinguons deux courants opposés, l'un original,
'est-à-dire dérivé de la rocaille, l'autre classique.
Nous avons cité sous la Régence les noms de Meis-
onnier, d'Oppenord et de Thomas Germain. Or ce
ont les œuvres de ces artistes, qui, malgré la tradi-
ion, poursuivront leur triomphe sous Louis XV.

D'ailleurs, nous entendîmes Claude Ballin gémir
ur les tendances contournées du « rococo », alors

qu'il y sacrifiait si volontiers dans ses dernières années, et Germain, en prétendant travailler « dans le goût romain », nous donna une idée de son inconsciente personnalité.

Aussi bien les exhortations de Cochin aux orfèvres n'empêchent pas l'essor d'une éclatante individualité et, alors que chez nous on déplorait si haut l'altération de l'orfèvrerie, jamais les cours étrangères n'avaient fait appel avec tant d'enthousiasme à cette manifestation d'art, si essentiellement française.

Nous savons que Meissonnier et Germain ne durent leurs délicates réactions inaugurées sous la Régence, qu'à leur mépris pour l'architecture. C'est ainsi qu'ils résistent aux doctes réprimandes, sur la torsion étonnante de leurs chandeliers « qui devraient être droits et perpendiculaires pour porter la lumière », sur la fantaisie du décor de leurs couvercles dont les motifs sont véritablement singuliers et à une échelle disproportionnée « des enfants de la même grandeur qu'une feuille de vigne », « un artichaut sur un pied de céleri de grandeur naturelle, à côté d'un lièvre grand comme le doigt ». Judicieuses observations, certes, mais auxquelles nos maîtres du moment ne veulent pas se rendre, tant leur fantaisie, servie par une technique parfaite, est acclamée.

Cet entêtement, au surplus, sera leur style et cette éclosion de la ciselure merveilleuse marquera une

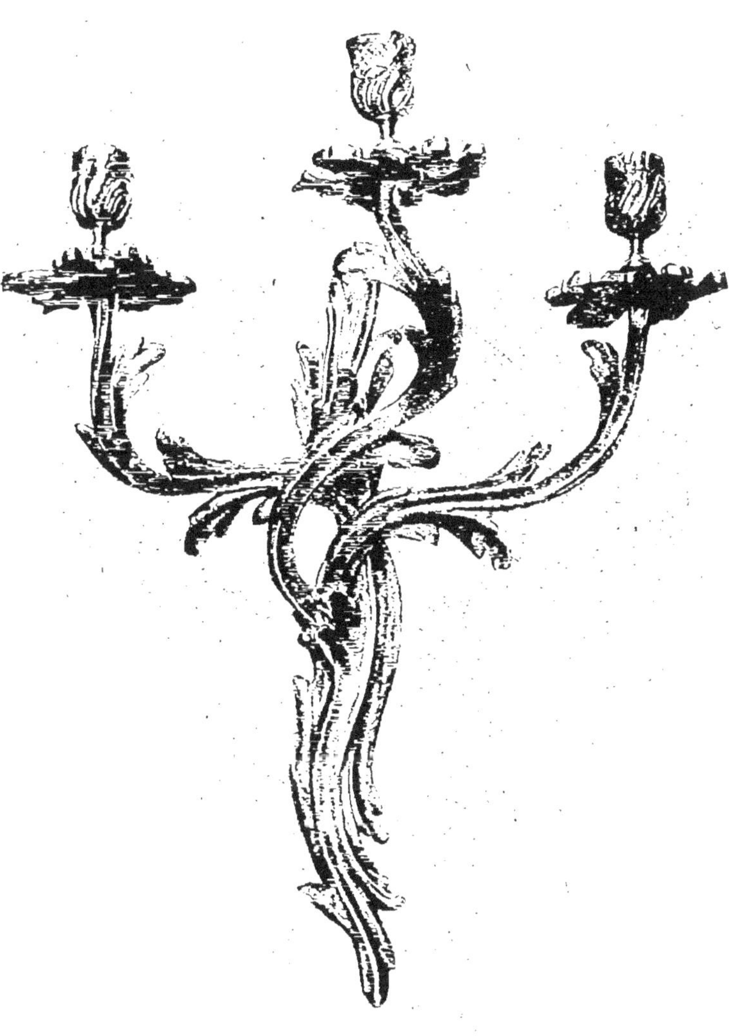

FIG. 109. — *Candélabre-applique* ou *bras*.

étape dans l'art de l'orfèvrerie qui vit naître, parallèlement à elle, une école de bronziers et de doreurs remarquables.

Depuis les édits somptuaires rendus par Louis XIV au terme de sa carrière, l'argenterie, en effet, avait été envoyée à la refonte et, depuis le début du XVIII$^e$ siècle jusqu'à la fin, orfèvres et bronziers sympathisèrent dans la matière différente, avec un rayonnement toujours de plus en plus intense.

Ainsi après Duplessis, ciseleur avec Hervieux du bureau de Louis XV, après Chancelier, Mondon et autres, les Caffieri, le célèbre Gouthière trouvèrent-ils l'occasion de renouveler heureusement leur manière.

Cependant, jamais la vaisselle d'argent et de vermeil, à laquelle on était revenu à cause de la cherté des porcelaines d'Allemagne, et davantage encore des porcelaines chinoises et japonaises, n'avait été plus abondante. Principalement sous le court règne de Philippe d'Orléans qui vit naître, dans l'orfèvrerie, une rocaille et un tarabiscotage tumultueux que la décoration et le meuble refléteront, à peine, du moins en cette partie de la Régence où l'on n'a point encore complètement rompu avec l'esprit du Louis XIV.

Aussi bien, notons que c'est dans l'orfèvrerie que se manifesta initialement la rupture définitive. Les légumiers et les soupières, inspirés des pots à oille, apparurent en effet pour la première fois, vers 1730, aux soupers de la Régence et aux repas intimes de Louis XV.

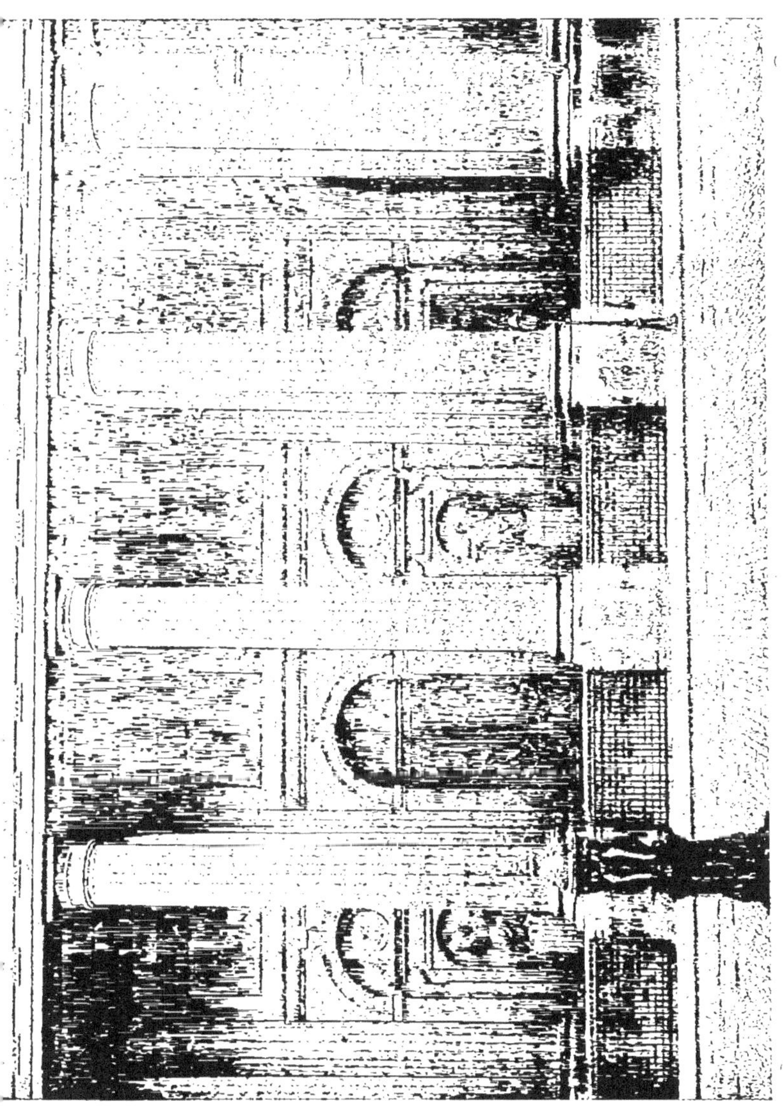

Fig. 110. — *Portail de l'église Saint-Sulpice, à Paris par J.-J. Servandoni.*

Bref, après avoir vanté certains modèles de vaisselle, pommes de cannes à cannelures en spirale et poignées d'épées, dus à Meissonnier, A. Darcel critique certain surtout extravagant « dans le jet de rocailles qui se hérissent autour des pièces, trop semblables à des amas de rocs et de glaçons ». Il fallait pour cette orfèvrerie excentrique des ornements pris sur le vif, « aussi, continue l'auteur, Meissonnier a-t-il publié un *livre de légumes* disposés en gravures, tels qu'on les retrouve encore servant de bouton au couvercle des casseroles à légumes et des soupières ».

Mais il n'empêche que l'animation de cette décoration, logiquement empruntée à la nature, est d'un tour charmant après l'ornementation rigide du siècle précédent. L'esprit de la Renaissance continue à transparaître sous cette riante vérité, dégagée des rectitudes géométriques et des dessins abstraits.

Écoutez cette louangeuse description d'une terrine due à quelque Germain, plus sage en ses conceptions, plus Louis XV néanmoins, que Meissonnier. « Ses pieds fourchus d'où s'échappe une tige de céleri reposent sur un plateau ovale dont les bords sont enrichis de feuillage. Sur le couvercle sont jetés, autour d'une orange garnie de son feuillage, des ortolans, des huîtres, des truffes, des champignons, des artichauts et des poissons modelés dans la perfection. »

Tantôt aussi, des carottes et des oignons garnissent

xtrémité du
uvercle d'une
apière ainsi que
s épis mêlés à
utres verdures,
ndis que la pan-
est décorée de
iilles de chêne
de laurier. Tan-
un chou sert
motif central,
ns compter les
ributs de chas-
et tant d'autres
nements en ar-
nt mat sur ar-
nt poli.

Qui oserait, au
sumé, contre-
re à la beauté
énérale de ces
éations inédites
parfaitement en
rmonie avec les
âces du mo-
ent? Quelques
utes de goût,

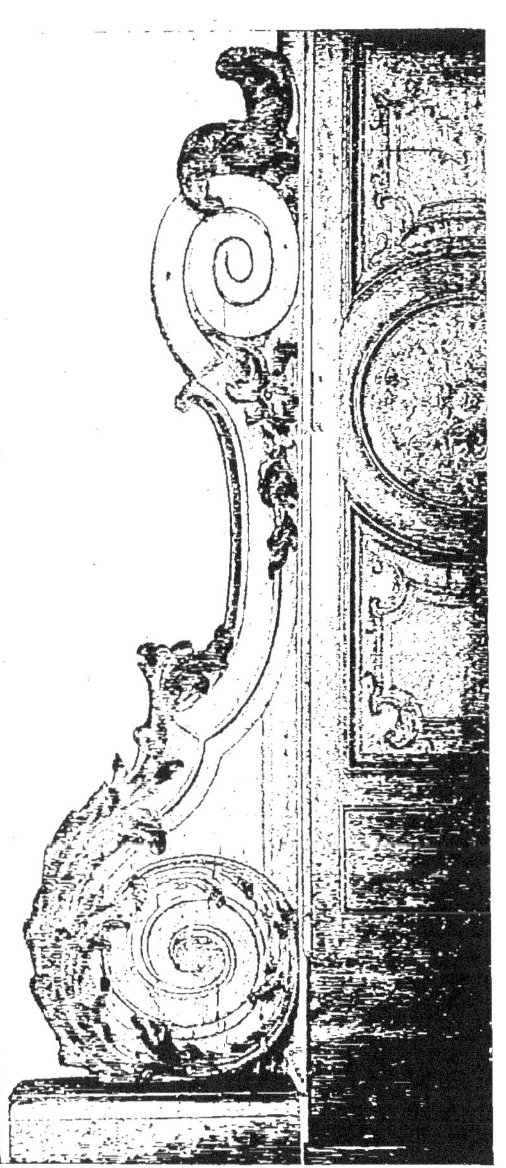

Fig. 111. — *Console et panneau.*

fatales dans une telle liberté, peuvent-elles porter atteinte à un bel ensemble ?

Aussi bien lorsque la porcelaine viendra détrôner la vaisselle plate, l'orfèvrerie ne se tiendra pas pour battue. Nous la verrons alors condescendre au bibelot avec un éclat remarquable. Tabatières, bonbonnières, flacons de poche, boîtes à mouches, etc., seront l'objet de ses soins précieux, et ainsi revivra la riche matière sans faillir ni au luxe, ni au superflu.

Du côté de la tapisserie, la manufacture des Gobelins est peu florissante comparativement au siècle précédent. Les vastes métiers, où s'effectuaient les cartons grandioses et solennels, sont maintenant déserts. La muraille pimpante et réduite a rejeté ce mode de décoration, et les bergeries et pastorales tissées par la manufacture de Beauvais, plus en faveur, recouvrent de préférence les sièges et les écrans.

Charles Coypel, en donnant une suite de tapisseries inspirées de Don Quichotte en place de quelque histoire de Scipion, représente bien l'esprit de son temps par rapport à l'expression du dernier siècle, et Boucher complète cette réaction, en chantant pour la salle des ministres, à Compiègne (1754), les amours des dieux.

En dehors des œuvres de ces deux peintres, la manufacture de Beauvais tisse les comédies de Molière, les fables de la Fontaine, les métamorphoses d'Ovide, des couronnes et des bouquets de fleurs, des attributs

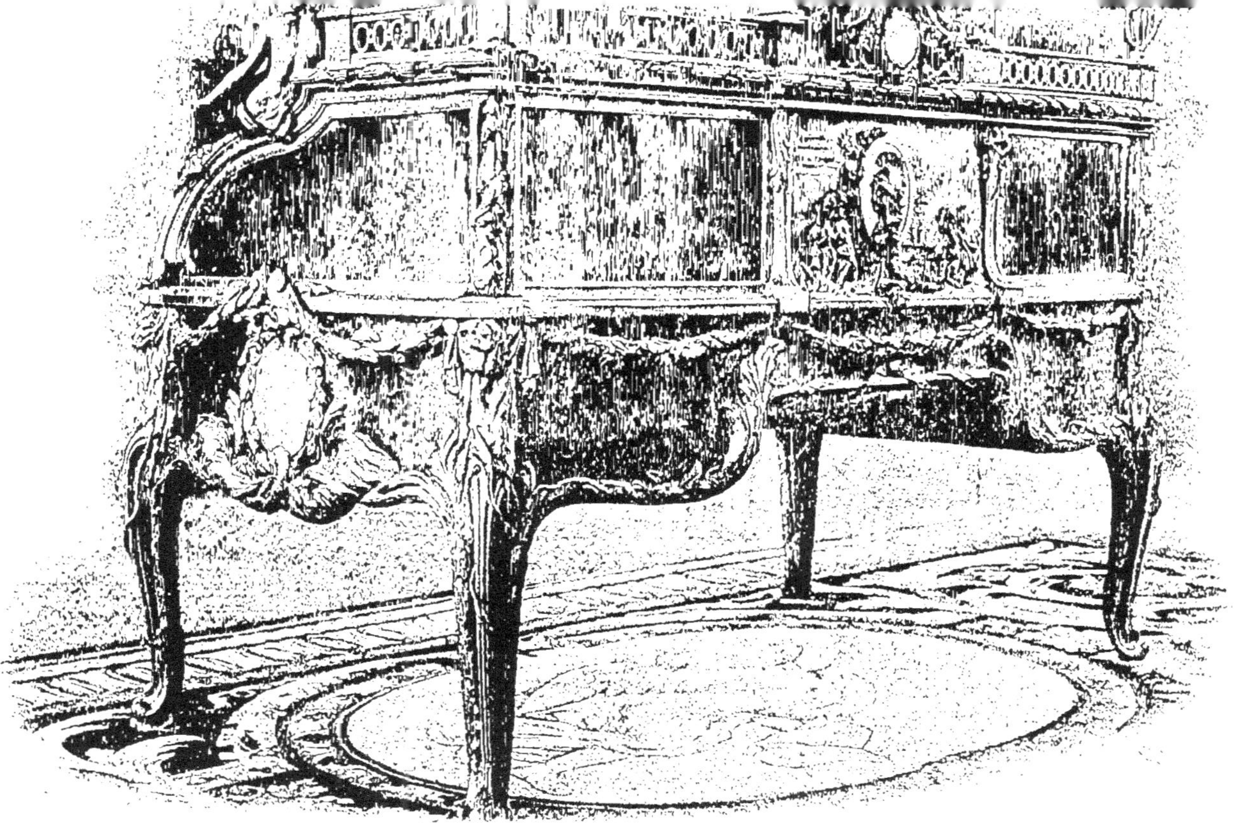

Fig. 112. — *Bureau-secrétaire de Louis XV*, par Oëben et Riesener (Musée du Louvre).

champêtres, etc., malgré que le goût pour la tapisserie ait commencé à fléchir dans l'ameublement, pour
faire place aux étoffes de soie et de coton.

Tissus de soie « Pompadour » à grands ramages,
toiles peintes importées d'Alsace, colonnades impri-
mées venues d'Orient par la voie anglaise ou aux
sujets pseudo-chinois, c'est-à-dire de style chinois
francisé, autant de fraîches tentures particulièrement
harmonisées à l'époque mièvre et légère que nous
examinons.

Le costume affirme sa tendance à disputer à
l'ameublement ses tendresses et, en attendant que
nous parlions du costume, nous aborderons le chapitre
de la porcelaine dont les délicatesses viennent à point
sous notre plume, ajouter de la fragilité à cet ensemble
décoratif.

Les princes et les rois rêvent de posséder une manufacture de porcelaine, depuis le succès obtenu par
les figurines de Saxe. Sous la poussée auguste de ce
désir, naît la manufacture de porcelaine, « façon de
Saxe », au château de Vincennes (1745), d'où dérivera
la célèbre manufacture de Sèvres, bien française
celle-là.

En attendant l'apothéose, le marquis d'Argenson
nous initie sur la vogue des merveilleuses fleurs en porcelaine innovées par les artistes de la manufacture de
Vincennes. « **Louis XV aurait payé pour 800.000 livres**

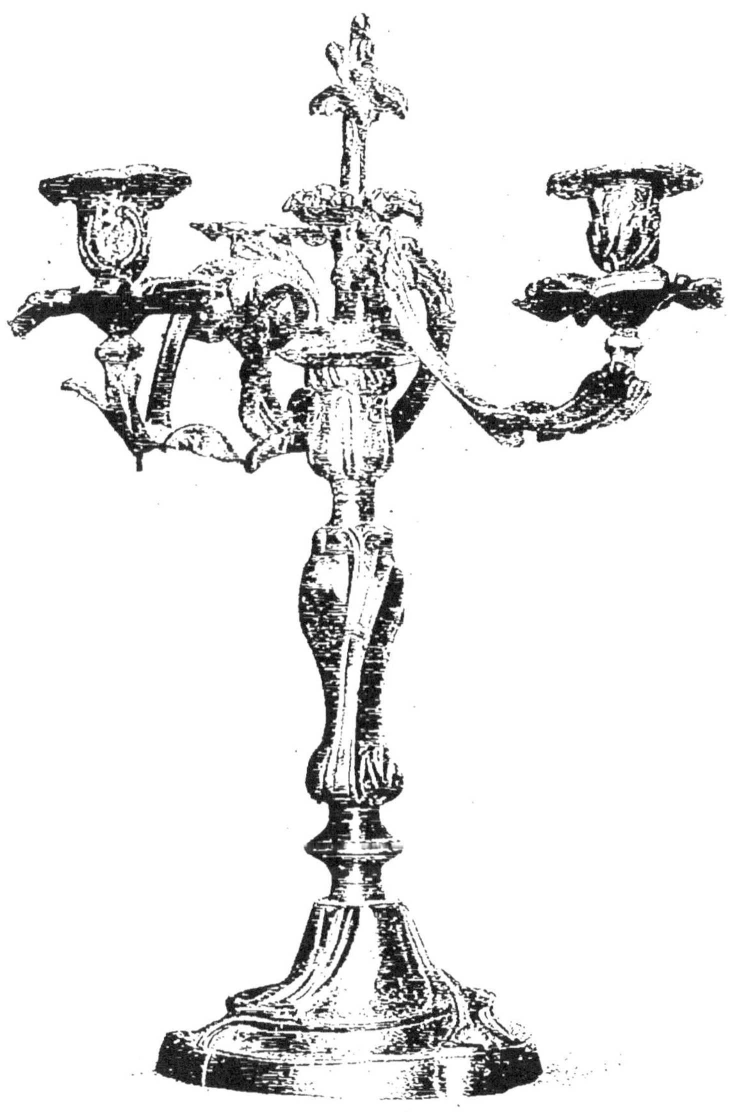

Fig. 113. — *Candélabre*.

de ces fleurs à la marquise de Pompadour qui en aurait décoré le château de Bellevue et ses autres résidences de campagne. »

Mais qu'importe le coût de la beauté? Et voici que maintenant les délicates fleurs orneront un lustre offert par la Dauphine, Marie-Josèphe de Saxe, à son père! C'est la consécration.

Nous en arrivons au transfert de la manufacture de Vincennes à Sèvres. La divine marquise tient enfin *sa* manufacture!

« Aux fleurs qui avaient fait le succès de Vincennes, écrit H. Havard dans son *Dictionnaire de l'ameuble-ment*, on avait joint les vases de grande ornementation dessinés par Duplessis, les services de table et à café, avec les biscuits gracieux dont Boucher fournissait l'idée et parfois le dessin, ainsi que les statuettes mo-delées par Falconet. Du côté technique, les progrès réalisés n'étaient pas moindres. Au *bleu de roi*, qui avait fait la réputation de Vincennes et au *bleu tur-quoise* découvert par Hellot, en 1752, s'était ajouté, en 1757, le *rose carné*, dit *rose Pompadour ;* puis étaient venus le *violet pensée*, le *vert anglais*, le *jonquille*, per-mettant d'obtenir des fonds d'une ravissante fraîcheur et d'une prodigieuse richesse, sur lesquels le pinceau des peintres les plus délicats et les plus habiles dé-posait des décorations d'un goût exquis. Les céra-miques, en un mot, étaient, dès lors, si parfaites,

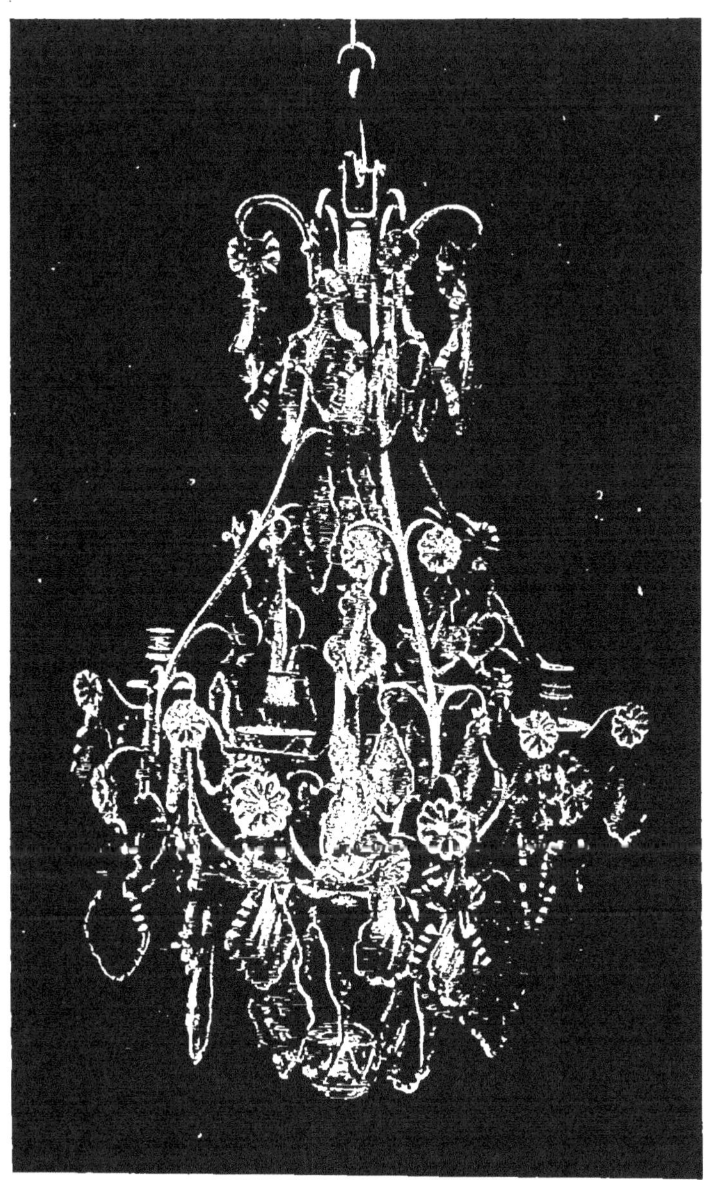

Fig. 114. — *Lustre cristal.*

qu'on les offrait comme cadeaux diplomatiques, et que même elles étaient particulièrement recherchées des cours étrangères. »

Cependant, malgré que Louis XV se soit encore activement occupé des destinées de la manufacture de Sèvres après la mort de M^{me} de Pompadour, il n'apparaît pas que cette délicate porcelaine ait été aussi florissante que sous Marie-Antoinette, tandis que les produits similaires venus de Saxe étaient si prisés.

Le décor de la porcelaine de Saxe, d'ailleurs, porte la marque de l'époque qui nous occupe, tant dans la forme exubérante des vases et surtouts que dans la grâce des sujets coloriés.

Et cette grâce, d'un goût souvent discutable, en sa profusion, allège aussi, sous des guirlandes de fleurs, des candélabres et appliques massifs, lorsque des pots pourris et des pendules ne demandent pas encore à la fine matière d'avantager leur propre grâce.

Cependant, on pourrait dire que la porcelaine, qu'elle soit de Chine, du Japon, de Saint-Cloud, de Paris (en-tête du chapitre IX), de Chantilly, de Vincennes, de Saxe, de Strasbourg, de Lunéville (en-tête du chapitre XI) de Niederviller, de Haguenau ou de Sèvres, jouit d'une vogue unanime dans tout le xviii^e siècle. Il est vrai que cela est son harmonie et son symbole, que des bronzes ciselés et dorés, servant de bases ou de montants, marquent seulement au style Louis XV

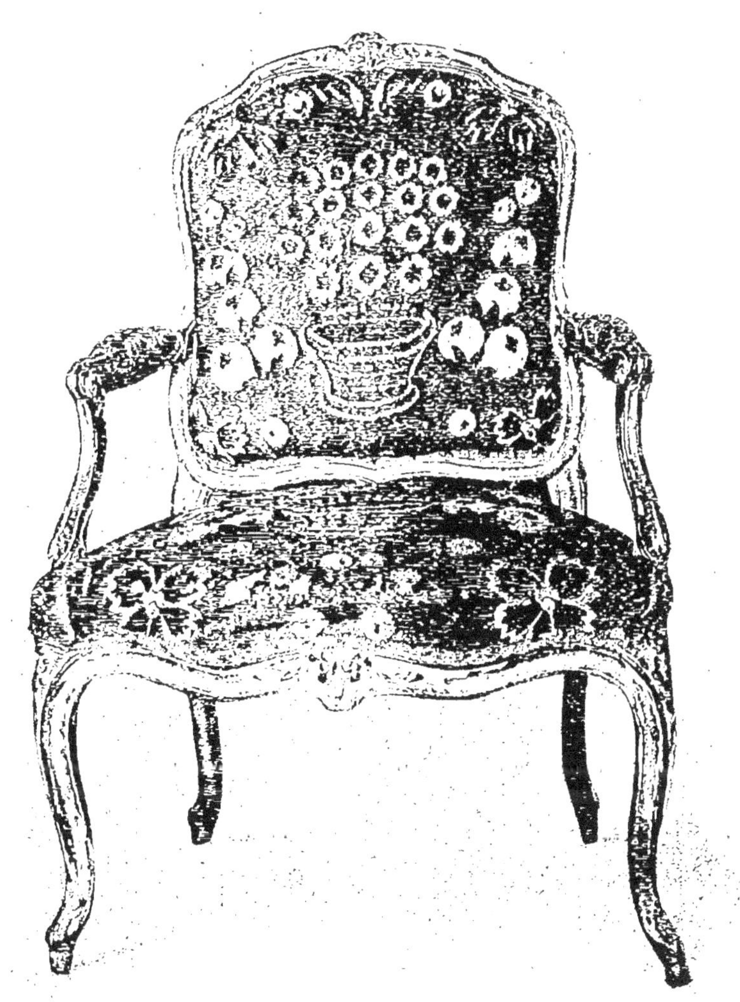

FIG. 115. — *Fauteuil* (Musée des Arts décoratifs).

ou Louis XVI, lorsque, nus, le décor et la forme même

de la pâte dure ou tendre ne précisent pas l'époque qui les créa.

Les céramistes avaient eu la faveur du Régent, et c'est en somme à l'initiative de Philippe d'Orléans, concurrencée par les fabriques de Chantilly et de Vincennes, que la divine marquise dut sa propre manufacture dont, répétons-le, la manifestation culminante se place sous Louis XVI.

Après cette énumération de précieuse beauté, nous parlerons de l'éventail. Il palpite maintenant au bout de tous les jolis bras, revêtu de sujets galants, libertins, parfois scabreux ; on ne peut s'en séparer. La princesse Palatine, mère du Régent, en habit de chasse, tient son fusil d'une main et son éventail de l'autre.

Il est vrai que Watteau, Lancret, Boucher, Fragonard, contribuent à sa riante fantaisie, tandis que l'ivoire de sa monture s'incruste de nacre, d'écaille, d'or, d'argent. Lorsqu'elle n'est pas tout simplement sculptée, cette monture de nacre est dorée, peinte ou teinte en vert, et M$^{me}$ de Pompadour laisse son nom à une variété d'éventails à manche de nacre et d'ivoire sculptés.

La favorite achète bien à Lazare Devaux, bijoutier du roi, un éventail de Nankin semé d'une pluie d'or éblouissante et, le nom de « pluies » passe à la mode, mais, en dehors de ce caprice, le célèbre Josse et la

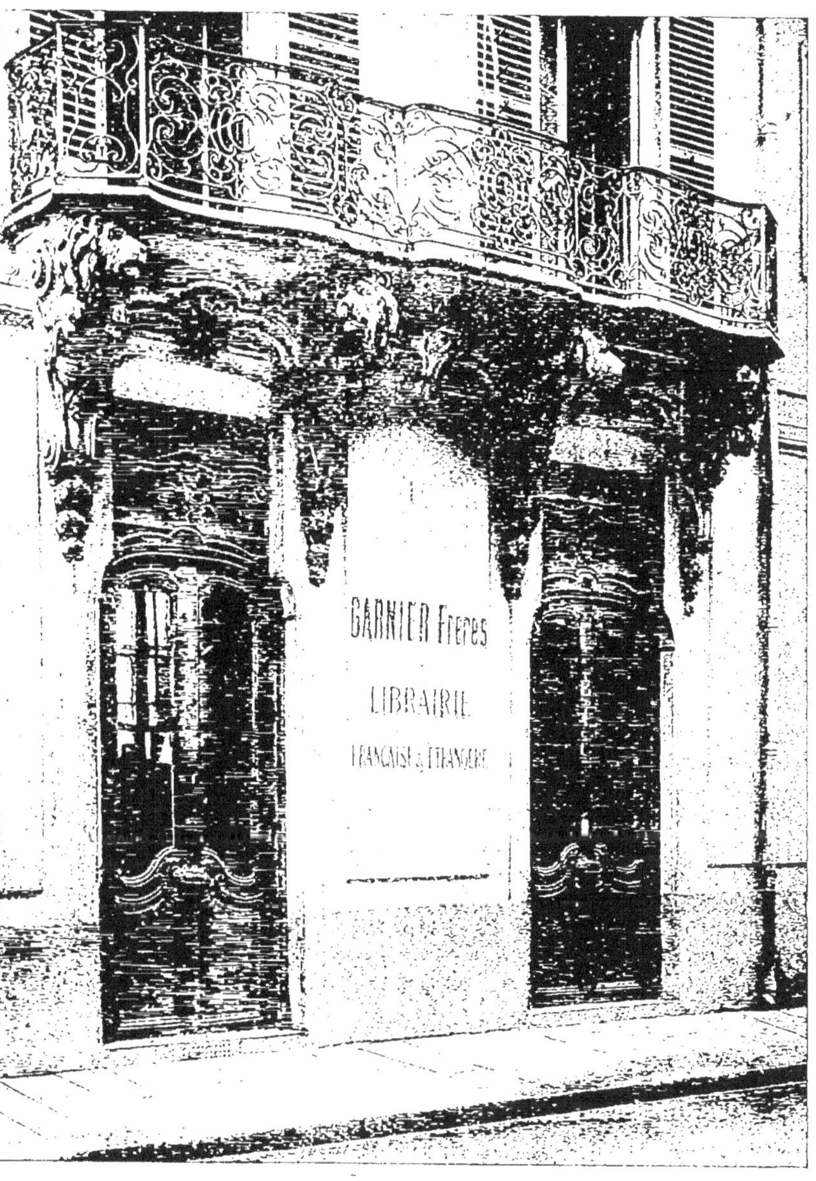


Fig. 116. — *Maison Louis XV*, à Paris.

non moins réputée M^me Vérité, poursuivent la gloire des bergeries, des scènes champêtres et des sujets amoureux sur vélin montés sur ivoire doré, nacre de perle feuillée de soie, etc.

En 1740, les éventails, « mignons » précédemment, deviennent énormes. Montés sur ivoire, dorés au bord, leur fond est alors surchargé d'une peinture épaisse.

Tandis que la femme du peintre Coypel passe gracieusement appuyée sur une longue canne dont la poignée en forme de rocaille est due au burin de Meissonnier, examinons l'ombrelle.

Celle-ci, de même que l'éventail, est inséparable de la femme. La voici, à long manche, affectant une forme chinoise, la voilà ornée d'applications de mica et peinte de chinoiseries ; elle sera, en ce dernier cas, dans le goût de M^me de Pompadour.

D'une manière générale, l'ombrelle a banni le chapiteau, sorte de clocheton chinois qui contraignait son élégance, et le geste fatigué peut, sans fléchir, se reposer sur sa tige élancée.

Si le parapluie de taffetas apparaît à l'aube du xviiie siècle, nous le verrons plus souvent en cotonnade entre les mains du commun, car la chaise à porteurs s'est encore amenuisée en faveur de la grâce.

C'est ainsi que la femme élégante défie les intempéries au sein du plus capitonné des meubles, du plus délicieusement sculpté des véhicules.

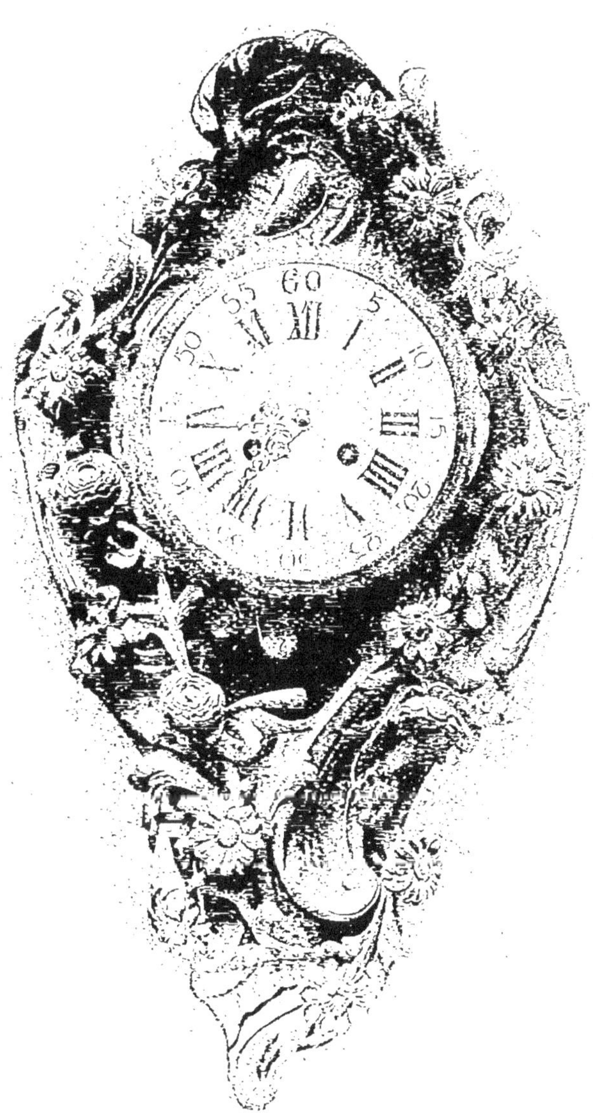

FIG. 117. — *Cartel.*

Voici une chaise à porteurs peinte en jaune, aux

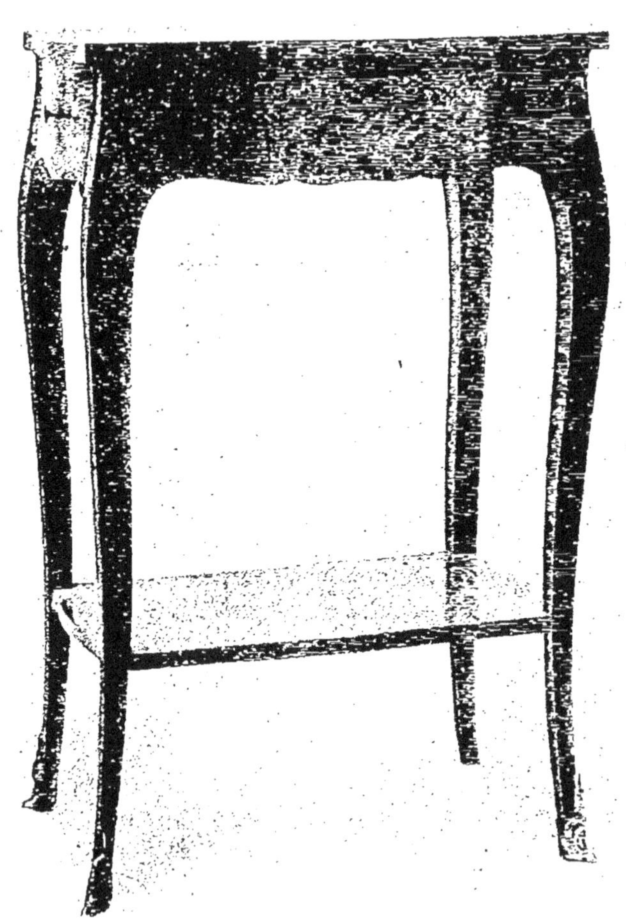

Fig. 118. — *Petite table.*

montants dorés, garnie en velours d'Utrecht ou bien
**entièrement** dorée et sculptée, flanquée de peintures

mythologiques et couronnée d'une galerie en bronze

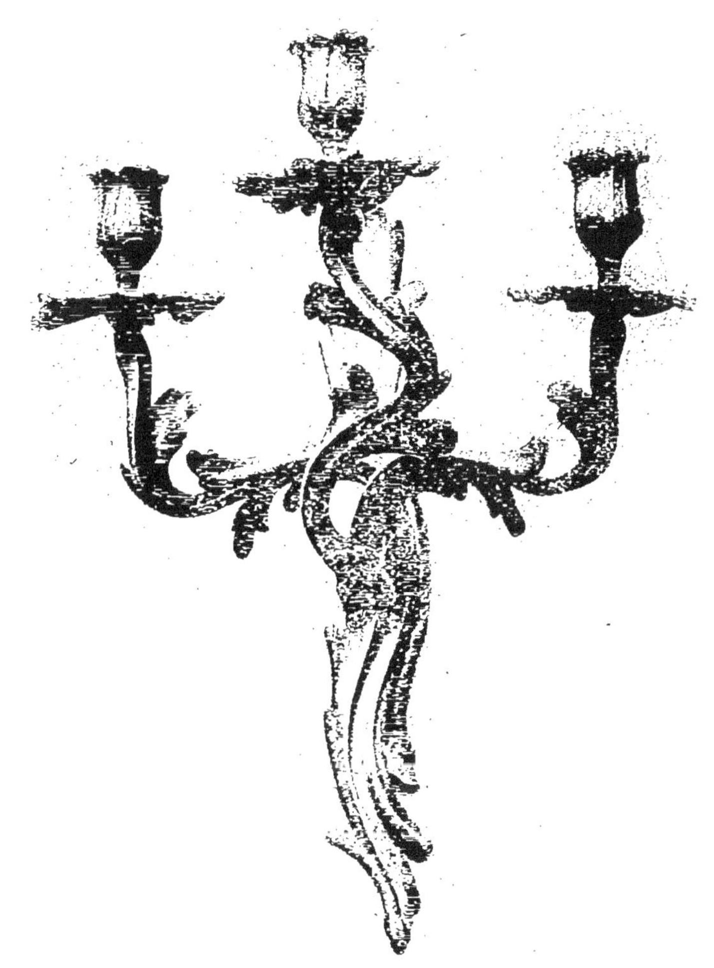

FIG. 119. — *Applique Louis XV.*

doré à jour. Voici des chaises à porteurs complètement enjolivées de sujets et d'arabesques, de véri-

tables bonbonnières capitonnées de satin ou de soie, gondolées, ventrues, dans le style, enfin.

Et quel délicieux arome s'échappe de ces précieux tabernacles! Songez que la divine marquise dépensait annuellement un demi-million pour sa parfumerie!

Voici de luxueux traîneaux qui exigent une protection contre la bise, et des fourrures opulentes — sous Louis XV les femmes ne quittaient guère le manchon — viennent, à cet effet, défendre la beauté qu'elles flattent encore d'enivrantes senteurs dues à de savantes préparations au musc, à l'ambre, au jasmin, au patchouli et à la bergamote.

Mais nous voilà entraîné à parler, dans l'affinité qui lie les délicatesses entre elles, de la dentelle. Anvers, Malines, Louvain, Arras, Lille, Bayeux même, multiplient leurs fins réseaux, ombrés à peine de dessins rocaille, en attendant que les guirlandes chères au règne de Marie-Antoinette viennent les remplacer.

Les points d'Argentan et d'Alençon sont décrétés par la mode *dentelles d'hiver;* les points d'Angleterre *dentelles d'été.*

De fil en aiguille, nous touchons au bijou dont la matière, sinon exclusivement précieuse, du moins toujours orgueilleuse, terminera à souhait, dans un scintillement, notre chapitre.

Sous Louis XV, le bijou sera naturellement plié au caprice du temps. Ses formes serpentines onduleront

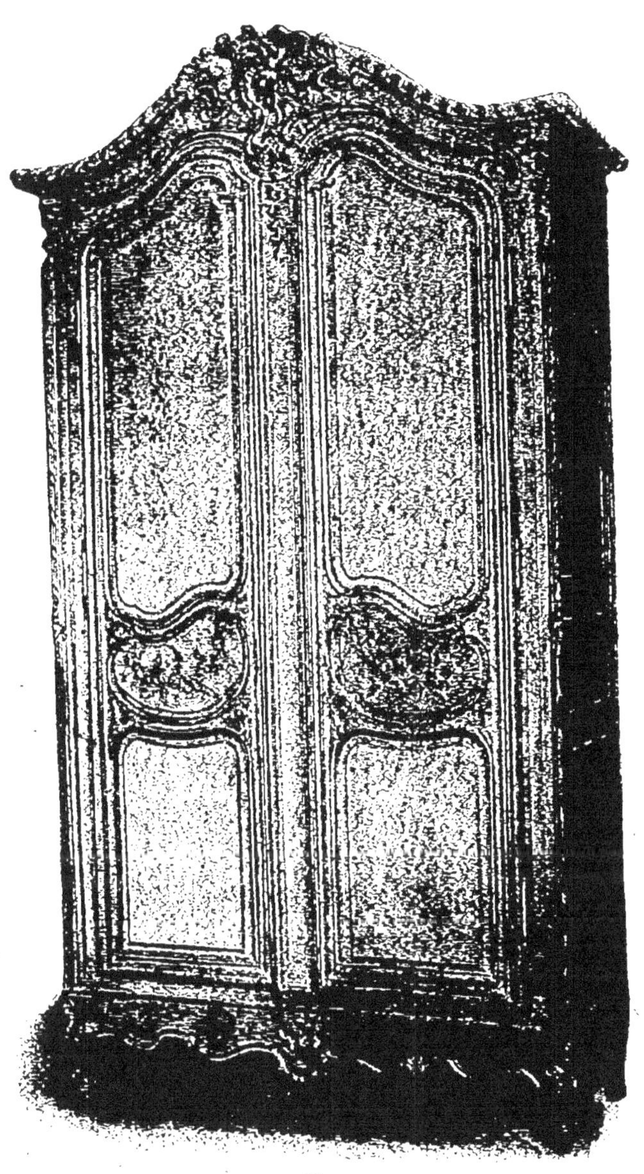

Fig. 120. — *Armoire Louis XV* (Musée des Arts décoratifs).

à l'entour des pierres et des médaillons de porcelaine peints de sujets gais et frivoles. La rocaille dominera dans le décor du métal et le diamant, de même que sous le règne de Louis XIV, sera le roi de la parure,

On porte les diamants en *chatons*, c'est-à-dire montés séparément et enchaînés en dessous. Tantôt formant des colliers, tantôt attachés à des rubans pour orner les robes.

Les voici encore, accompagnés de roses et de cailloux d'Alençon, lorsque la composition vitreuse révélée par Strass en 1758 ne vient pas rivaliser avec leur éclat.

Sertis sur des bijoux en forme d'aigrette, de bouquets et de nœuds de rubans — ces derniers atours plus particuliers cependant, au règne de Louis XVI — toutes ces pierres ruissellent de mille feux. Au déclin du règne de Louis XV domine l'influence de M^me de Pompadour. Le joaillier Pouget, dont l'établissement a pour titre « Au bouquet de diamants », publie en 1762 un *Traité des pierres précieuses et de la manière de les employer* et c'est la fin de l'esprit de la rocaille, tandis que la mode réclame les grosses perles fines montées en forme de pendeloques.

Voici maintenant l'histoire du *Régent*, l'un des plus gros diamants qui soient, conservé au musée du Louvre. « Un ouvrier libre des mines du Mogol ayant trouvé cette énorme gemme, se l'insinua

ecrètement, puis il se fit à la cuisse une large inci-
ion d'où le sang jaillit par torrent. La gravité apparente de cette blessure fit qu'on sortit l'ouvrier de la

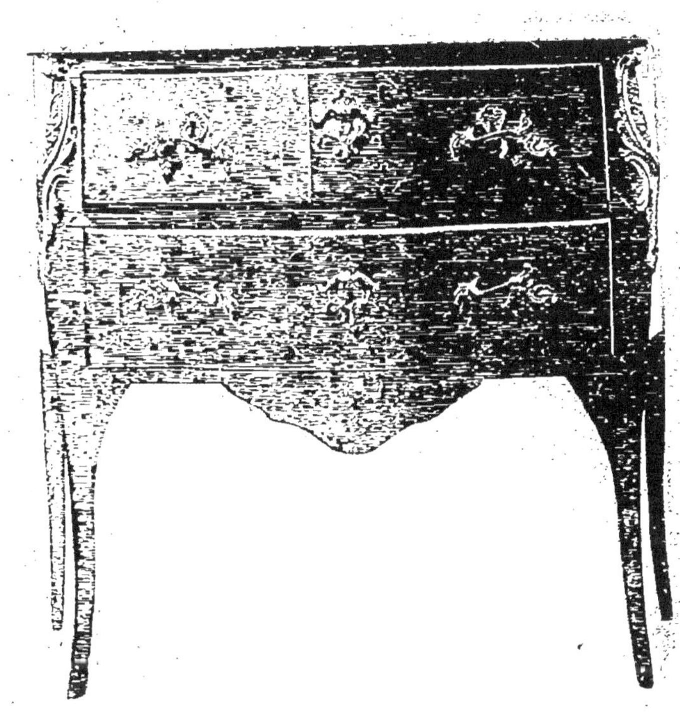

Fig. 121. — *Petite commode.*

mine sans avoir pris les précautions ordinaires rela-
tives à l'expulsion des diamants qu'il aurait pu avaler.
Le mineur étant resté seul après le pansement de sa
cuisse, retira le diamant et lui trouva une autre ca-
chette. Bientôt cet homme feignant de ne pouvoir plus
travailler, se fit payer ce qui lui était dû pour ne pas

déceler sa richesse et passa en Europe. Arrivé en Angleterre, le possesseur du diamant le vendit à M. Pitt, oncle du célèbre chancelier de l'Échiquier qui dirigea longtemps la politique de l'Angleterre et beau-frère du secrétaire d'État Stanhope. Un agent chargé de revendre en France ce diamant, en demandait quatre millions, et le régent Louis-Philippe d'Orléans l'acheta 2.500.000 livres en 1717. »

Bref, laissons Philippe d'Orléans se mirer dans les mille facettes du Régent. Une pierre extraordinaire marque son règne symboliquement. Le duc n'en était pas à une fantaisie près et celle-là est au moins d'une eau pure.

Mais nous terminerons notre aperçu du luxe par les menus bibelots et autres merveilles de l'art précieux que la grâce du xviiie siècle dispensa à profusion : miroirs, poignées d'épée en acier taillé à facettes, montres, boîtes à tabac, à mouches, à poudre, à savonnette, miniatures.

La profusion des boîtes héritées de ce siècle s'explique par l'usage qui était de les donner en présent, soit pour témoigner de son admiration à un artiste, soit à l'occasion d'un baptême, soit pour toute autre cause d'amitié.

Et ces boîtes sort enrichies de diamants, d'émaux, de miniatures folâtres, de vernis Martin, de mosaïque, de nacre, d'écaille, etc.

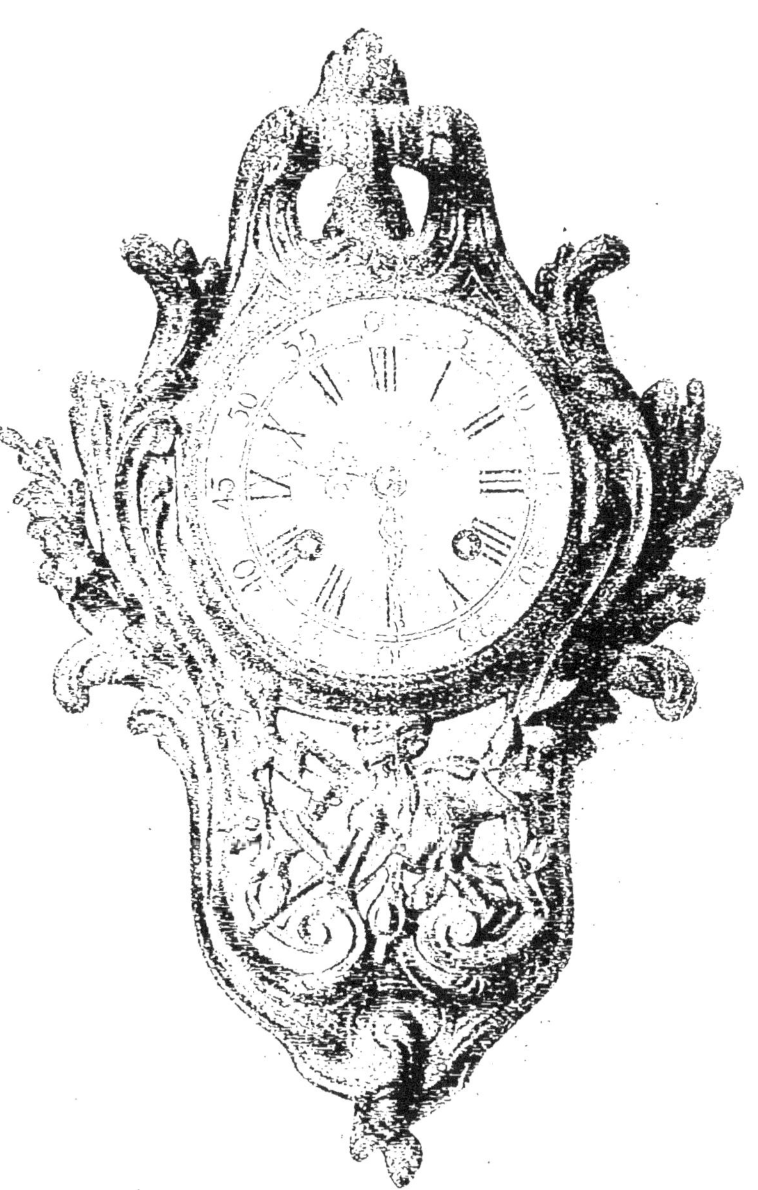

Fig. 122. — *Cartel*.

M^me de Pompadour a sur sa toilette **un cygne** émaillé formant une boîte à mouches, et, à la vente de la comtesse de Ruffec, on se disputa des boîtes de laque, d'agate, de sardoine, de lapis, de jaspe sanguin et de cristal de roche doublées d'or.

De même qu'il y eut des « commodes à la Régence », il y a de petites boîtes de pommade « divine » dites *régences*.

Dans cette débauche de luxueuses puérilités, semble se résumer toute la pensée d'un siècle où les artistes ont pour ainsi dire ciselé en des détours étonnamment capricieux, tout un intellect précieux et vagabond. Parfois une note grave, en souvenir de l'antique, échappe au délire des arabesques et pareillement. entre deux propos d'amour, les délicieux personnages qui nous occupent mêlent des maximes philosophiques.

Au résumé, toutes ces conceptions d'art sont d'essence bien française. Le luxe abondant qui le vit naître tempéra dans le goût national ce que les imitations étrangères altérèrent à plaisir. Il faut bénir enfin la rocaille dont le point de départ singulier, souvent même excentrique, présida à une originalité somptueuse. Mettons qu'il y a du beau Louis XV et du Louis XV de qualité inférieure ; concédons que le style Louis XV, si maltraité d'ailleurs par nos copies économiques, séduit plus ou moins, mais tous les styles anciens n'ont-ils pas le même sort ?

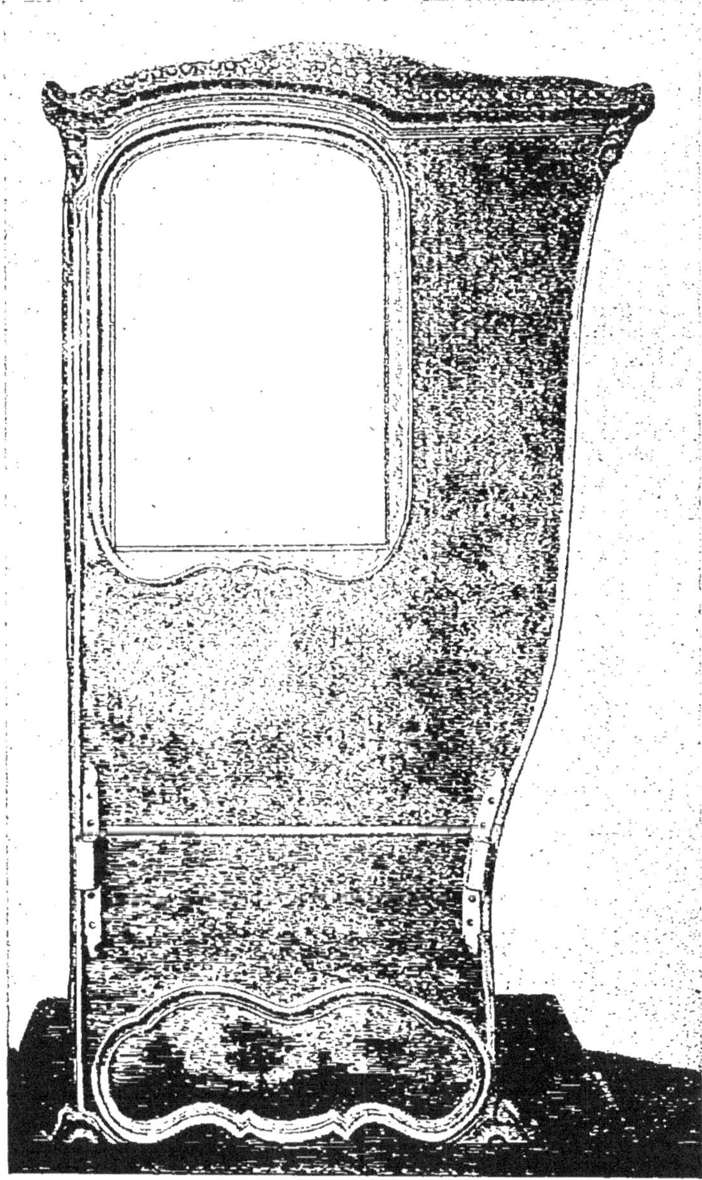

FIG. 123. — *Chaise à porteurs* (Musée des Arts décoratifs).

Mais il n'est pas douteux que le style Louis XV accompagne à ravir une époque à laquelle tous nos rêves de richesse, de gaieté et de volupté aiment à se reporter. On aurait tort de brusquer le nuage de poudre de riz où hantent les petits amours tout roses de François Boucher. Le fait est que notre ingéniosité décorative a grand mal à s'en débarrasser, et l'idéalisme du délicieux peintre de M^{me} de Pompadour ignorait — sans qu'il y ait lieu de le regretter — la précision photographique de nos jours.

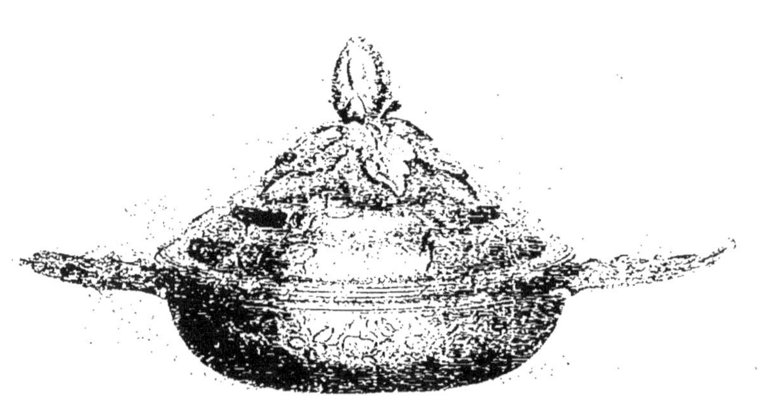

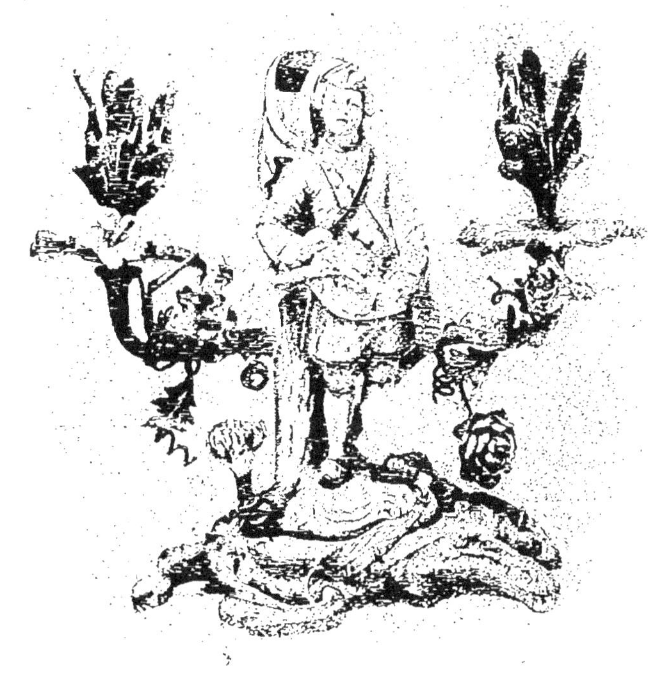

# CHAPITRE X

e Costume sous la Régence et sous Louis XV.


Après Louis XIV, nous vîmes naître dans les inté-
eurs, l'intimité et la simplicité représentées par le
oudoir succédant au salon qui personnifiait la solen-
ité.

Nous savons cependant tout le caprice de cette
simplicité » et nous avons indiqué l'harmonie du

costume avec cette grâce dans la couleur claire e
douce des tissus, dans la rondeur du geste général.

Nous allons maintenant préciser les atours de cett
époque affranchie de la contrainte du siècle précédent
Tout d'abord, la lourde perruque à boucles a dispar
et une petite perruque poudrée à blanc, plate par der
rière, flanquée de deux grosses touffes et terminée pa
une queue serrée dans un nœud de ruban, coiffe le
hommes.

Les femmes, elles, sous la Régence, secouen
d'autre part le joug du béguin, et leurs cheveux, aupa
ravant contraints, se relèvent en marteaux mélangé
de boucles. La tête, qui doit être petite, est coiffée e
*papillotes, en équivoque, en galante* ou *à la doguine, e
désespoir*, puis le catogan apparaît. La coiffure, cons
tamment basse pendant la première partie du XVIII
siècle, ne sera très haute que vers la fin de cette mêm
époque.

D'une manière générale, sous la Régence et sou
Louis XV, les cheveux qui découvrent le front se di
visent par derrière, en plusieurs chignons avec des
boucles pendantes. On s'ingénie aux plus diverses
combinaisons capillaires, qui reçoivent les noms les
plus curieusement symboliques, depuis la coiffure à
*tête de mouton*, extrêmement frisée, jusqu'à la coif
fure *en culbute!*

**Tous ces agencements de cheveux empruntent les**

atours les plus variés, en dehors de la poudre fonda-
mentale. Ce sont des aigrettes métalliques, des perles,
des fleurs, des nœuds de couleur.

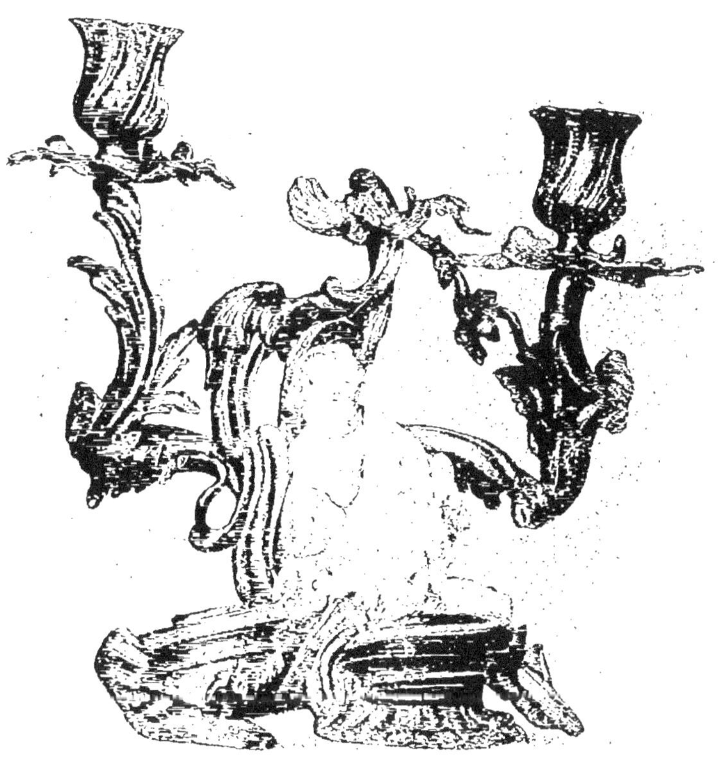

Fig. 126. — *Bout de table*, porcelaine et bronze.

Puis, en déshabillé, la cornette orne, l'été, le chef
des grandes dames, et le petit bonnet est l'apanage
des petites bourgeoises qui n'ont point, comme les
femmes du monde, le luxe de la coiffe d'hiver et de la
mantille.

·La perruque n'a qu'une fois paré la grâce féminine, du moins ne voyons-nous revêtues « d'une petite perruque poudrée à blanc avec catogan et manteau » que les princesses, Mesdames, sœurs du roi, en costume de chasse.

Si, dans ce dernier cas, le tricorne était de mise, les coiffures remplaçaient le plus souvent le chapeau, avec leurs ornements: barbes de blondes, plumes et autres dont le faste réservé aux personnes de qualité était d'ailleurs inséparable du carrosse ou de la chaise à porteurs.

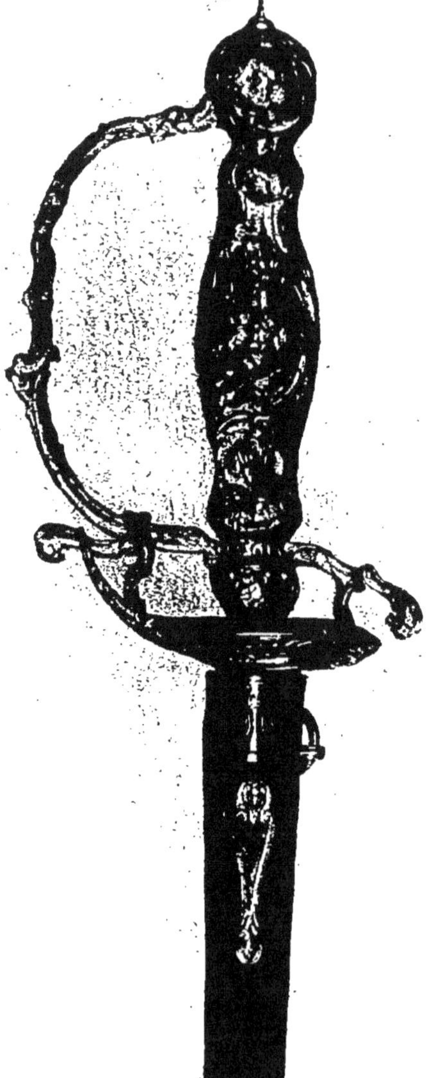

Fig. 127. — *Épée*
(Musée des Arts décoratifs).

Cependant que Marie Lesczynska inaugure le fichu de dentelles noué sous le menton,

᾽ de Pompadour « lance » un léger chapeau dit « à
ardinière », qu'elle pose de côté, sur l'édifice de sa
fure, mais plutôt lorsqu'elle joue la comédie.

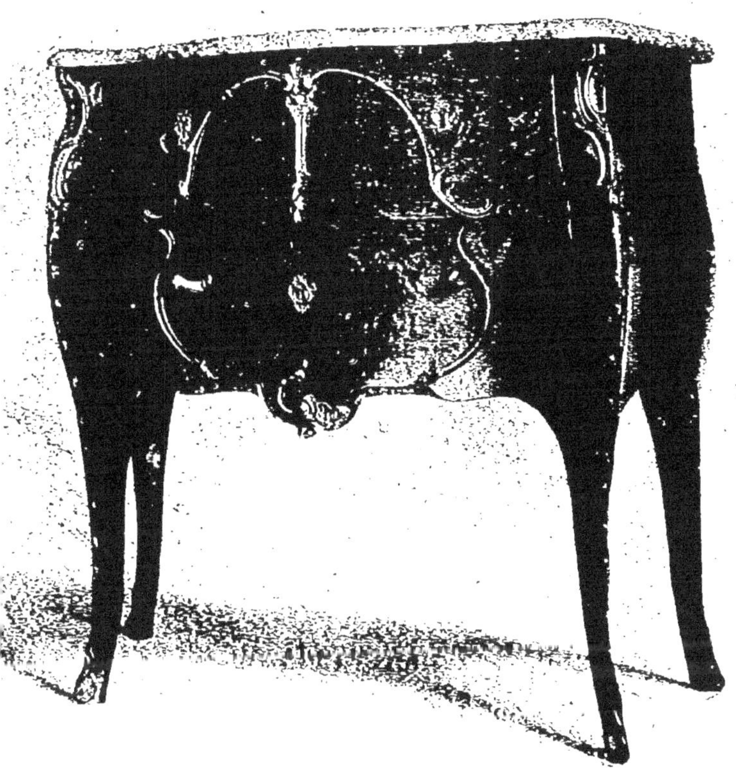

Fig. 128. — *Petite commode* (Musée des Arts décoratifs).

Et la sévère coiffe noire de M^me de Maintenon est
mplacée par des garnitures et de gais falbalas nom-
és *pretentailles*.

Nous aborderons ensuite le costume. Sous la Ré-

gence, les *vertugadins* du XVIᵉ siècle reparaissent sou
le nom de *paniers*.

« Ces paniers, écrit un contemporain, consisten
dans une carcasse de baleine, quelquefois d'osier
recouverte d'une toile et que les femmes introduisen
sous leurs jupes et les hommes dans les basques d
leurs habits, pour les tenir raides et étendues. Cett
machine se développe considérablement de chaqu
côté de la personne, mais très peu de la partie anté
rieure à la partie postérieure ; de sorte qu'une dame
avec sa taille mince et ses énormes paniers, res
semble à un battoir de blanchisseuse. Rien d'amu
sant comme les manœuvres que cet étrange usag
nécessite : il n'est pas de porte assez grande dans no
salons pour qu'une femme puisse entrer de face, c
n'est que la hanche en avant qu'elle peut se présente
en société ; et s'il y a seulement quatre ou cinq élé
gantes dans une chambre, elle se trouve complète
ment remplie, quelque grande qu'elle soit. En car
rosse ou en chaise à porteurs, il faut de toute nécessit
tenir les portières ouvertes pour laisser voyager e
dehors les paniers de Madame. A table, une dame n
saurait se trouver commodément assise qu'en s'aidan
de toute la bonne volonté de ses voisins... »

Une autre mode d'ampleur est donnée par les *pou
pottes*, sorte de poches en crin dans lesquelles les
extrémités de la robe étaient engagées, formant des

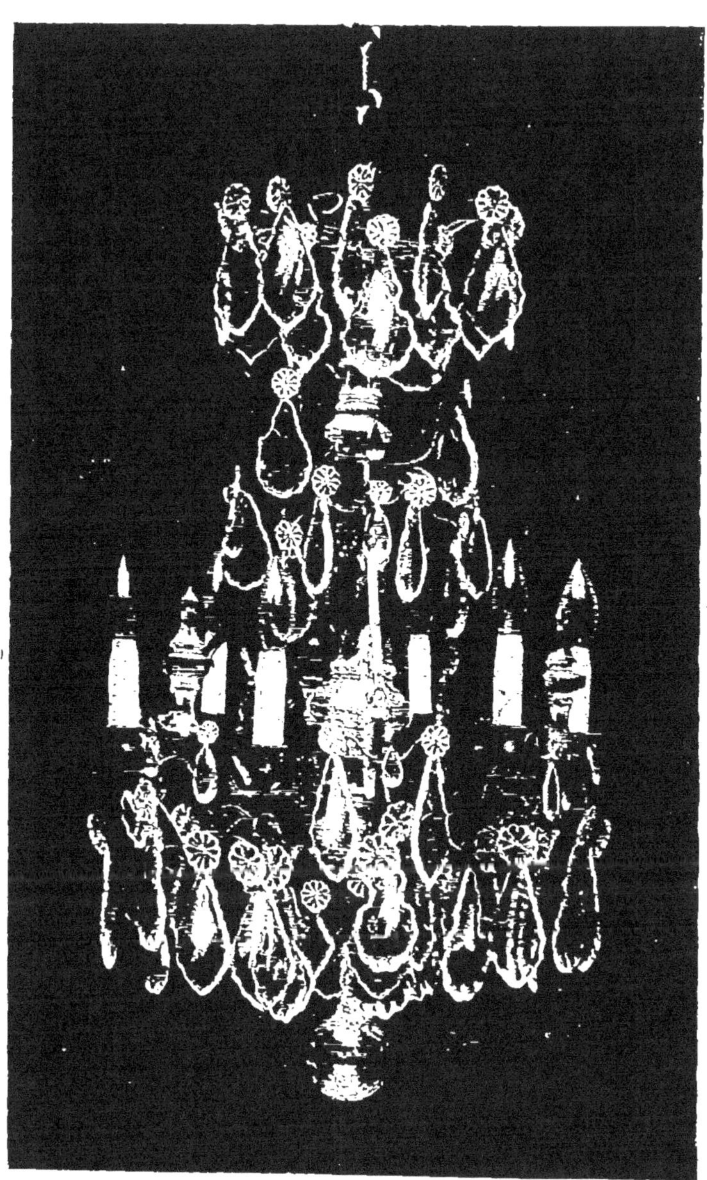

Fig. 129. — *Lustre cristal.*

retroussis, car toutes les robes étaient à queue
quel que fût le rang social.

Quant aux hommes, « les basques de leurs habits
qui ne représentent pas mal deux vastes ailes d
papillon, s'agitent à tel point pendant la marche qu
chacun de leurs angles décrit un demi-cercle, et
frappant l'air environnant avec force, ils produisen
sur les passants l'effet d'un éventail, que l'on se prêt
ainsi mutuellement dans les rues ».

Il y a des paniers à *coudes*, parce qu'on pouvait
appuyer ses coudes, des petits paniers *janséniste*
pour protester contre le sans-façon des paniers à coud
— des *maîtres des requêtes* ou grands paniers, de
*considérations* ou paniers du matin sur lesquels tom
baient les basques d'un négligé dit *casaquin* ou *pet-en*
*l'air*, et autres paniers de plus ou moins d'envergure
selon les occasions et le rang. Les grandes dames s
paraient de jupes qui ne mesuraient pas moins de di:
aunes d'étoffe, tandis que les femmes du peuple e
étaient réduites à une ampleur stricte.

Or, pour la grâce du balancement, point de cein
ture entre le corsage et le panier dont la légèret
réclame au surplus, en place des lourds brocards e
galons, des mousselines et des ruches. On revient en
somme au costume féminin sous Henri III, la collerette en moins.

**Sur le panier** (en place de l'ancien vertugadin) un

*ablier* de dentelle blanche, souvent, éclaire une soie

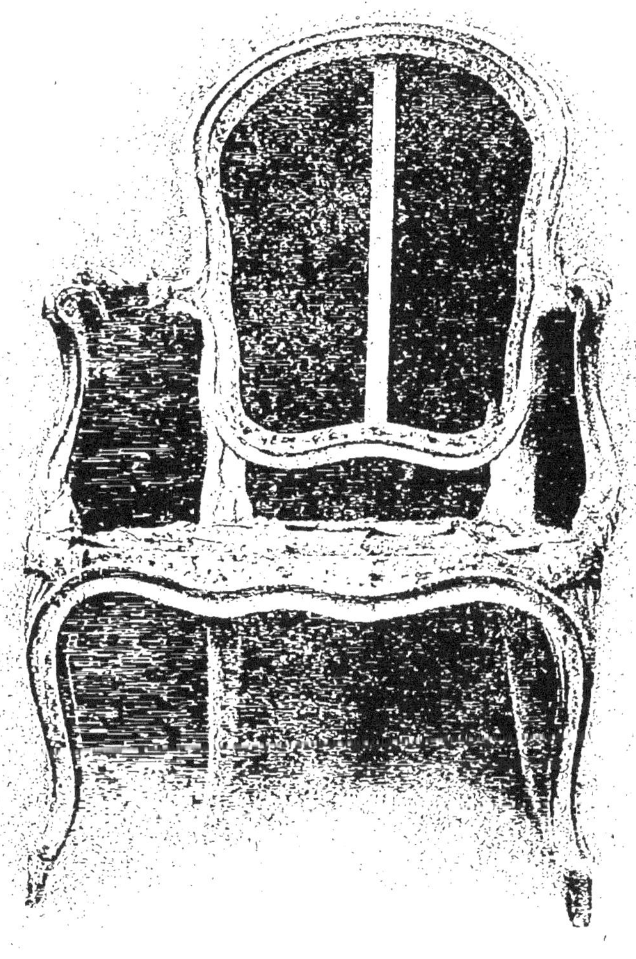

Fig. 130. — *Bois de fauteuil Louis XV.*

déjà si gaie avec ses semis de bouquets sur des larges
raies ou bandes de couleurs. Ce tablier, lorsqu'il n'est

pas jeté sur la jupe, apparaît entre les basques écartées, et si ces basques, souvent tuyautées sur les bords, tranchent sur une sous-jupe, cette dernière s'en

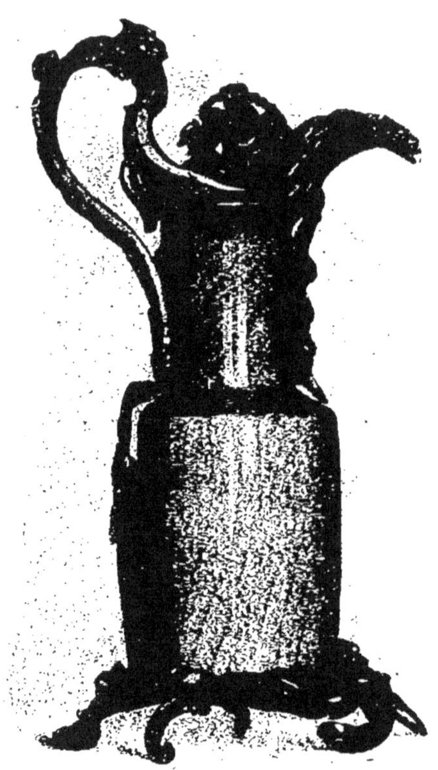

FIG. 131. — *Buire.*

guirlande de fleurs artificielles, de franfreluches ou de simples volants en lambrequins. Le corsage n'est jamais **assorti** comme couleur, **la** jupe et les deux pièces sont distinctes.

Pour en revenir **au** corsage, celui-ci s'orne d'épaulettes inclinées horizontalement, de manière à permettre un large décolletage, et les basques entaillées laissent saillir les hanches. **Ce** corsage garni de baleines, qui se lace dans le dos par-dessus le **corset**, petit corsage sans baleine, s'accuse en pointe **très** accentuée.

Sur le devant, des rubans ou des dentelles l'**agré**mentent. Devants de gorge unis que l'on assemble **à**

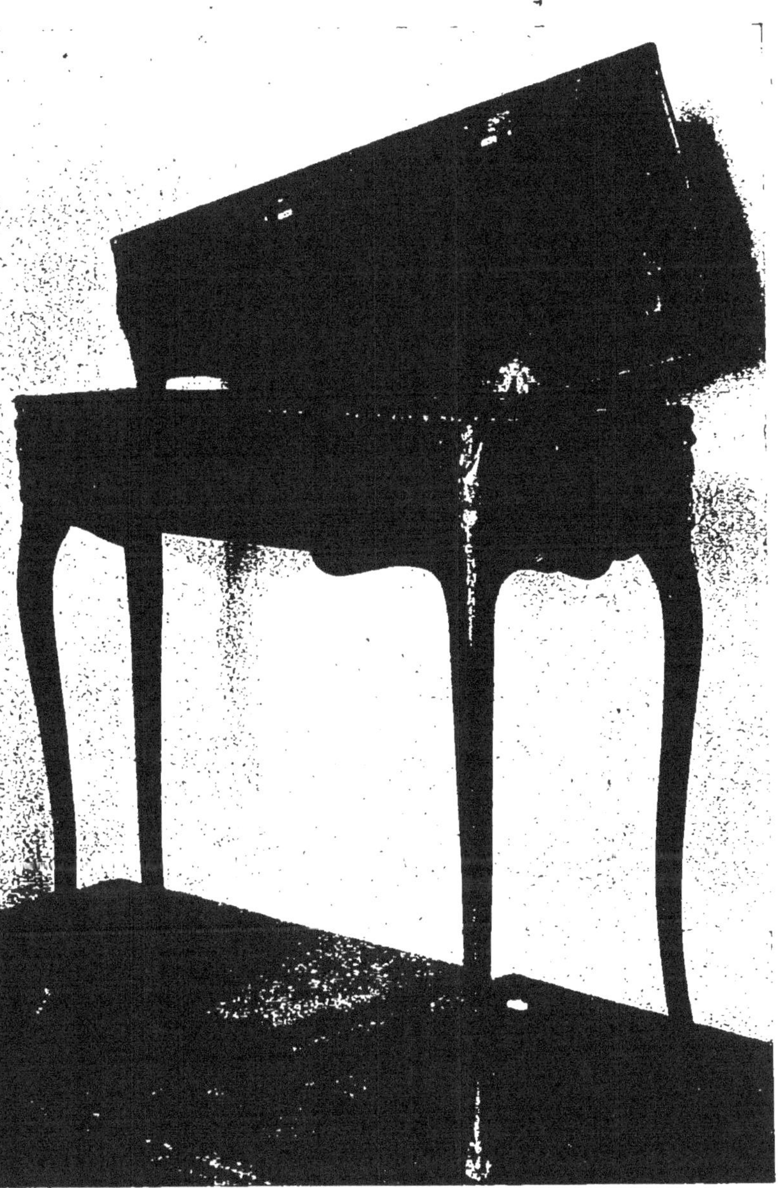

FIG. 132. — *Clavecin* (Musée des Arts décoratifs).

l'aide de boutons appelés *compères* ou bien que l'on coud aux échancrures de la robe, fleurs des champs en haut du corsage où pendent des petites montres attachées à des chaînes de jazeran.

Et des mantelets à capuchon, des fichus à coqueluchon (avec petit capuchon dit « monte-au-ciel » parce qu'il se tenait droit sur les épaules à l'aide d'une armature en cerceau), des palatines ou colliers de martre pour l'hiver, de ruban, de taffetas découpé en fleurs pour l'été, etc., servaient encore d'atours.

En même temps que les paniers, nous voyons aussi sous la Régence la robe *volante* (autrefois *innocente*), sorte de peignoir flottant sur les côtés, sans ceinture, et dont l'ampleur se réunissait dans le dos par des plis dits « Watteau », en souvenir du délicieux peintre.

Ces plis, considérés comme un ornement, cachaient en vérité leur utilité, qui était de permettre le délacement immédiat du corset, souvent exagérément serré, de la coquette, dont le corsage baleiné en pointe se fût refusé à ce secours.

Puisque nous parlons du corsage et de sa rigidité inflexible, du moins, toujours ajusté sur le devant, nous insisterons en revanche, sur la grâce de son décolleté souvent abrité sous un « tour de gorge » et la délicatesse des dentelles qui garnissent ses manches courtes, plates et à larges parements.

**Dans la robe volante**, d'ailleurs, nous trouvons la

omposition de la précédente contrainte et les tissus aporeux de bazin, de linon, palpitent dans l'air. Les

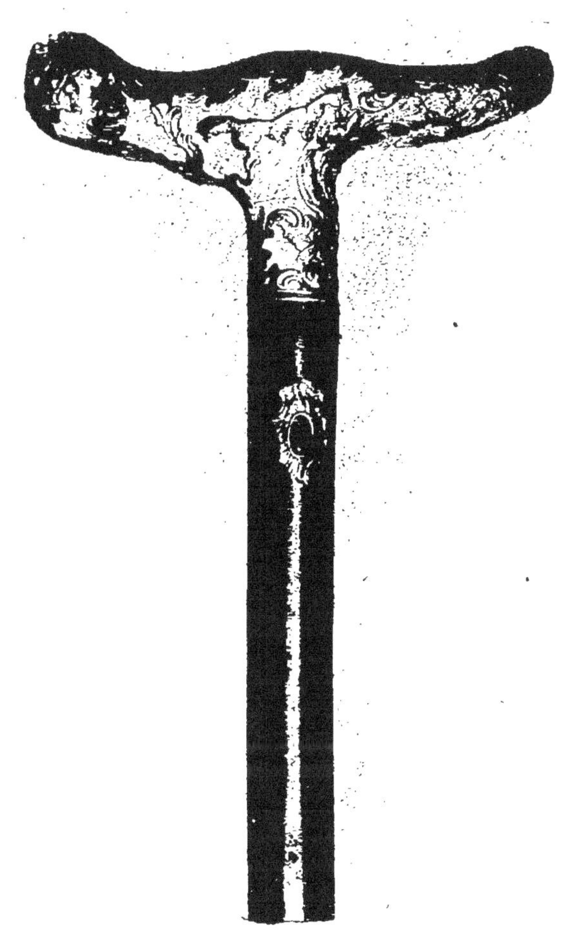

Fig. 133. — *Canne.*

manches de robe sont « à sabots » ; la nudité des bras jaillissant de la dentelle correspond à la large échancrure d'où émerge le col nu.

Sur le buste, en hiver, les élégantes jettent une mante, long et ample pardessus fourré, boutonné du haut en bas, par devant orné de deux volants et d'une collerette également en volants. Les souliers çambrés, très effilés vers la pointe, et des boucles — en vrai diamant, pour les dames de la cour — sont fort à la mode. Mais les boucles empruntent aussi à l'orfèvrerie leurs délicatesses, ainsi qu'à la broderie qui sème des bouquets de fleurs sur les pieds menus; toutefois, la boucle n'est jamais sacrifiée.

Dans son portrait du Louvre, M^me de Pompadour porte des souliers blancs (assortis à ses bas) dont le talon est en peau et dont la pointe, à l'extrémité, se relève comme dans la chaussure orientale.

Quant aux gants, ils sont en chevrotin de couleur claire ou de peau blanche. On porte aussi des gants tissés ou des mitaines. Plus d'aumônière, ni de réticule, ni d'escarcelle, mais la bourse de soie moins encombrante sous la masse des paniers.

Cependant les hommes ont un moment la manie des sacs à ouvrage « qui contenaient tout un arsenal de couturière et de bimbelotier » !

Les jeunes filles, elles, portaient des robes sans panier, ni ouverture sur le devant ; c'étaient les fausses robes (dites fourreau quand elles n'avaient pas de queue) baleinées entièrement sur un corps ou carcasse pour maintenir la finesse de la taille. Souvent aussi, les jeunes filles portaient un caraco et un jupon en fal-

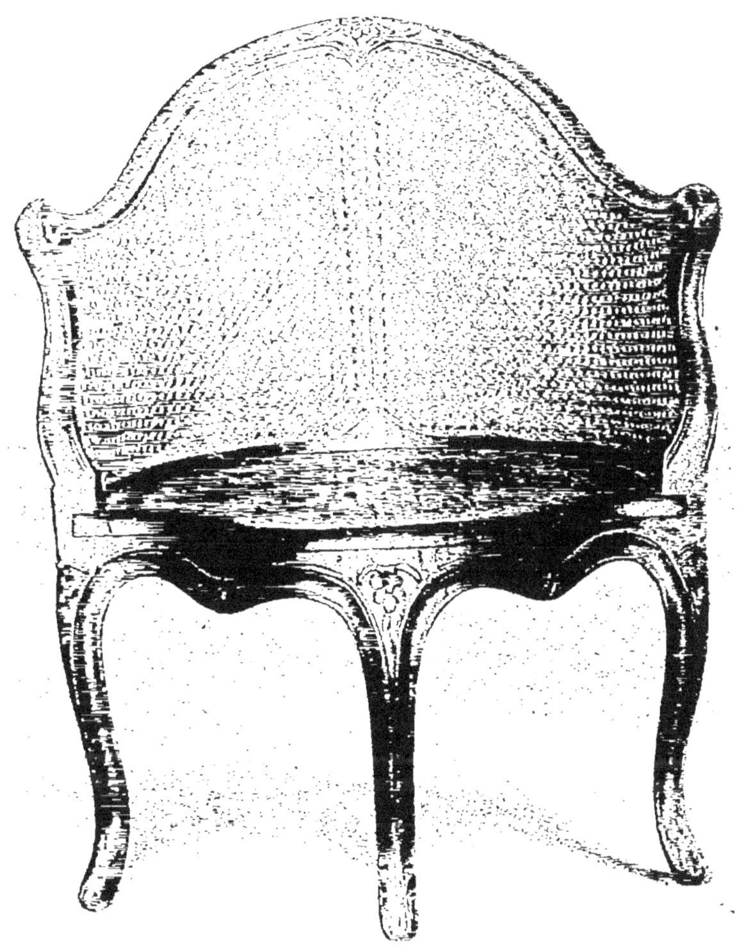

Fig. 134. — *Fauteuil* (Musée des Arts décoratifs).

balas, sous la robe, avec un tablier ; ce même tablier que les soubrettes portaient à bavette.

Deux mots enfin, sur le maquillage cher aux élégantes du moment ; et comment mieux le définir qu'en citant un auteur du temps ?

« Depuis quelques années, elles se couvrent le visage d'une couche épaisse de fard qui les fait ressembler à des bacchantes ivres de vin ou de luxure. Ce n'est pas tout : non contentes de simuler à l'aide de rouge une fraîcheur qu'elles n'ont pas ou qu'elles n'ont plus, elles emploient encore le blanc et le bleu pour blanchir la peau et dessiner sur cette couche de céruse des filets veineux que la nature a cachés sous un tissu trop épais. »

Et puis ce sont des *mouches* de taffetas noir gommé, taillées en soleil, en lune, en croissant, en étoiles et en comètes, dont les belles agrémentent leur visage. Mouches dites la *galante*, l'*effrontée*, la *coquette*, etc., suivant qu'elles se posent au milieu de la joue, sur le nez, près des lèvres.

Après cette énumération de coquetterie déconcertante, nous aborderons la description du costume masculin.

Sous la Régence, le justaucorps, devenu l'habit au xviiie siècle, est pourvu de larges manches pagodes retroussées jusqu'au coude. Cet habit est tantôt collant, tantôt muni de basques volumineuses, ainsi que nous l'avons dit à propos des « paniers » avec lesquels elles semblent avoir voulu rivaliser de ridicule. L'ampleur des basques masculines est d'abord due à

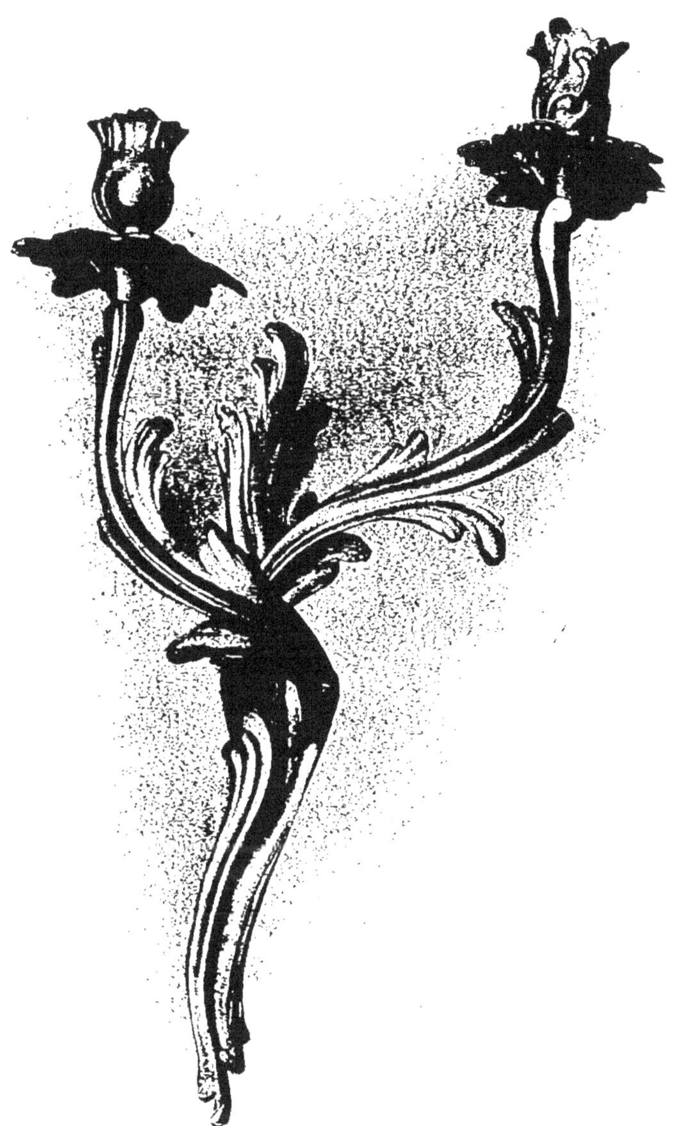

Fig. 135. — *Candélabre-applique à deux branches.*

des rembourrages de crin; puis plus tard, on porta les plis derrière le dos, à droite et à gauche de la fente des pans, au-dessus desquels on posa les deux boutons de notre redingote actuelle. Avec la redingote, on voit revenir un vêtement rationnel. La redingote est d'usage courant, elle sert plutôt en hiver. Aucun ornement sur son drap généralement brun ; elle est serrée à la taille par une ceinture et souvent munie de collets, l'un relevé, l'autre rabattu.

Encore que le drap noir fût considéré à un certain moment comme plus habillé, les étoffes brochées demeurent néanmoins l'habit de cour, et dans ce cas, de riches broderies et ornements les parent.

Le gilet ou veste de dessous, largement échancré et très long, laisse apercevoir un gros nœud qui forme cravate, remplacée souvent par le jabot ou flot de dentelle partant de la base du col.

Quant à la culotte, à pont, attachée sous les bas, au début du siècle, elle descend maintenant au-dessous du genou serrée par des pattes à boucles, et le chapeau est le tricorne ou lampion que l'on porte plus souvent sous le bras, comme maintien, que sur la tête.

« Les bourgeois, écrit Paul Lacroix, s'habillaient bourgeoisement, en gros drap ou en ratine, ou en bouracan, suivant la saison, mais presque toujours de couleur sombre et uniforme ; ils avaient de petites

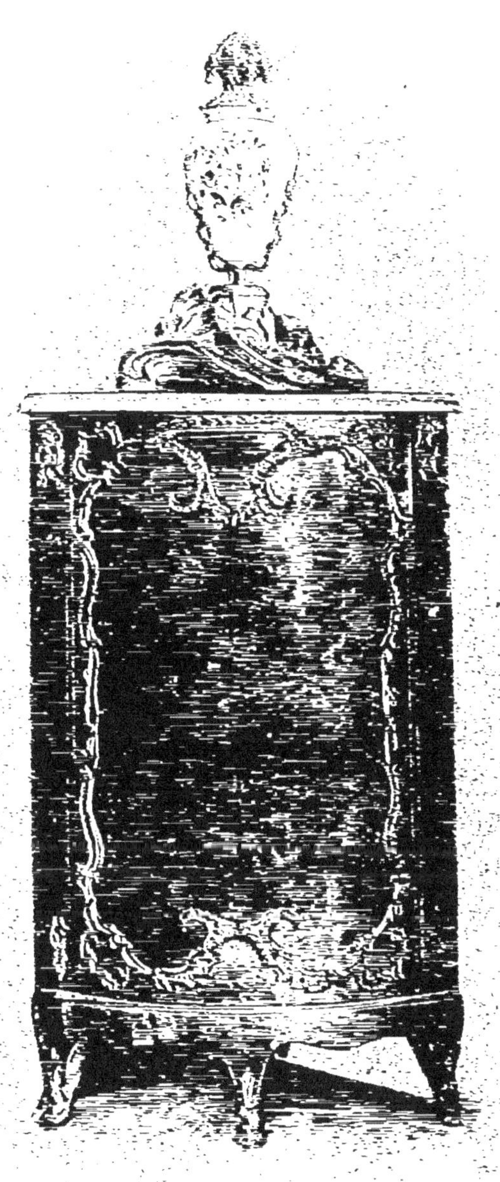

FIG. 136. — *Petit meuble « en écoinçon ».*

perruques rondes ou carrées, sans frisure, avec u
œil de poudre ; ils étaient chaussés de gros souliers
semelles fortes, ils portaient des bas de laine noir
gris ou chinés, avec la jarretière nouée au-dessous d
genou. Les bourgeoises, celles du moins qui conser
vaient la modestie de leur état, n'usaient que d'étoffe
communes en laine ou en fil, et généralement d'un
nuance peu voyante, grise ou brune sans broderies
sans rubans, sans dentelles ; elles ne tenaient au ré
gime de la mode que par les paniers... »

Dans la tenue de général arborée par Louis XV,
l'âge de quinze ans, dans son portrait de J.-B. van Loo
on a un aperçu complémentaire du costume d
l'époque. L'habit est en velours bleu avec manches à
grands revers galonnés d'or ; le gilet ou veste de des
sous, de couleur chamois, descend presque jusqu'au
genoux, et les jambes, haut guêtrées de drap noir, son
boutonnées et tenues par une jarretière.

Restent les souliers en cuir noir verni, à talons très
élevés, dont la tige recouvrait le cou-de-pied à talon
rouges pour les nobles, les gentilshommes et les gen
de la cour, et le manteau d'hiver qui ressemblait au
brandebourg et s'appelait « un surtout ».

A un moment, on porte des vêtements sans plis, des
culottes sans goussets dits *à la silhouette* et le nom
de M. de Silhouette, ex-chancelier du duc d'Orléans,
est donné encore à des portraits dont on dessinait

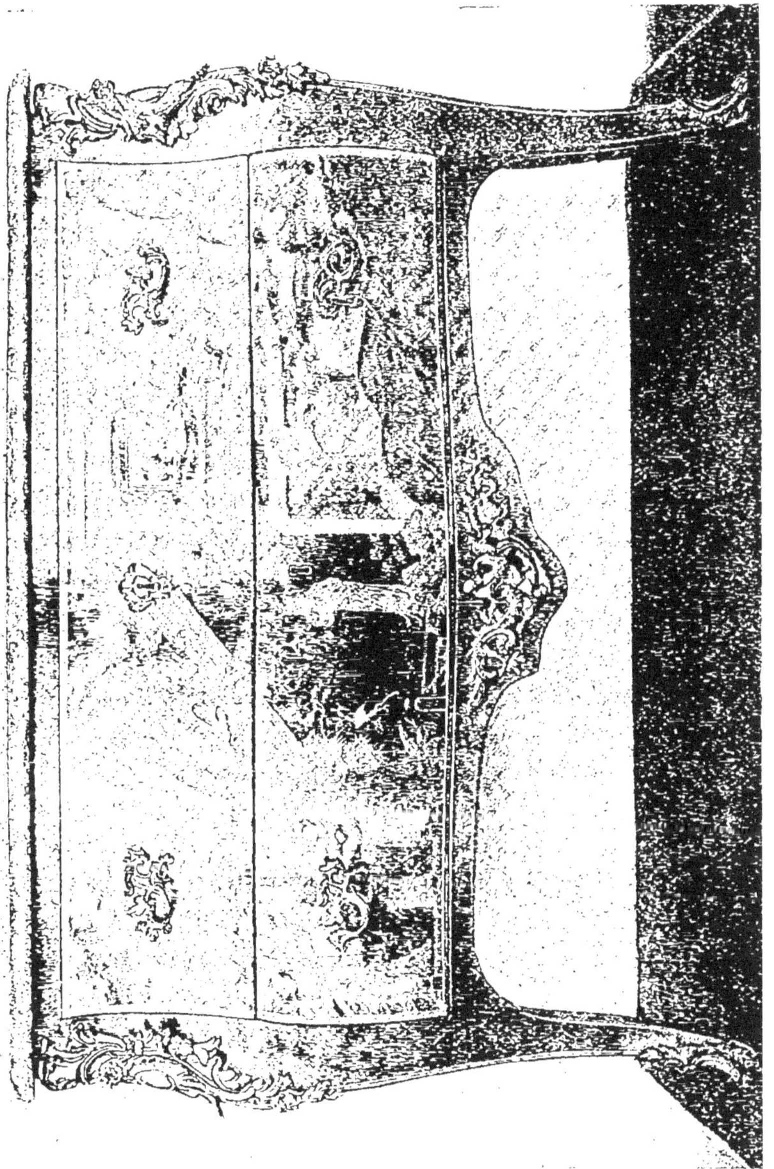

Fig. 137. — *Commode en laque de Chine* (Musée des Arts décoratifs).

d'un simple trait de crayon l'ombre portée de profil. D'où le qualificatif de silhouette demeuré à ces sortes de dessins.

Il y aurait aussi à dépeindre l'habit des abbés de cour, inséparables de ce délicieux xviiie siècle où la légèreté des mœurs aime à se refréner « pour la frime »; ces abbés galants empressés auprès des belles, sont tout un poème de délicate hypocrisie. Petits abbés sanglés de noir, poudrés de blanc, que l'imagination ne parvient pas à chasser du boudoir rose ! Petits abbés sans cure, d'ailleurs, sautillants, papillotants, voluptueux, confessant la beauté et succombant à elle ! Petits abbés de menuet dont la tache sombre n'est qu'une tache pour rire et qui donnent sans compter l'absolution à Vénus impénitente !

Un autre appoint de bonne compagnie est celui des *petits-maîtres* ou « seigneurs dont la jeunesse frivole portait dans le monde plus de bonnes manières que d'idées, moins d'âme que de chaleur et moins de chaleur que de pétulance ».

La palette de François Boucher, après celle de Watteau, peut dire seule la couleur rayonnante de ces costumes associés au décor, de ces fantoches harmonisés aux mœurs. N'oublions pas que Cupidon volette sans cesse dans ce cadre de séduction ; voyez-le culbuter dans un nuage de poudre de riz, tandis que les colombes se becquètent ; voyez-le planer sur des

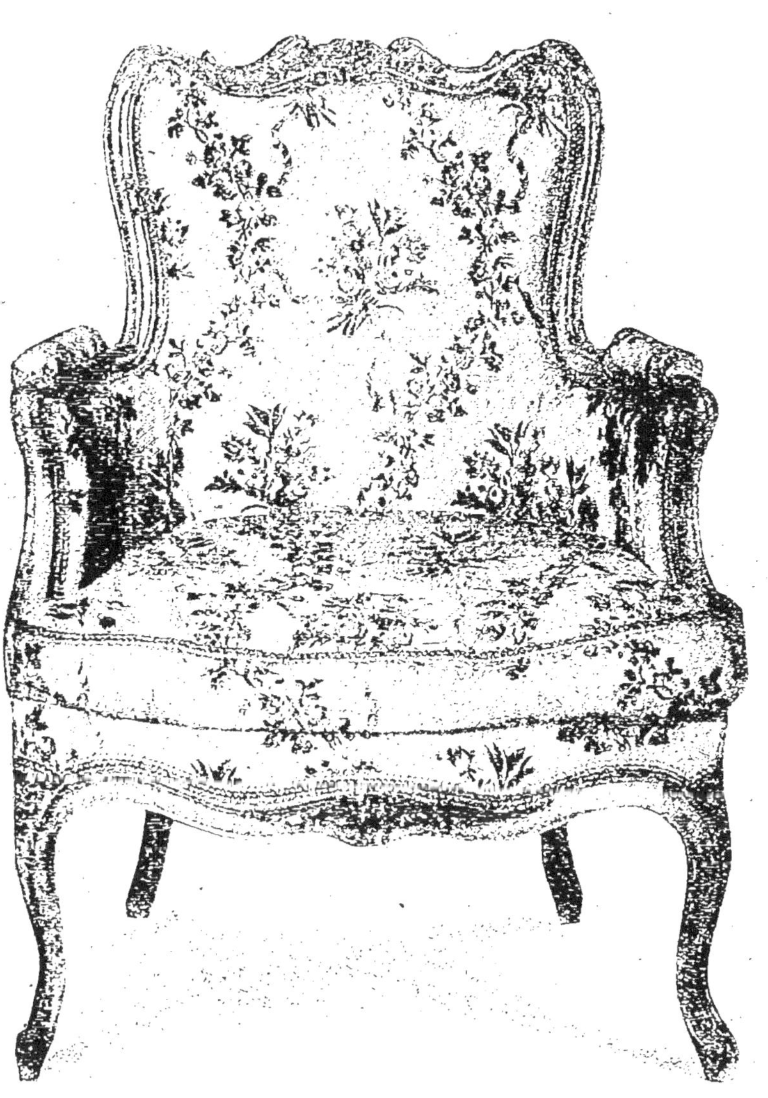

Fig. 138. — *Bergère* (Musée des Arts décoratifs).

idylles où bergers et bergères enrubannés échangent de douces confidences pendant que leurs moutons ont l'air de brouter des fleurs.

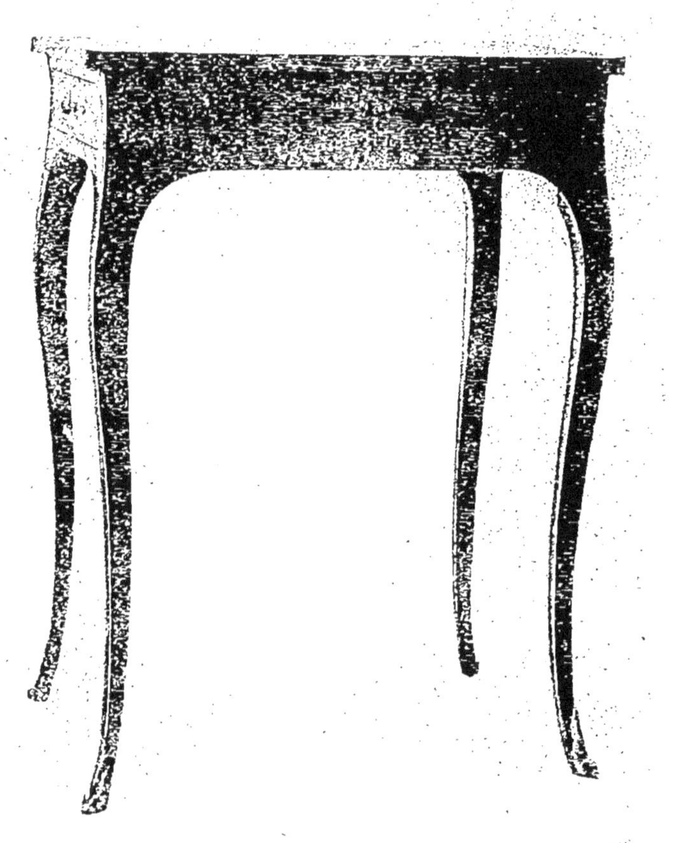

Fig. 140. — *Petite table.*

Costumes légers, costumes de soie, tissus à fleurettes, à petites rayures; insouciance, parfums, baisers. La mode un instant *à la Ramponneau*, du nom d'un

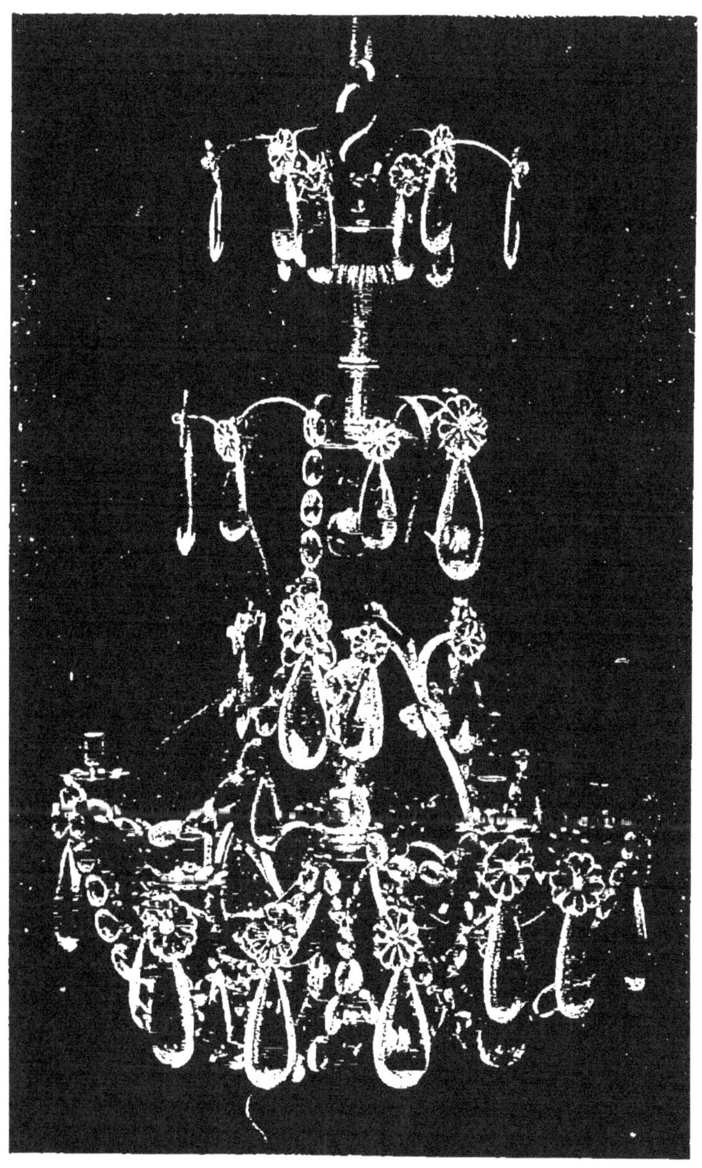

Fig. 141. — *Lustre cristal.*

cabaretier célèbre de la Courtille, s'intitule quelque temps *à la grecque*. On passe du plaisant au sévère sans rime ni raison, car, si la fameuse guinguette n'éveille rien de caractéristique en sa soi-disant inspiration, il en est de même de l'image antique. Aussi bien on se grise de joie et d'illusions. L'inquiétude ne naîtra qu'après, et depuis le souci jusqu'à la terreur, le vol de Cupidon se calmera, puis disparaîtra éperdu avec les oiseaux noirs dans un ciel d'orage.

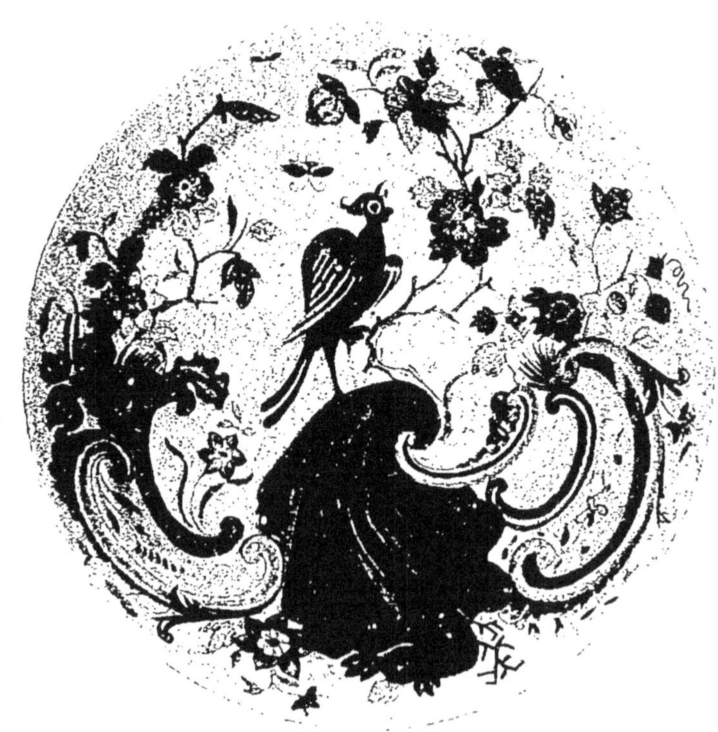

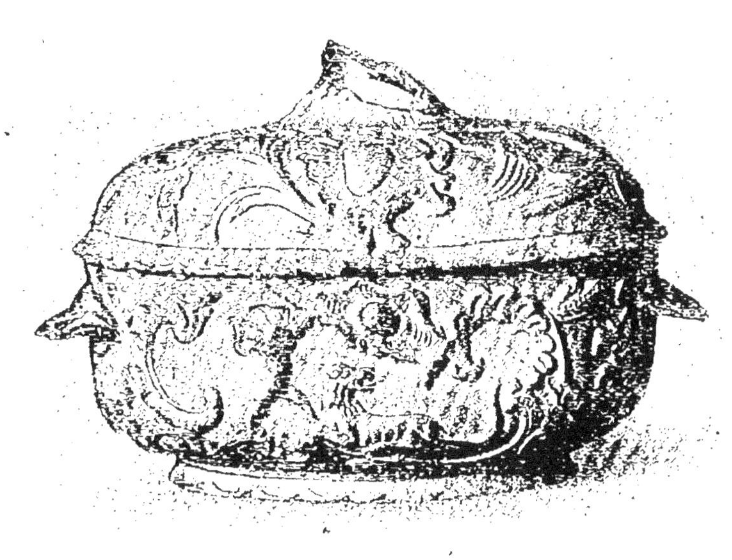

# CHAPITRE XI

## Quelques mots des styles après Louis XV.

Après la ruine du système de Law, on vit sous
Louis XV le galon d'or ou d'argent disparaître pour
toujours des habits de ville. Ce léger sacrifice au luxe
est symbolique. La monarchie commence à faire des
concessions à la sobriété et, sous Louis XVI, malgré
que la frivolité ni le faste n'aient cédé à l'esprit rai-
sonneur, au retour à la nature, on sentira davantage
de gravité. Et cette sobriété et cette gravité se refléteront dans l'esthétique classique.

**La science et la philosophie succédant au seul souci**

d'idéal, c'était la mort de la fantaisie tuée par l'analyse. Les intentions réactives de Cochin sous le pavillon de M^me de Pompadour vont maintenant triompher.

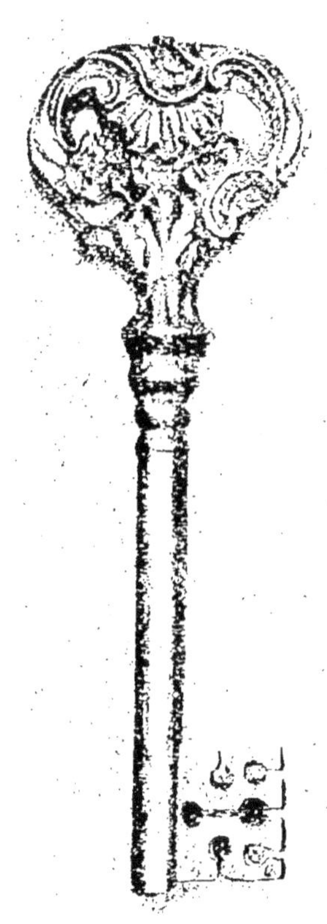

Fig. 144. — *Clé.*

Nous touchons au règne de Marie-Antoinette.

Mais, de même que l'esprit du xviiie siècle se continue, nous n'allons point assister encore à la faillite de la conception décorative, loin de là. La pseudo-gravité qui va naître après les capricieuses cabrioles de Louis XV ne sacrifiera pas tout d'un coup la grâce. Une ombre seulement passera sur cette grâce, tandis que les fronts, sereins auparavant, se fronceront à peine.

Le retour à l'esprit antique, représenté par la ligne droite, correspond à certaine sagesse; mais, fort heureusement, la tradition, fâcheusement hallucinante, ne paralysera pas encore l'invention française.

Le noir pressentiment de l'orage révolutionnaire a seulement introduit l'idée classique dans une sobriété encore éberluée, à la façon de croquemitaine, et la forme intellectuelle comme celle du meuble, et l'inspiration du tableau comme celle de la statue vont être ébranlées dans le sens de la vertu, tout au moins apparente.

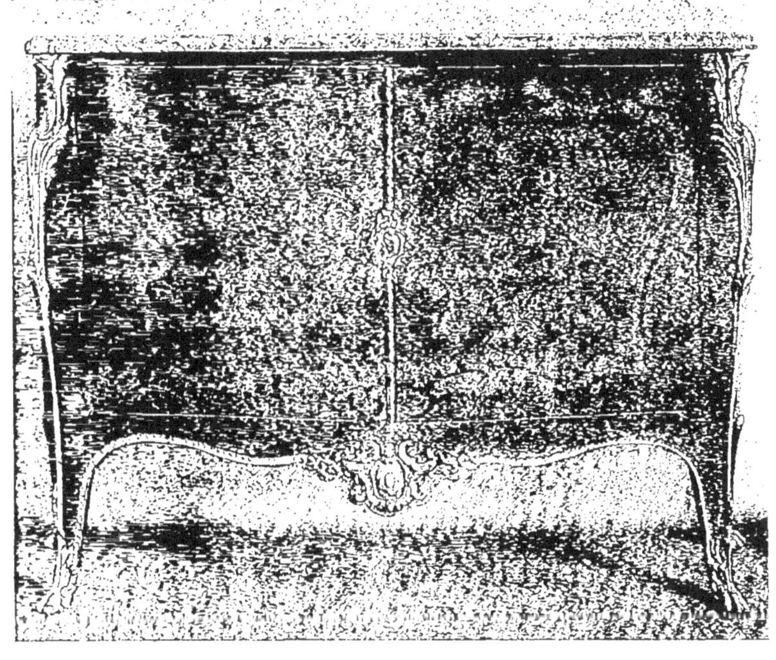

FIG. 145.    *Commode.*

La vérité, la vertu sous Louis XVI sera aussi fallacieuse que le *jardin* né de la sensibilité qui s'éveille alors, le jardin dont on bannit tout le pittoresque au nom d'une liberté soi-disant naturelle !

Aussi bien *la maison du roi* va faire des économies, et les meubles et la décoration en général perdront de leur richesse pour gagner en « grand air », non en solennité. Louis XIV fut solennel, Louis XVI aura grand air. Les meubles de ce dernier monarque perdront en ampleur ce qu'ils gagneront en belle simplicité.

Lignes froides et grêles, triste acajou à peine égayé de brèves ciselures et dorures. Une monotonie harmonisera ce tout, qui n'est ni très masculin ni très féminin. Le Louis XVI sera léger, distingué, mais il ignorera la joie précédente, et sa fantaisie marque en somme la fin des styles vraiment originaux.

En attendant que nous disions deux mots de l'art du mobilier **sous** le premier Empire, nous soulignerons les différences qui séparent nettement l'improvisation curieuse, souvent savoureuse même, du style de Napoléon[1], de l'évolution originale et fine de Louis XVI. Entre les deux expressions il y a toute la différence de délicatesse avec laquelle les deux époques s'abreuvèrent à la source antique : l'une but du bout des lèvres, l'autre goulûment.

Bref, après Louis XV, la conception purement française s'altère, on cherche dans des fouilles antiques des inspirations que l'on francisera simplement. Tour à tour, les ruines d'Herculanum, de Pompéi, de Velleia, sont interrogées. On dirait que l'on tremble devant une création nationale comme si la mort était proche,

1. Voir le *Style Empire*, du même auteur.

omme si l'on craignait de n'avoir point le temps

'enfanter.

Mais, en réalité, on est préoccupé de redresser la

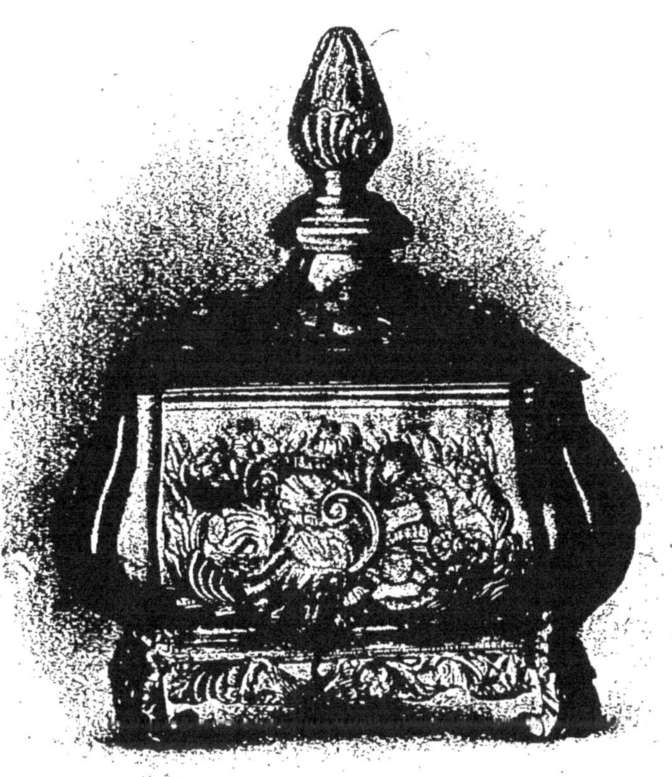

Fig. 146. — *Petite pièce d'orfèvrerie.*

igne, dont les contorsions coûteuses, dont les aplombs

ont été jugés incorrects dans une société réfor-

miste.

Sans toutefois contester au roi Louis XVI son ori-

ginalité née de son adaptation remplie de goût, ne

peut-on pas néanmoins déplorer le coup d'arrêt porté par cette réaction en plein essor d'originalité?

Après la Renaissance, vit-on un style plus essentiellement personnel et français, par la grâce, la légèreté et l'esprit que le Louis XV?

Voici maintenant une base d'appréciation — purement commerciale et économique — relative aux meubles de styles Louis XIV, Louis XV et Louis XVI. Cette base a l'avantage de nous faire toucher du doigt à la fois l'esthétique intrinsèque du meuble à ces différentes époques, et l'origine de certaine préférence.

Le Louis XVI est moins coûteux à reproduire que le Louis XV, et le Louis XIV plus cher à imiter que le Louis XV.

Le Louis XVI accuse donc la simplicité de sa sculpture, de son décor métallique et la restriction du bois employé à la fabrication de sa légèreté, dans son prix relativement modique, comparativement aux deux autres styles.

Ce prix modique, d'autre part, explique l'engouement dont il jouit, d'autant que les artifices de placage et autres beautés falsifiées, s'ingénient à la présentation fallacieuse de son bois précieux.

Quant au Louis XV, on comprend la cherté de ses ornements, du travail contourné de sa menuiserie, de sa dorure, de ses bronzes ciselés, etc.

Enfin, dans l'importance massive de son bois, aussi

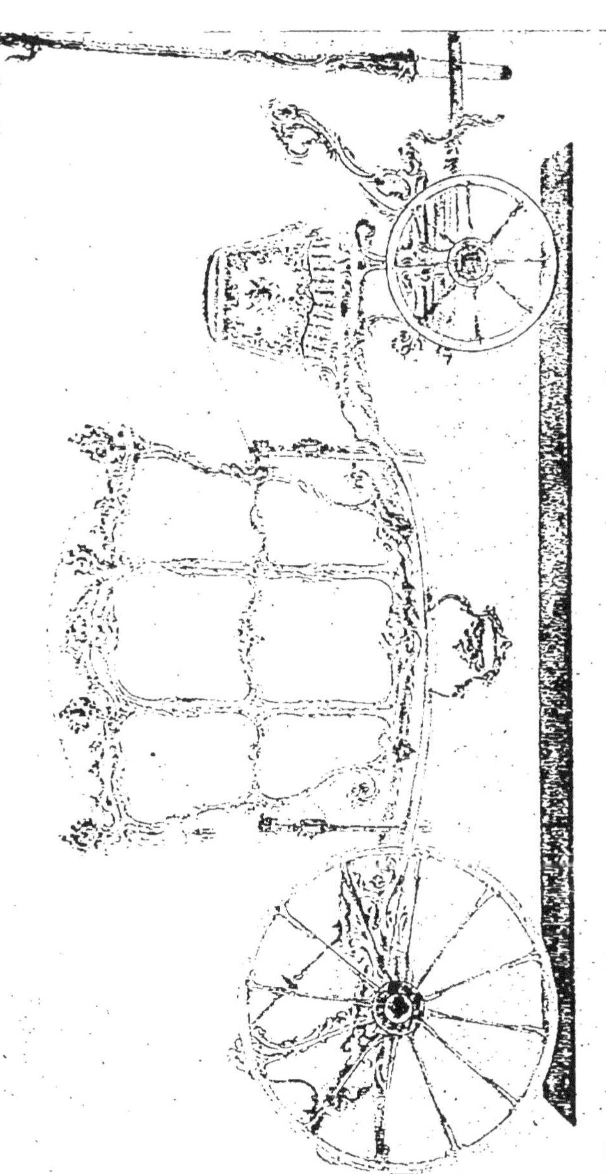

Fig. 147. — *Dessin d'un carrosse* (Musée des Arts décoratifs).

bien que dans la solidité de sa sculpture, on ne s'étonne pas de voir le Louis XIV particulièrement dispendieux.

Mais passons. Le style Empire, qui n'a pas non plus le privilège de la légèreté, coûte moins à reproduire néanmoins que le style du Grand Roi ; c'est dire que le poids n'est rien comparativement à la qualité du plein bois nécessaire aux vraies sculptures dans la véritable masse dont l'illusion de pesanteur simulée par des placages d'acajou, suffit au commun.

Au reste, le style Empire est impitoyablement carré et ses ornements de bronze sont d'une imitation plutôt aisée dans leur formule courante et strictement reconnaissable.

Si nous retournons à l'époque de Louis XVI, nous nous trouvons en face de Greuze, peintre de la morale familière, succédant à François Boucher, traducteur de l'Amour. Des gris se sont mêlés à la palette de l'auteur de la *Malédiction paternelle*, mais, en somme, la couleur rose subsiste, et Greuze « s'avise de donner des mœurs à la peinture » sans grande conviction.

D'ailleurs, répétons-le, la gravité de cette fin du xviii<sup>e</sup> siècle est plutôt inconsciente, et l'on constate curieusement que si l'exagération des formes du meuble est réprimée, l'excentricité de la mode touche à son comble.

Ainsi s'équilibrent les époques dans des contradic-

tions. Il faut avouer que la coquetterie féminine alors
réputée, fut singulièrement servie par le ridicule sous
Louis XVI et, parallèlement au retour à moins de
moelleux dans le meuble où l'on s'assoit, on assiste
à une réelle incommodité représentée par l'échafau-

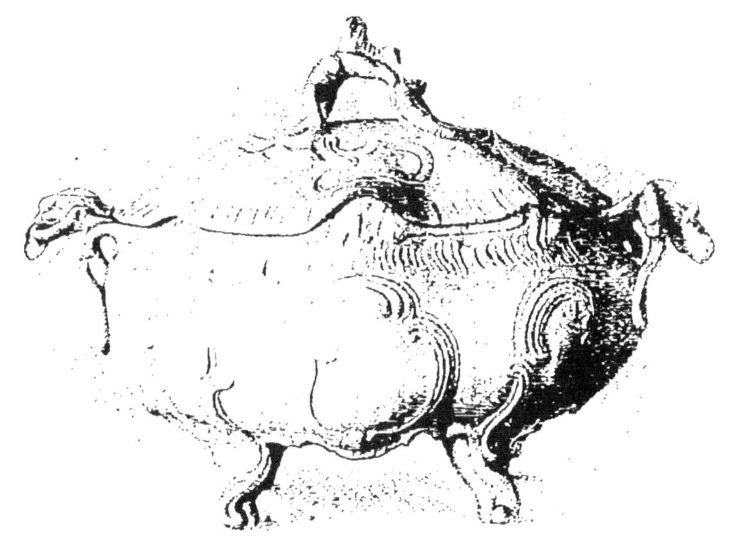

Fig. 148. — *Faïence de Lorraine.*

dage de la coiffure des femmes, véritable corbeille de
fleurs, de plumes, de fruits, parmi des pyramides de
cheveux qui contraignent, par exemple, les élégantes
à s'agenouiller dans leurs chaises à porteurs.

Est-ce là l'idéal atteint de cette « beauté désordonnée et piquante » ardemment prônée? Comment expliquer le goût manifesté dans l'architecture et le

17

mobilier pour les plans symétriques, alors que la faveur est aux aspects libres et pittoresques, à l'irrégularité?

Mettons qu'à cette heure où sourdement gronde la tourmente, l'esthétique soit désemparée, et, du moins en ce qui concerne la toilette féminine, serons-nous d'accord sur un coup de folie. Autrement le style du mobilier est d'une parfaite pondération, d'une définitive esthétique, de même que le style d'architecture, ce dernier plus caractéristique, plus personnel que celui de Louis XV.

Le lecteur, en comparant certaines de nos gravures entre elles et, au besoin, en recourant à notre dernier chapitre où la plupart de nos planches sont commentées, goûtera des différences que l'œil seul peut apprécier. Ainsi verra-t-il, en dehors de l'ornementation compliquée, des formules de Louis XV très simples, c'est-à-dire en dehors de la rocaille et seulement dans le *mouvement* Louis XV.

Il ne faut pas voir uniquement un désir économique dans la modestie ornementale ; rappelons-nous les efforts de M^me de Pompadour pour revenir à la sobriété et ne doutons pas que la synthèse de la rocaille ait précédé le retour à la ligne droite. Or cette synthèse, où les éléments naturels disparaissaient, aboutit à ce simple *mouvement* du bois, si séduisant dans tant de spécimens de la fin de Louis XV

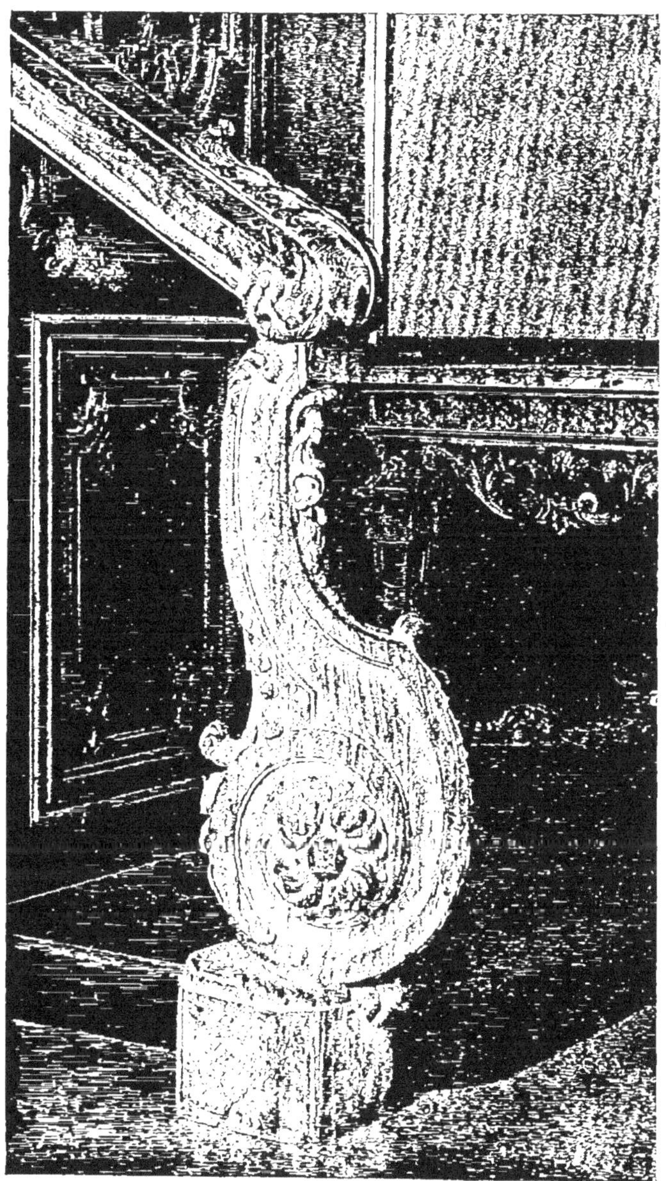

Fig. 149. — *Départ de rampe en bois sculpté.*

A notre époque où la synthèse des styles anciens s'est altérée dans l'oubli de l'inspiration initiale, on revient judicieusement à l'élément végétal. Ainsi retourne-t-on à l'alphabet lorsqu'on ne sait plus lire. Toute notre originalité présente se manifeste dans cette rétrogradation vers la vérité naturelle, qui est la base de toute expression ornementale.

C'est apprendre son métier, néanmoins, que de repasser les maîtres en leurs personnelles conceptions, et il faut espérer que notre intellect moderne reviendra avec une visée personnelle de ce voyage en arrière à travers la nature. D'ailleurs, des progrès vers une rationnelle originalité ont été déjà faits ; attendons, non sans constater toutefois que, lorsque notre style moderne s'efforce à une bonne simplicité, il côtoie étrangement le Louis XVI.

Et pour retourner à notre aperçu des styles après Louis XV, voici que, sur sa fin, le Louis XVI prend de la lourdeur, il s'empâte. Les artistes commenceraient-ils à désespérer de l'avenir ? Et de fait, la Révolution interrompra brutalement l'essor de l'art. C'est au tour du peuple de parler ; la monarchie expiera cruellement ses fautes et l'esthétique en pâtira. La chaîne de beauté est rompue maintenant. On en raccorde à tort et à travers les maillons, lorsque l'on n'improvise pas des meubles « républicains ». Le symbole remplace l'expression, la passion tient lieu de

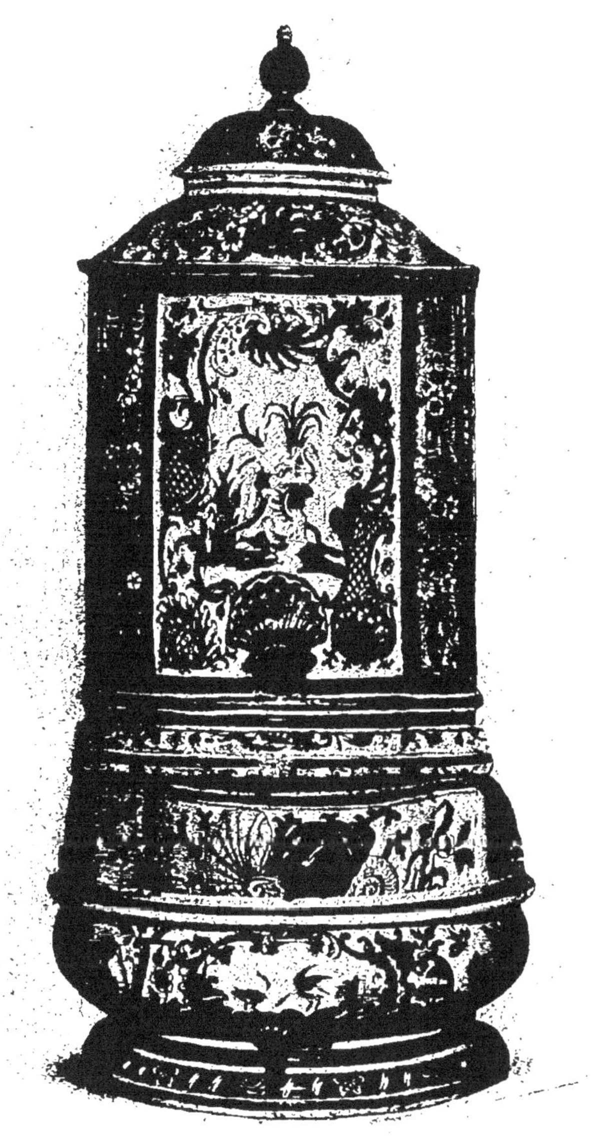

FIG. 150. — *Fontaine* (Musée des Arts décoratifs).

sentiment. On ne rêve plus, on agit. L'échafaud se dresse sanglant dans la rue sanglante.

Point d'art dans de telles conditions, la nature effrayée se refuse comme modèle, les artistes s'éparpillent aux frontières et tuent au lieu de créer. D'ailleurs, l'or est fondu; la fortune est suspecte, et le peuple, rué à ses appétits, se moque bien de l'esthétique.

Si au moins, dans cette catastrophe où tant de chefs-d'œuvre furent anéantis, l'esprit néfastement traditionnel, l'image de la routine qui paralysa certainement dans son vol la personnalité artistique, avaient sombré !

Non point, cette tradition hallucinante va au contraire s'imposer, triompher.

Sous la Régence, sous Louis XV, on pouvait croire à un moment que notre fertilité imaginative, bien française, dans le décor et le meuble, allait aussi se faire jour dans l'architecture, mais hélas! au lieu de condamner sur l'heure les essais d'un Oppenord, d'un Boffrand, on applaudit à Soufflot, auteur du Panthéon !

Du coup, la Tradition avec un grand T déconcerta les novateurs, et l'on est en droit de se demander si la férule classique n'a pas porté un coup fatal aux initiatives architecturales les mieux intentionnées — sinon toujours très heureuses, depuis la fin du xviiie siècle, dernière étape réellement originale.

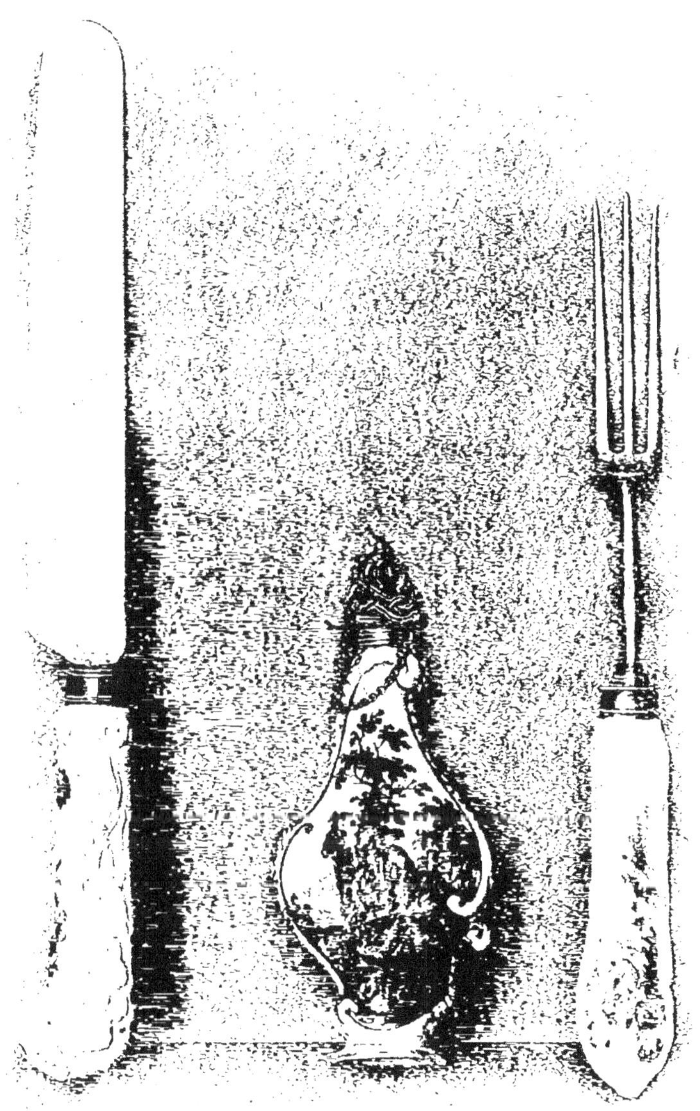

FIG. 151. — *Couteau et fourchette à manche de porcelain de Saxe; flacon en même matière.*

On sait les relations étroites de l'architecture avec le meuble, et cette solidarité est un fait accompli après la manifestation du premier Empire (dans le mobilier et le décor, du moins), à condition cependant que l'on considère comme un style l'usurpation gréco-romaine curieusement francisée par Napoléon.

Toujours est-il que la Révolution ayant tout taillé, il fallait tout recoudre et, n'ayant ni le temps ni le loisir de créer, le premier consul conquit, adapta.

Nous avons déjà vu sous Louis XVI, les artistes penchés sur des ruines; et auparavant la divine marquise avait le vertige du passé, mais il ne s'agissait alors que d'une orientation spirituelle. L'inspiration d'autrui n'avait que la valeur d'un conseil, maintenant Napoléon ordonne. Il campe sur des ruines françaises et sa tente sera celle de César.

Évidemment ses lieutenants, L. David, Percier et Fontaine, dirigent cette variation sur l'antique avec beaucoup de talent, mais il n'en demeure pas moins acquis que le style Empire n'est qu'un démarquage. Notre cerveau national s'écrase maintenant sous le casque grec, au nom de la tradition fâcheuse.

Du côté de la peinture, le gracieux Boucher est immolé par l'austère David, après la réprimande intermédiaire de Greuze.

A la tendresse du xviii° siècle, succède l'héroïsme du xix° siècle naissant. En sculpture, on fait grec

:omme, en peinture, les mœurs deviennent grecques. La beauté n'évoque que celles d'Apollon et de Vénus. 3ref, l'art n'est plus qu'un exemple basé sur la tradi-

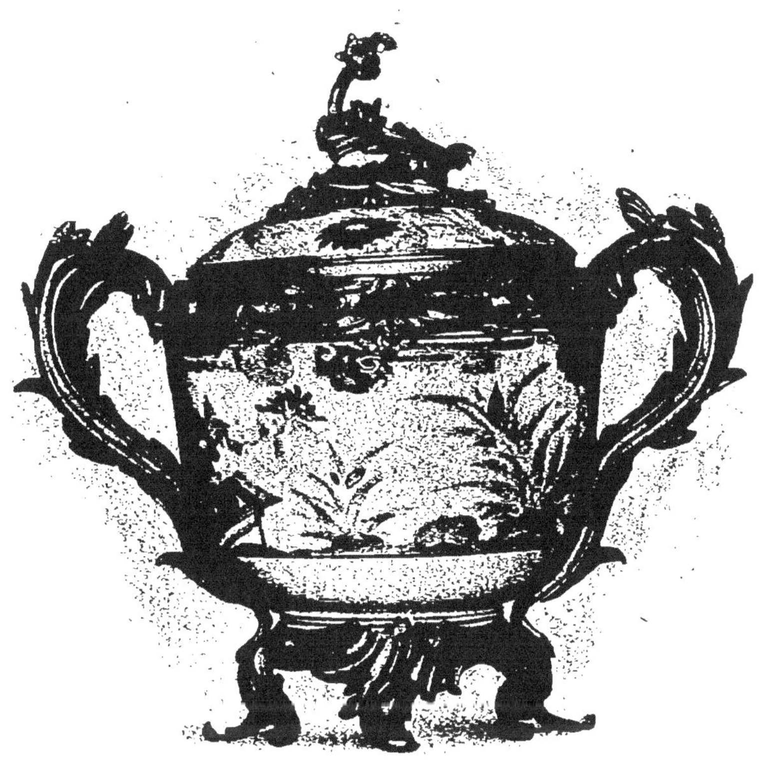

Fig. 152. — *Vase.*

tion antique, il ne doit plus sortir du moule classique.

L'originalité nationale est dès lors perdue et nous en avons la preuve jusqu'à nos jours.

Au lieu d'être des modèles, les chefs-d'œuvre sont des tyrans, d'où, en dehors de l'excentricité sans mé-

tier qui ne compte pas en art, des redites, des réminiscences, des ressassements et autres vices tirés de
la crainte d'une propre émanation.

On se convainc de cette platitude d'expression —
dans l'architecture et le meuble — lorsque l'on examine la piteuse déchéance qui date de la fin du pre-

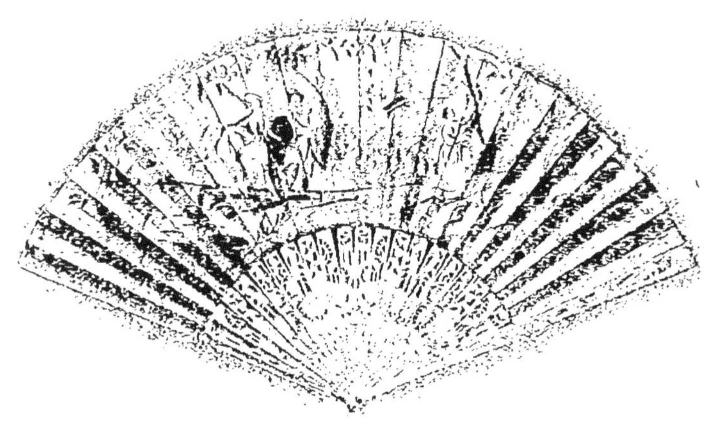

Fig. 153. — *Éventail.*

mier Empire ; d'aucuns, plus rigoureux, prétendent
même, de la fin de Louis XVI.

Les deux Restaurations font triompher un art « bourgeois » — odieuse contradiction — le second Empire
« rafistole », et notre République ne nous donne encore
que des promesses.

Sous Louis-Philippe, on alla jusqu'à ressusciter le
gothique, et il n'y a pas longtemps que nos apparte-

ments modernes, véritables capharnaüms, étaient meublés à l'*orientale!*

A côté du piano « gothique », le lit « chinois»! D'autre part, les pièces de nos maisons « à loyers » cumulent les salles à manger Louis XIII, les salons Louis XV, les salles de travail Louis XIV, etc., issus du faubourg Saint-Antoine. La plupart des amateurs « éclairés » ne possèdent-ils que des copies ou des « trucages » chèrement payés chez l'antiquaire. C'est la revanche de la modestie bourgeoise sur le luxe vaniteux, mais il n'empêche qu'au point de vue artistique, le résultat est tout aussi déplorable. Non moins déplorable le faux « chic », le simili, la beauté «à bon marché ».

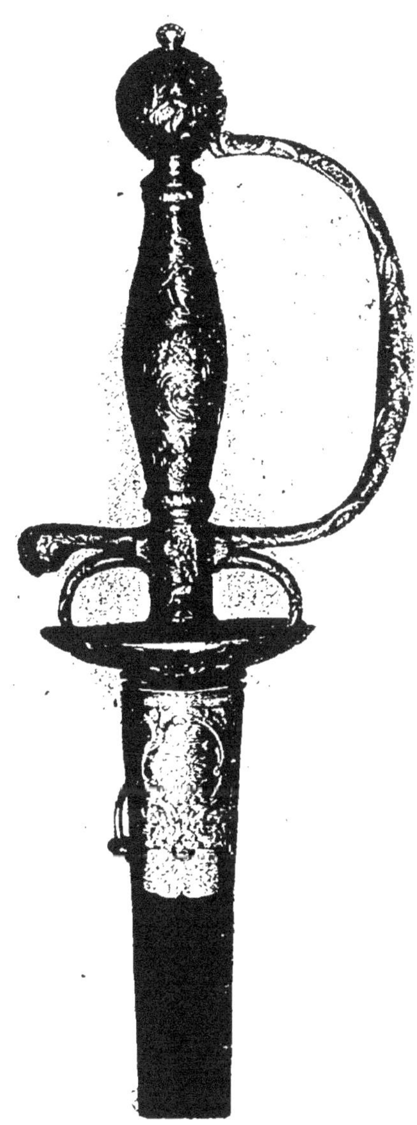

Fig. 154. — *Épée*
(Musée des Arts décoratifs).

Nous répéterons enfin notre espoir en la conception
moderne, dans ses efforts vers la beauté caractéristique

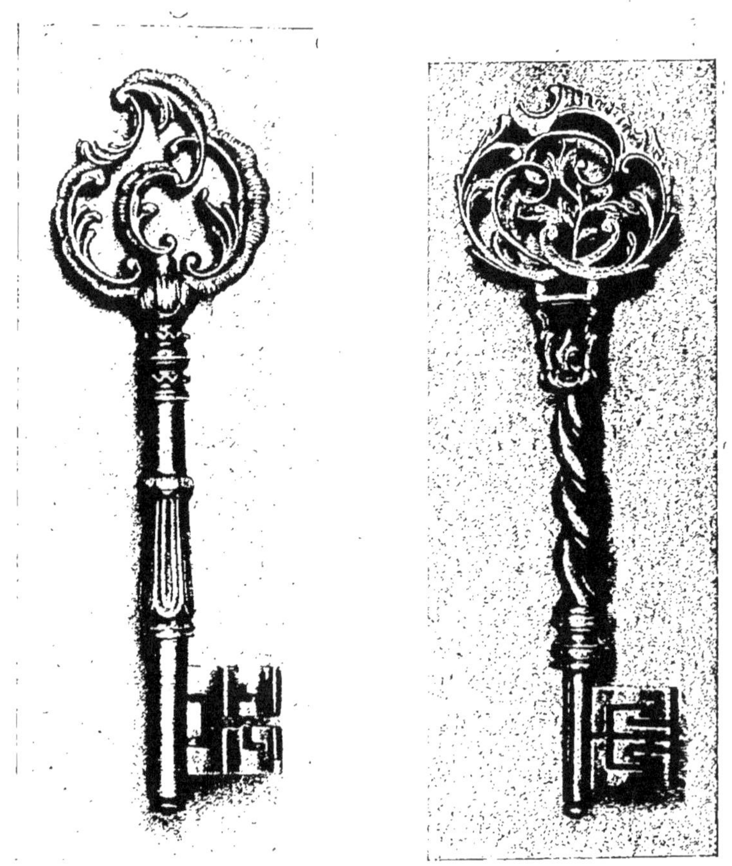

FIG. 155. — *Clés.*

de notre temps. Ces tendances doivent être encou-
ragées autant que la tradition devrait être proscrite,
dans l'intérêt de l'invention. Jamais l'expérience des
gens âgés n'a profité à la jeunesse et, s'il importe

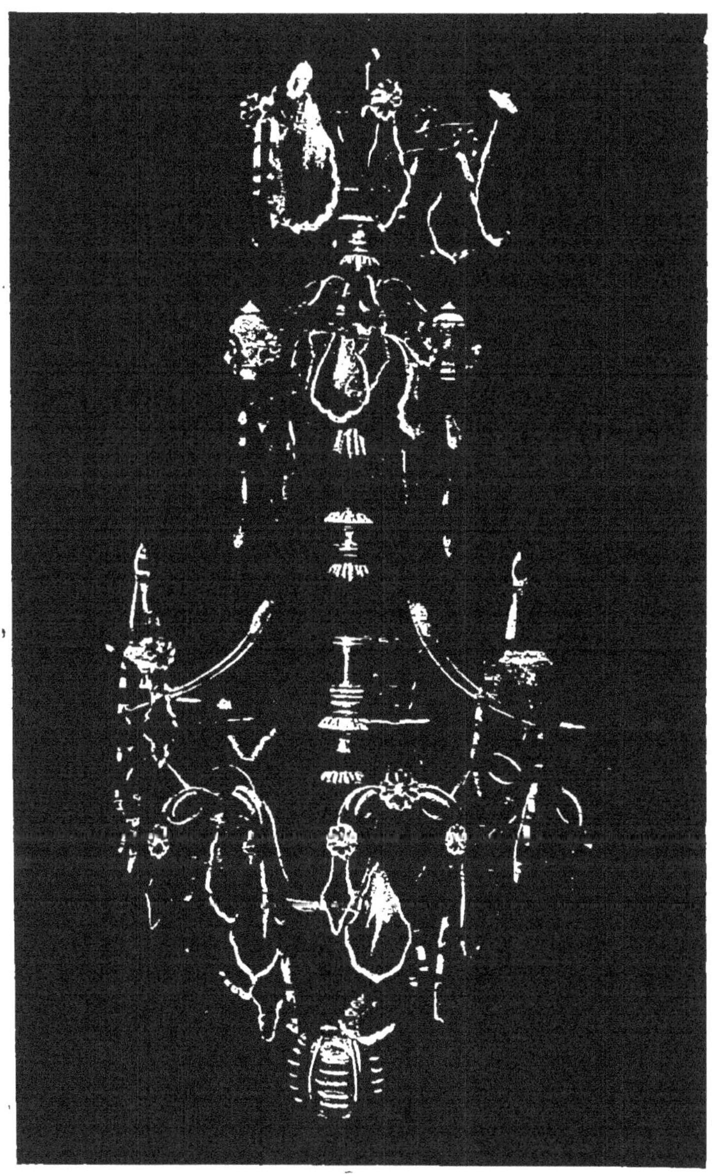

Fig. 156. — *Lustre cristal.*

initialement de connaître ses auteurs, il faut se hâter de les oublier pour créer neuf.

Il appartient au lecteur d'achever de dégager les mérites artistiques et techniques — originaux — des styles Régence et Louis XV, en lisant au prochain chapitre l'explication de certaines de nos gravures. Nous appellerons maintenant son attention sur des détails, sur des particularités qui eussent détonné dans la dissertation générale, ou bien nous insisterons sur des caractéristiques témoignées par l'exemple.

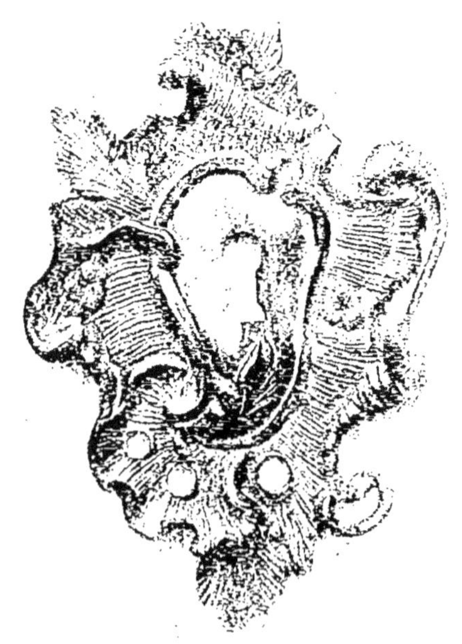

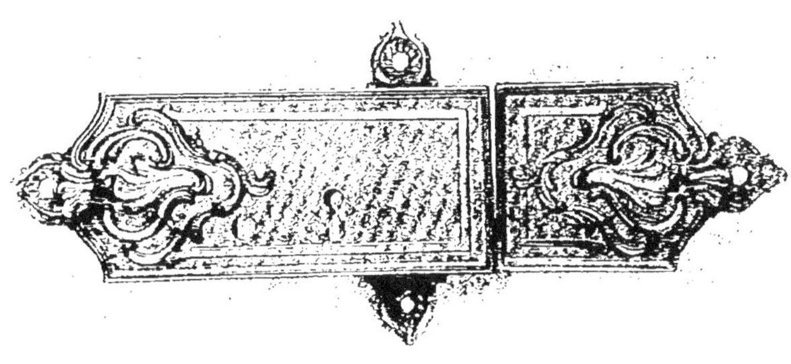

# CHAPITRE XII

**Causerie sur nos gravures.**

Les planches de 2 à 25 nous montrent un ensemble
e motifs décoratifs en cuivre doré et ciselé : *chutes*
n quelque sorte la tête ou extrémité supérieure des
ieds du meuble); *frises* (ou ornements en bandeau);
*inceaux* (ou motifs ornant le meuble à la base du
ablier); *sabots* (ou motifs décorant les pieds du
neuble); *entrées de serrures, poignées*, etc. Nous
emarquerons le caprice de ces formes, toutes diffé-
entes mais toutes harmonieuses en leurs contorsions,
n leur « tarabiscotage » spirituel et original. Ces
ormes sont faites de palmes et de rocailles — motif
ouple et continu ressemblant vaguement à la bordure
l'un coquillage, plutôt une collerette tuyautée (que
es ornemanistes appellent une *peau*, parce que sou-
ent elle s'orne de taches ou bigarrures qui font

penser à la peau du tigre) — et quelquefois de fleu-rettes. Au milieu des rocailles, on aperçoit fréquemment un écusson qui sert de pivot à la composition et dont le centre, lorsqu'il est perforé, devient l'entrée de la serrure.

Dans ces ornements aux reliefs ventrus, faits de courtes courbes, opposées, divergentes, etc., aux axes chavirés, asymétriques, le motif *haricot* domine. Pour alléger la masse de ces dessins capricieux, des à-jours sont souvent ménagés.

Autres observations : les effets fréquents du métal poli et du métal mat ; la légèreté et l'élancement des formes comme déchiquetées ; la perfection de la ciselure.

FIG. 14. — *Chenets*. Il est curieux de remarquer avec quel esprit l'ornementation de ces chenets est arrivée à former un triangle. Le désordre de leurs volutes n'est qu'apparent. Faits d'éléments interrompus, ils offrent néanmoins un tout harmonieux, grâce à d'ingénieux balancements, grâce à des à-jours qui allègent leur masse échevelée.

FIG. 26. — *Détail d'un panneau Régence*. Il conserve sa rectitude Louis XIV, avec notamment la moulure épaisse et rigide qui le cerne et la coquille qui le surmonte. Mais la rocaille apparaît timidement, ainsi que de légères fleurettes. C'est en somme du Louis XIV fleuri, de la fin du Grand Roi.

Fig. 29. — *Console Régence*. Cette belle console
porte encore les marques du Louis XIV, dans la
symétrie des mo-
tifs. Nous remar-
querons les courbes
en « haricot » qui,
avec des feuillages
légers, composent
son bandeau, ainsi
que les têtes d'en-
fants, plutôt que
d'amours, qui mar-
quent le départ des
pieds, dans ce
même bandeau. Au
sommet de l'entre-
jambe, un écusson
ailé où figurent les
fleurs de lis sym-
boliques. Les pieds
de la console con-
servent encore du
Louis XIV, leur

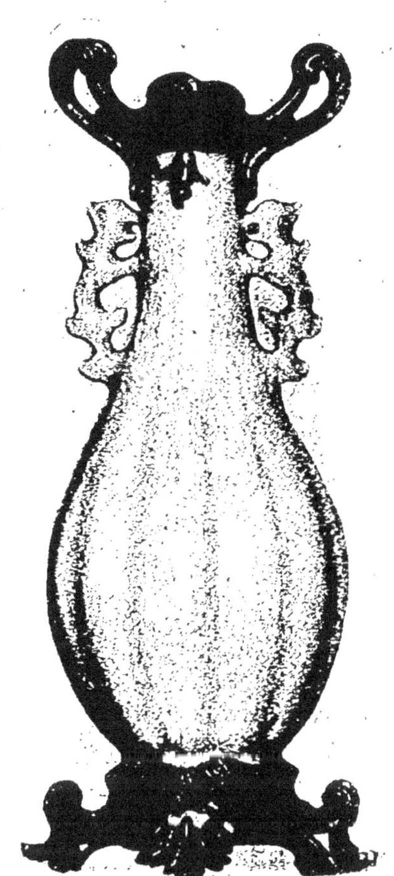

Fig. 139. — *Vase.*

carrure, ils ne sont pas contorsionnés et, plus on y
réfléchit, plus les têtes d'enfants qui les surmontent
tiennent du style précédent. Revêtue d'un marbre,
cette console en bois sculpté est entièrement dorée.

FIG. 30, 31, 32, 33 et 34. — *Hôtel de Soubise*. Les Archives nationales sont réunies, depuis 1808, dans l'ancien palais du prince François de Rohan-Soubise dont l'entrée est rue des Francs-Bourgeois, à Paris. Ce palais, contigu à l'Imprimerie nationale, établie elle-même dans l'ancienne demeure du cardinal de Rohan qui l'avait achetée en 1704, coûta 326.000 livres. Il appartenait précédemment à la princesse de Condé et à la duchesse de Brunswick. Terminé seulement en 1749, sur les plans de Delamair et de son brillant élève Germain Boffrand, ce bel édifice abrite des sculptures remarquables de Sigisbert Adam et de J.-B. Lemoyne, des peintures de Trémolière et de Restout (peintures exposées en 1737), des pastorales de François Boucher, des mythologies de Natoire et de Carle van Loo. La figure 30 montre une partie du *salon ovale du rez-de-chaussée* avec des bas-reliefs représentant, à droite, la *Renommée* (par Sigisbert Adam) et à gauche, le *Drame*, sans doute, par J.-B. Lemoyne. L'ensemble de cette décoration, plafond, lambris, panneaux, etc., est blanc. La figure 32 montre une partie de la décoration d'*une chambre à coucher*. Au-dessus de la porte, une toile de Boucher représentant : les *Grâces présidant à l'éducation de l'Amour*. On remarquera la finesse des scènes de mythologie galante sculptées dans le bois doré en bas-relief et remplissant les trumeaux, les voussures,

les gorges d'entre deux fenêtres, les angles de la cor-
niche. La figure 33 donne un fragment du *salon ovale
du premier étage*, entièrement composé par Boffrand
et dont huit gracieux cartouches consacrés à la lé-
gende de Psyché, d'après le conte d'Apulée, furent

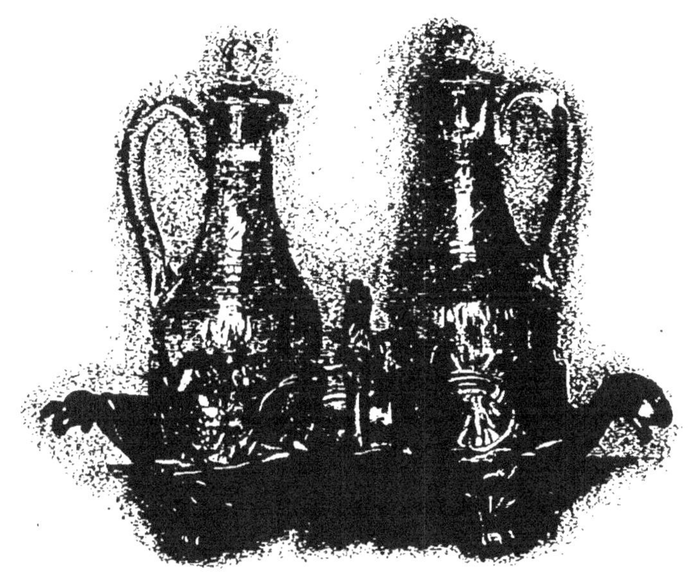

FIG. 169. — *Huilier en « pomponne »*.

peints de 1737 à 1739 par Natoire. Nous donnons à la
figure 21, le détail d'un panneau d'un autre salon. Panneau d'une exquise légèreté dont de fins enlacements
de fleurs taquinent un peu la raideur héritée de
Louis XIV, raideur si peu, qui consiste plutôt en la
symétrie encore conservée des motifs et des axes, car
la ligne s'infléchit gracieusement en haut et en bas,

tandis qu'apparaissent timidement les rocailles. Ces rocailles, dont l'autre mouvement Régence abusera et que le pur Louis XV régira. Voir également figure 34, le dessin de Boffrand.

FIG. 35. — *Chandelier, fin Louis XIV, Regence.* Il appartient évidemment à cette fin du Louis XIV encore respectueuse des axes et non dégagée des ornements et de la massiveté chers au Grand Roi, que l'on a confondue dans l'époque transitoire dite Régence. Mais nous savons que sous la Régence il y eut deux manifestations, l'une esclave du style précédent, l'autre originale, affranchie dans la rocaille. Le présent chandelier est donc d'une forme sage et revêtue, en partie, des ornements du Louis XIV; pourtant, quelques volutes semblent attenter à sa majesté lourde et carrée.

FIG. 36. — *Embarquement pour Cythère,* par J.-A. Watteau (au musée du Louvre). C'est sur la présentation de l'esquisse de ce tableau, l'un des plus célèbres de l'art français, que le peintre fut reçu définitivement à l'Académie, en 1717.

FIG. 37 à 42. — *Appartements de Louis XV* au palais de Versailles. Ces coquets appartements avaient été aménagés dans les vastes pièces de Louis XIV, réduites, amenuisées au goût du jour. Le gros-œuvre est demeuré marqué, au chiffre du Grand Roi, de même que plusieurs autres morceaux et

détails. La décoration légère seulement, a rompu
avec la formule du XVII<sup>e</sup> siècle, mais elle porte na-

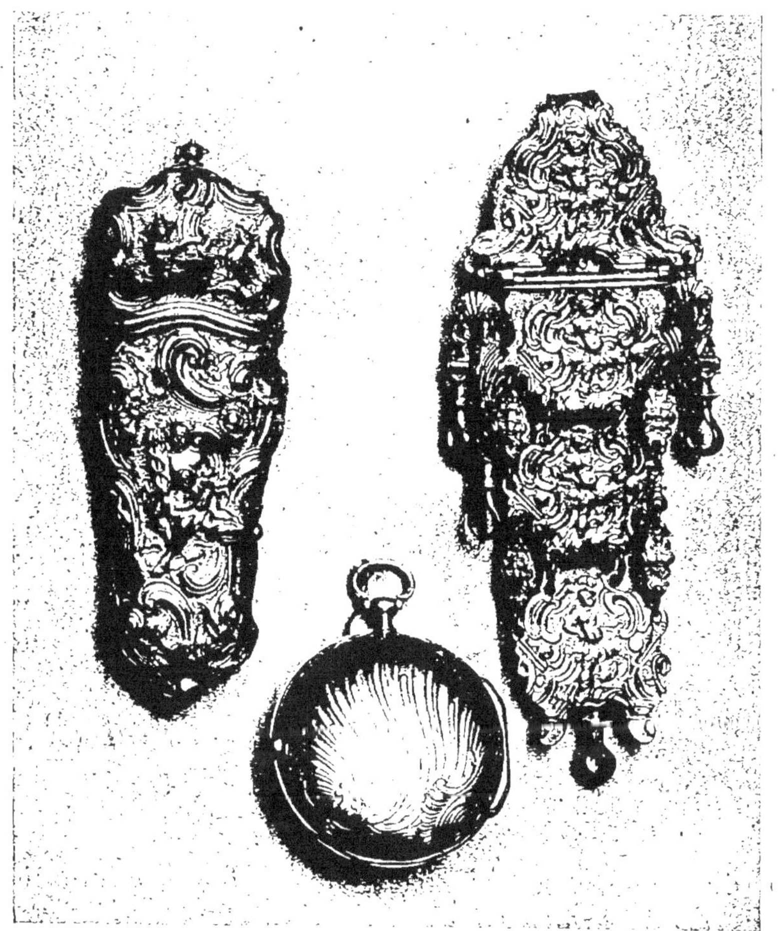

Fig. 161. — *Étui, montre, châtelaine* (Musée des Arts décoratifs).

turellement les traces de cette Régence tributaire
encore de la fin du grand siècle, lors de l'avènement
de Louis XV. C'est ainsi que nous remarquons,

notamment, sur les panneaux de la figure 39, en haut et en bas, un treillis ponctué au centre, de petits ornements, lequel treillis est un souvenir hérité du style Louis XIV. Et, ce treillis joint à des formes contournées, à d'élégantes volutes, fleurettes et rocailles — ces dernières encore timides — se réclame maintenant de la Régence non affranchie.

Fig. **43**. — *Gilles*, par J.-A. Watteau (musée du Louvre). On suppose que l'acteur ici représenté est Biancolelli qui obtint de grands succès dans le rôle de Pierrot, à la Comédie-Italienne, en 1717. *Gilles le Niais*, un acteur du milieu du xviie siècle, créa cet emploi dont la vogue dura jusqu'au début du xixe siècle. Gilles est une sorte de Pierrot tantôt niais ou poltron, tantôt cynique et railleur. « Faire Gilles », au xviie siècle, signifiait « prendre la fuite ». Watteau a représenté son personnage dans le costume et l'attitude traditionnels. Le *Gilles* de Watteau provient de la collection La Caze.

Fig. **44**. — *Fauteuil fin Louis XIV, Régence* (musée des Arts décoratifs). La rectitude du xviie siècle commence à s'amender. Le dossier, néanmoins, malgré plus de souplesse dans le détail, résiste encore, ainsi que la vaste stature générale. La coquille n'a pas davantage abdiqué. Pourtant, le mouvement Louis XV apparaît aux bras, aux pieds ainsi qu'au bandeau. La

majesté du Grand Roi s'apprête à sourire. Cet inté-
ressant fauteuil est tendu de tapisserie de Beauvais,
au décor aussi hési-
tant que le meuble.

Fig. 45. — *Écran
Régence* (musée des
Arts décoratifs). Il est
en bois naturel et sa
forme demeure soli-
daire de la gravité du
Louis XIV. Pourtant,
la coquille de la base
s'ajoure, les montants
s'évident, le décor de
fleurs devient plus lé-
ger et un essai de ro-
caille apparaît, tandis
que deux singes —
ces singes costumés
que la Régence aimait
tant, sous les auspices
de Cressent — domi-
nent le cadre. Mais la

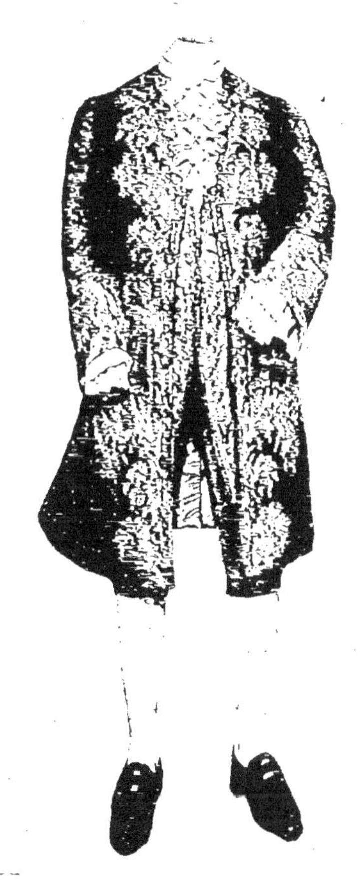

Fig. 162. — *Costume d'homme.*

base de cet écran est encore bien Louis XIV ainsi que
la symétrie générale. Tapisserie de soie bleu pâle sur
bleu foncé.

Fig. 46. — *Composition décorative*, par Lajouë. Ce

dessin est très curieux, parce qu'il nous montre, en quelque sorte, la genèse de la rocaille. On y sent une stylisation générale, un peu « Extrême-Orient » et, le léger motif Louis XV qui surplombe cet enchevêtrement de fleurs, de fruits, de rochers, etc., voudrait le résumer ou le ponctuer. Aussi bien le dessinateur semble avoir voulu marquer son époque avec ce motif Louis XV qui vint sans doute au bout de son crayon sans qu'il y prît garde.

Fig. 47 et 59. — *Glaces*. Dans la première de ces glaces, l'inspiration rocailleuse est plus saisissable que dans la seconde. Quelque grossièreté même, frappe à la vue de ce décor déchiqueté, en désordre, à peine stylisé. Cette glace est, en vérité, plus pittoresque que gracieuse, mais sa forme est curieuse. En revanche, on appréciera l'élégance plus purement Louis XV de la glace de la planche 59. Nous voyons ici, dans l'ensemble des courbes juxtaposées et divergentes, la forme en *haricot*, dominer, la palme s'harmoniser à la coquille dont on appréciera la légèreté des à-jours et le déchiquetage mesuré. Ces deux glaces sont en bois sculpté et doré (collection Hopilliart et Leroy).

Fig. 48, 54 et 58. — *Table rocaille*. Nous avons donné ce meuble sous trois aspects, de face et de trois-quarts, pour que l'on juge mieux du détail de ses ornements. En vérité, lorsque l'on compare la

formule décorative excessivement rocailleuse et tara-
biscotée de cette table avec la console de la figure 29,

on saisit nettement la
différence entre les
deux expressions op-
posées de la Régence,
l'une calme, partici-
pant encore du
Louis XIV, dans la sy-
métrie des motifs, par
exemple, l'autre cher-
chant sa voie dans une
excentricité que quel-
ques auteurs ratta-
chent à un style ro-
caille dont, commodé-
ment, ils n'indiquent
pas exactement la pé-
riode d'essor. Mais la
console de la figure
29, examinée après la
table des figures 48,

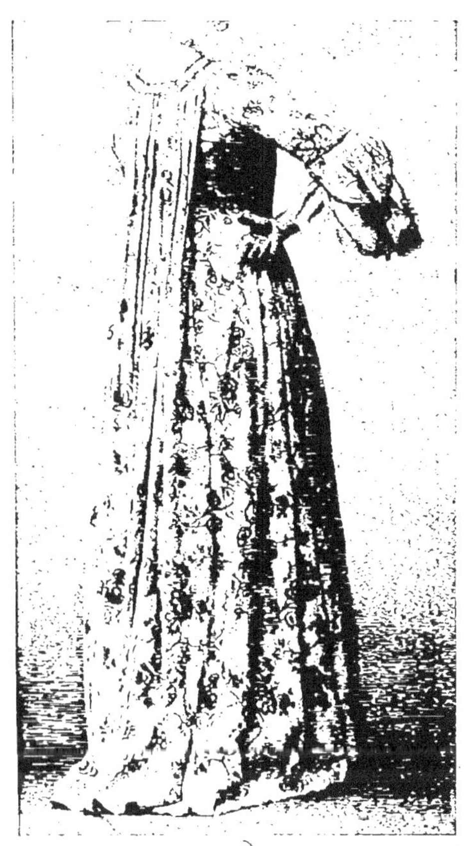

FIG. 163. — *Costume de femme.*

54 et 58, nous apparaît d'autant se rappocher du
Louis XV, qu'elle épura la rocaille précédente.

FIG. 52. — *Arc de triomphe* de Hèré, à Nancy.
Hèré, ainsi que Boffrand, travailla beaucoup en Lorraine. On lui doit aussi les beaux édifices qui décorent

la place Stanislas, à Nancy. Son art, davantage que
celui de Boffrand, reflète le goût nouveau, en rupture
avec les traditions du siècle précédent.

FIG. 53. — *Dessin* à la sanguine, attribué à Meissonnier (musée des Arts décoratifs). L'artiste a sans
doute conçu un de ces surtouts monumentaux si en
faveur au xviiie siècle. C'est là la période tourmentée,
fiévreuse de certaine Régence. Tout n'est que lignes
convulsées, que volutes et déchiquetages, que coûteuses réalisations biscornues et tarabiscotées, en
haine des rigidités précédentes. En bois sculpté, en
bronze ciselé, ce surtout est d'une richesse désordonnée, parfaitement harmonisée, d'ailleurs, à son
époque. Au sommet, une cascade pétrifiée, des rocailles ; à l'extrémité de la torsion des feuillages ,
une éclosion de fleurs où les bougies s'insèrent. (Des
bougies que le crayon du dessinateur déchiqueta,
comme tout le reste, et dont il stylisa même la
flamme.)

FIG. 55. — *Galerie dorée* (hôtel de la Vrillière ou
de Toulouse, aujourd'hui la Banque de France).
Bâti en 1620, par Mansard, l'hôtel de la Vrillière fut
considérablement embelli par Robert de Cotte, beau-
frère et élève du célèbre architecte, auquel il succéda
auprès de Louis XIV, en qualité d'architecte et d'intendant de ses bâtiments. La galerie dorée qui sert
aux assemblées des actionnaires de la Banque, est

encore telle qu'elle fut dessinée par Robert de Cotte.
Terminée en 1719, cette superbe décoration est

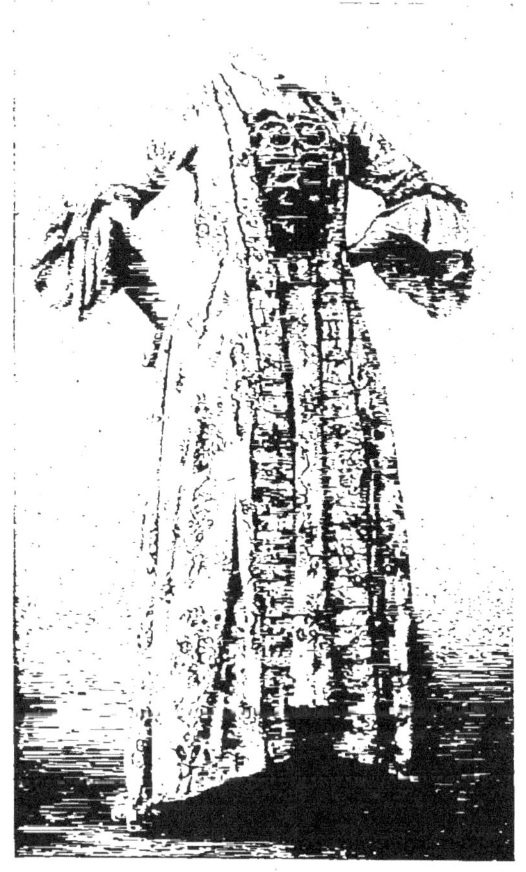

Fig. 164. — *Costume de femme,*
le même que le précédent, vu de face.

un des plus beaux et rares spécimens du goût de la
Régence. On admirera le luxe et la spirituelle fantaisie de ces ornements nouveaux, leur profusion et
leur gaîté.

Fig. 56. — *Dessin d'une console*, par François Cuvilliès (musée des Arts décoratifs). Né en 1698, cet artiste mourut en 1768. Il avait donc vingt-cinq ans à la fin de la Régence et son art doit être plutôt rattaché à l'époque de Louis XV, malgré cependant l'esprit de la console dont nous lui sommes redevables ici. Cette console avec sa lourdeur générale, avec ses motifs symétriques, avec le lambrequin qui orne son bandeau, sent bien, en effet, cette Régence issue du style Louis XIV, à l'apparition timide de la rocaille. Vers la fin de son règne, d'ailleurs, le Grand Roi daigna seulement supporter les chinoiseries et, c'est une tête de Chinois qui nous sourit au fronton du bandeau. Avec leurs monstres, dont les corps serpentins font double emploi avec la ligne serpentine, ces pieds se ressentent aussi du tâtonnement des styles précurseurs; leur fantaisie se souvient de la Renaissance. C'est la Régence encore prisonnière, avant son invention de la rocaille d'où dériva le pur Louis XV.

Fig. 57, 80, 84, 90 et 126. — *Bouts de table.* Ces petits flambeaux, à deux ou trois branches, se plaçaient sur la table à manger lorsque celle-ci s'étendait longuement à l'aide de rallonges. Voici des bouts de table avec figurines et fleurs en porcelaine coloriée, provenant de la manufacture de Saxe. Alors qu'en France on se servait encore de porcelaine artificielle, un chimiste allemand nommé Boëttger découvrit en Saxe (1709) le kaolin qui donna le secret de la porcelaine dure de la Chine. L'électeur de Saxe,

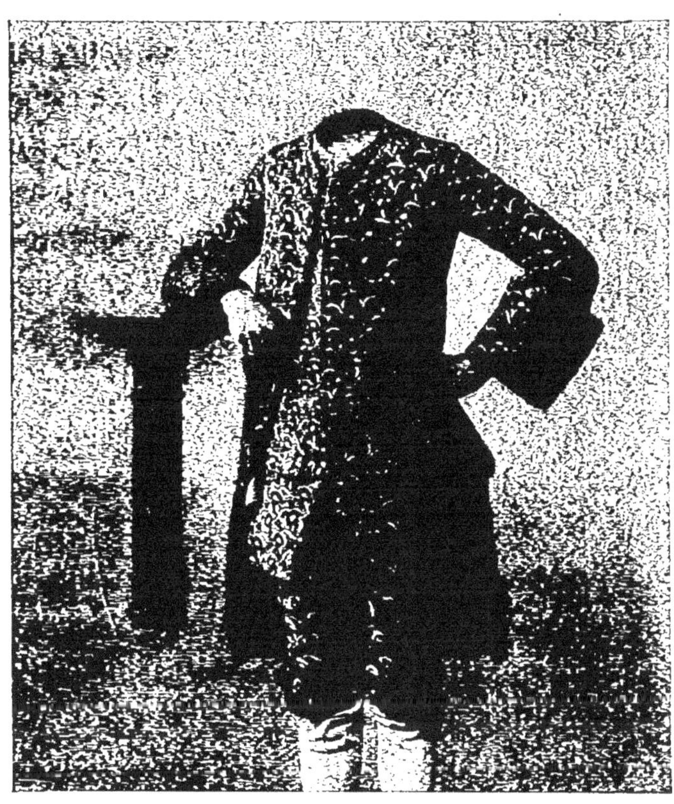

Fig. 165. — *Costume d'homme.*

s'étant rendu acquéreur de tous les terrains à kaolin, chargea Boëttger de fonder une manufacture à Messein. De cette célèbre manufacture, très en vogue dans tout le XVIIIe siècle, sont sortis nombre de petits groupes et statuettes aux sujets champêtres et galants,

une profusion de vases et de surtouts, de candélabres
et d'appliques, soit d'une rocaille excessive, soit d'un
« rococo » bien typique. En vérité, ces bibelots
« échevelés » sont d'un goût singulier. Leur *légèreté*
est d'une *lourdeur* bien germanique et leur fouillis
hétéroclite de métal et de porcelaine peinte, est plutôt
curieux. Il suffit de comparer ces productions à celles
de la manufacture de Sèvres, pour apprécier leur infé-
riorité. Les premières pièces de porcelaine dure exécutées à Sèvres furent présentées à l'Académie française des Sciences en 1769. Malgré les indiscrétions
fatalement arrachées à la forteresse de Messein, notre
génie national sut attendre l'instant de dominer les
créations souvent baroques de la célèbre manufacture
saxonne. Notre planche (*fig*. 80) donne également un
bout de table, mais cette fois en cuivre doré et ciselé.
A rapprocher les formes tumultueuses, indécises, en
leur stylisation rudimentaire, de ce flambeau avec
celles de l'applique de la figure 109. Ces dernières ont
de l'autorité, de la pureté, un ordre enfin dans le caprice qui l'emporte sur le déchiquetage du premier.
Sans doute ces nuances de beauté, de la recherche à
la trouvaille, nous disent-elles leur période d'exécu-
tion, en dehors du plus ou moins de talent dont les
artistes qui les conçurent, firent preuve. N'oublions
pas que le début de la décoration est marqué par
l'imitation exacte de la nature et que la synthèse est

l'apogée de cette imitation. C'est le moment de rappeler que le Louis XV mit un frein aux exagérations de la Régence dégagée de l'esprit Louis XIV et inau-

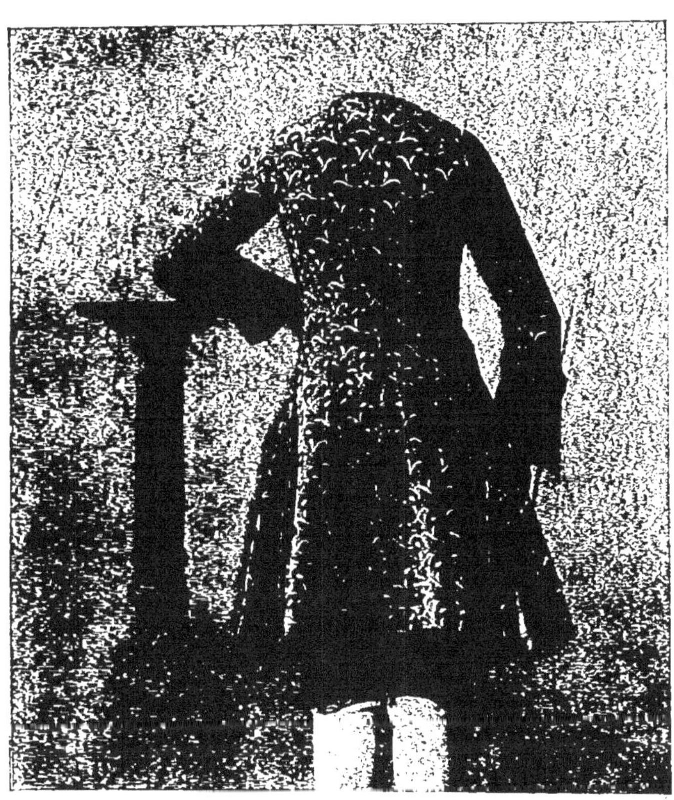

FIG. 166. — *Costume d'homme.*

gura le pur Louis XV, si l'on peut dire. On remarquera, qu'en dehors des personnages du temps, princesses et seigneurs, vêtus de soie, parés enfin à la mode, qu'indépendamment des bergers et bergères, au goût des riches pastorales créées par François

Boucher, représentés par la manufacture de Saxe, cette dernière emprunta souvent au décor chinois. C'est ainsi que nos gravures nous montrent des magots associés d'ailleurs à des fleurs de porcelaine française, à des rameaux métalliques dont l'aspect désordonné, « nature », si l'on veut, est plutôt inharmonieux. Mais nous savons l'engouement de l'époque pour les chinoiseries. Il est vrai que chacun de ces bibelots est dûment paraphé, francisé, au style Louis XV, par la volute capricieuse, qui leur sert de base, que cette base soit en porcelaine ou en métal.

Les manches de couteau et de fourchette (*fig.* 151) (collection M. Félix Doistau, au musée des Arts décoratifs), les pommes de cannes et d'ombrelles, si souvent encore dues à la manufacture de Messein, gardent toujours un parfum français, tant dans la forme que dans le décor en relief qui orne ces objets parallèlement aux motifs en couleurs. Voyez plutôt le flacon de la figure 151, purement Louis XV dans sa silhouette caractérisant aussi bien son époque par cette silhouette que par le costume des personnages de la vignette en couleur.

Fig. 60. — *Style rocaille*. Projet de porte d'appartement composé pour la baronne de Bezenval, par J.-A. Meissonnier. Voici un spécimen de style Régence *rocaille* ou *rococo* dégagé de l'influence de Louis XIV. Ce n'est ni du Louis XIV, ni du **pur**

Louis XV que ces formes fantaisistes et originales expriment, et le Louis XV trouvera néanmoins, dans cette désinvolture échevelée, sa pure expression.

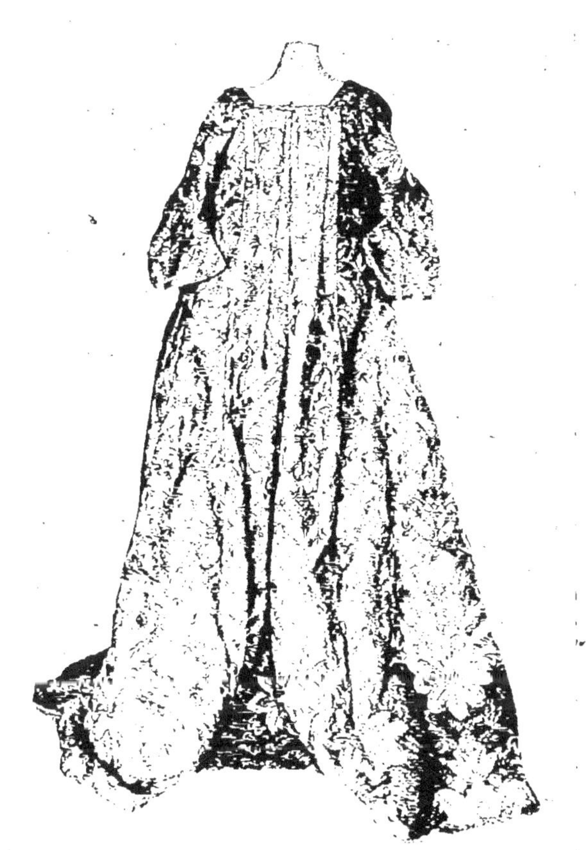

Fig. 167. — *Costume de femme.*

Fig. 63. — *Panneau Régence* (musée des Arts décoratifs). Il est en bois de chêne et son décor de singeries, dans le goût de l'ébéniste Cressent, est curieusement symbolique à l'époque de la Régence où la forme commence à cabrioler, où les volutes s'accrochent et se décrochent capricieusement. La chaise précédente (*fig.* 62), avec sa rocaille quasi imprévue sur sa forme encore très Louis XIV, n'est pas moins curieuse, d'autant que son cannage (siège et dossier) ajoute encore à son hybridité. Voici un meuble réellement de transition.

Fig. 65. — *Tabouret*. Il est canné, et sa boiserie porte sur le fronton de son bandeau et à l'extrémité supérieure des pieds, la fleurette qui détrôna la coquille chère au style Louis XIV. Bien Louis XV dans sa forme et l'esprit de son décor, un soupçon de style du Grand Roi, cependant, plane sur la gravité de ce meuble.

Fig. 66. — *Portrait de Marie Lesczynska*, par Carle van Loo (au musée du Louvre). On voit aussi au musée de Versailles, un portrait de l'épouse de Louis XV par Nattier, et le propre portrait du roi par Carle van Loo. Plusieurs enfants de la famille royale ont été aussi représentés par Nattier (M^me *Louise-Élisabeth*, au musée de Versailles; M^me *Henriette*, même musée; M^me *Adélaïde*, en Diane, même musée), par J.-E. Heinsius (M^me *Victoire*, au musée du Louvre), et par un artiste dont le nom ne nous est pas parvenu (*Louis*, dauphin de France, au musée de Versailles). Quant à M^me dé Pompadour, ses traits nous ont été conservés grâce à Boucher et à La Tour (au musée du Louvre), et ceux de M^me Du Barry, grâce à Drouais et Decreuze (au musée de Versailles). Le sculpteur

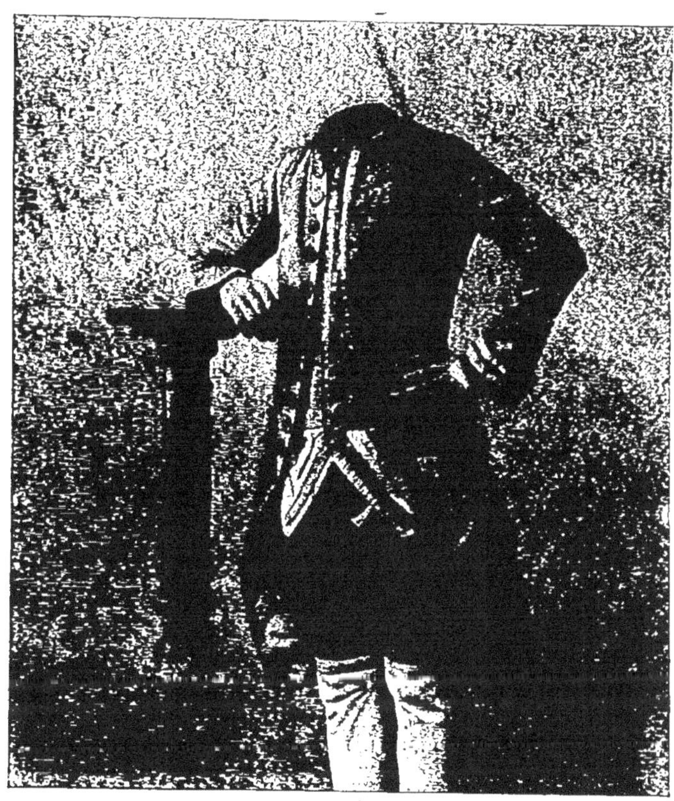

Fig. 168. — *Costume d'homme.*

Pajou, enfin, a laissé un beau buste de cette dernière favorite.

Fig. 67. — *Dessin d'un lambrequin* (musée des Arts décoratifs). Ce joli dessin, non signé, émane certainement d'un artiste du xviii^e siècle. Cette retombée de dais ou de ciel de lit, accuse la recherche tourmentée, exagérément rocailleuse, chère à quelque Meissonnier, sous la Régence. Décoration échevelée, riche et spirituelle, fouillis curieux et amusant où le style Louis XV trouva son calme relatif, sa pureté. Le motif lambrequin fut souvent employé sous Louis XIV.

FIG. 71. — *Pendule*. Elle est petite, et l'ingéniosité touffue de ses détails ajoute à sa préciosité. N'était la désinvolture du motif aigles qui la couronne, cette pendule offre des motifs décoratifs plutôt symétriques, bien qu'elle soit de style Louis XV par l'allure rocailleuse et la contorsion générale. La ciselure et la dorure de cette pendule sont exquises.

FIG. 73. — *Fontaine* de la rue de Grenelle, à Paris, par Edme Bouchardon. On remarquera la grâce et l'harmonie de cette œuvre tout entière de l'artiste, architecture, figures et bas-reliefs. Les trois figures en marbre représentent la ville de Paris entre la Seine et la Marne. Dans ce petit monument, l'artiste a imité scrupuleusement l'ordre ionique antique qu'il agrémenta de motifs de l'époque. Cette fontaine est plutôt un « château d'eau » dans le genre de ceux qui furent élevés sous Louis XIV, c'est-à-dire une construction destinée à contenir un réservoir dont l'élévation dépend du niveau supérieur de l'eau qui y est amenée.

FIG. 76. — *Pastorale*, par François Boucher (musée

du Louvre). Watteau, J.-B. Huet ont aussi peint d'exquises pastorales au xviiie siècle. Boucher, peintre superficiel, est en revanche un merveilleux décorateur ; ses pastorales, ses paysanneries, ses bergeries, ses allégories où hante excessivement Cupidon, reflètent à la fois l'esprit de la Régence et le goût de l'époque Pompadour. Par son art voluptueux, léger, tendre et badin, avec ses tonalités bleues et roses, il est le peintre du boudoir, par excellence.

Fig. 78. — *Portail de l'église Saint-Roch, à Paris.* Louis XIV posa, en 1653, la première pierre de cette église, commencée par J. Lemercier, continuée par Robert de Cotte et terminée par son fils. La consécration de Saint-Roch date de 1740. On goûtera l'allure rigide de ce portail, à l'antique, comparée à la manifestation si française due au même artiste, à l'ancien hôtel de la Vrillière (Banque de France, voir fig. 55). *Le Christ agonisant* de Falconet, la statue du *cardinal Dubois* de C. Coustou, un *Saint Roch* de C. Coustou le Jeune, d'autres belles œuvres de Coysevox, de Michel Anguier, de Lemoyne, etc., sont conservées à l'église Saint-Roch. Comparer la décoration en placage de ce portail avec celui de Saint-Sulpice (*fig.* 110).

Fig. 81, 87, 114. — *Lustres à cristaux.* La grâce variée de ces lustres est typique. La lumière joue, différente, parmi ces gemmes plates ou en poire, maintenues par une carcasse métallique d'un caprice léger.

Point de lignes droites ; le désordre artistique de l'ensemble fait songer à un vaste pendentif. Le lecteur supprimera par la pensée, les bougies coiffées d'ampoules électriques qui figurent à la planche 129, pour complaire à notre luxe moderne (collection Hopilliart et Leroy).

FIG. 97. — *Lustre* façon *Louis XV*. C'est à dessein que nous avons donné ce lustre de fabrication moderne. On y goûtera un amusant pastiche de l'époque, en même temps que l'on y sentira un « je ne sais quoi » d'artificiel, de faux, qu'accentue encore la présence, au centre, d'un motif électrique lumineux. La reconstitution est d'ailleurs habile tant dans la forme que dans l'esprit, mais l'œil expert n'hésite pas à condamner ce « style » bâtard.

FIG. 79. — *Petite pendule* (musée des Arts décoratifs). On se rendra compte à la figure 86 de la proportion de cette jolie pendulette en bronze doré finement ciselé, dont les détails touffus perdent à être analysés, alors qu'ils présentent un ensemble si harmonieux, si riche et si délicat. A remarquer le tarabiscotage des pieds, toute l'ornementation asymétrique en un mot, concourant néanmoins à un juste équilibre (collection Fitzhenry).

FIG. 85. — *Fauteuil*. La forme de ce meuble est moins élégante que celle de la figure 115. Moins fins sont ses bois, moins harmonieux est son ensemble. Toutefois sa simplicité est encore un attrait et la tapisserie de Beauvais qui le recouvre est admirable (collection Hopilliart et Leroy).

Fig. 86. — *Cheminée, glace*, etc. (musée des Arts décoratifs). Bel ensemble de style Louis XV, cheminée avec plaque, chenets, pelle et pincettes, etc. De chaque côté de la cheminée, on aperçoit les amorces de deux consoles en bois naturel, dont les pieds sont contournés en volutes. Des coquilles et des fleurs reliées par un motif rocaille, composent ces pieds, et le bandeau de la console est à coquille et à guirlandes. Cheminée en marbre, dans le mouvement capricieux de l'époque, chenets ornés de personnages vêtus à la mode du temps. Glace dont le couronnement est décoré d'une coquille dans un cartouche surmonté de guirlandes de fleurs avec encadrement à rocaille. Le tout en bois sculpté. On remarquera la silhouette délicatement déchiquetée de la petite pendule de cheminée dont on verra le détail à la figure 79, ainsi que l'élégance capricieuse des candélabres-appliques qui ornent la glace, à droite et à gauche, et les motifs décoratifs à figures ailées, placés en dessus.

Fig. 88. — *École militaire*, à Paris, par Jacques-Ange Gabriel (quatrième du nom). Ce bel édifice affecté à des casernes depuis 1792 et siège de l'*École supérieure de guerre*, fut construit après la restauration de la colonnade du Louvre (de Perrault), restauration due également à l'artiste, en 1755. Voir figure 103 les deux beaux hôtels bâtis encore par Gabriel, sur la face nord de la place de la Concorde, à Paris. L'un est occupé par le ministère de la Marine (ancien Garde-Meuble) et l'autre est connu sous le nom *d'hôtel Crillon*. Il est piquant de remarquer que ces constructions jumelles, bâties sous Louis XV, sont de purs spécimens de l'architecture Louis XVI. L'inspiration de la colonnade du Louvre est, aussi, frappante sur la façade de ces derniers chefs-d'œuvre qui devaient former, avec la rue Royale, le complément de la place Louis XV.

FIG. 91. — *Chevaux de Marly* (Un des deux groupes connus sous le nom de), par Guillaume Coustou, placés à l'entrée des Champs-Elysées. Ces beaux groupes avaient été commandés pour la terrasse du château de Marly. Guillaume Coustou (1677-1746) et son frère aîné Nicolas (1658-1733), reflètent l'esprit délicat et fin du xviiie siècle, le *goût français*, suivant le mot de Louis XIV, qui augurait ainsi en la personne de Nicolas, de la grâce succédant à la majesté.

FIG. 94. — *Cartel*. Ingénieusement balancé en ses volumes asymétriques, ce cartel en bronze ciselé et doré est curieux avec la boucle qui le couronne. Légèrement fleuri et rocailleux, il ajoure et allège heureusement sa masse de larges échancrures bien dessinées par la souplesse et la volonté des volutes en crosse, en « haricot », selon la formule Louis XV.

Fig. 95. — Fragment du groupe de *Neptune et Amphitrite*, par Lambert-Sigisbert Adam aîné. Ce chef-d'œuvre, qui constitue le groupe central du bassin de Neptune à Versailles, fut exécuté en 1740. A sa droite, Bouchardon a représenté : *Protée gardant les troupeaux de Neptune* et, aux deux extrémités de la tablette circulaire, Girardon a sculpté des dragons marins montés par des amours. Le jeu des eaux de ce bassin qui termine la fête dite des Grandes-Eaux, est particulièrement féerique.

Fig. 96. — *Applique*. Nous comparerons la bizarrerie de cette applique avec la pureté de celles représentées aux planches 109 et 119. Ici un caprice « rococo », un mauvais goût, disons le mot, qui est souvent le fait des productions de la manufacture de Saxe ; là une pureté, un mouvement essentiellement français, particulièrement délicats néanmoins, dans la planche 109. On remarquera que la désinvolture des branches comme du support de ces belles appliques, ne tient pas du désordre marqué par les conceptions de la manufacture de Meissein, et qu'il résulte au contraire, d'un excellent souci d'équilibre et d'arrangement. De même, si l'on rapproche les détails du lustre *façon* Louis XV (*fig.* 97) de ces deux dernières appliques, on est frappé de la maigreur mesquine de leurs détails par rapport à l'ampleur des autres. Il semble que,

malgré l'ingéniosité décorative du lustre en question, il ne puisse plus maintenant garder le masque.
C'est toute la différence qu'il y a entre une synthèse
originale et une copie ; entre la création d'un maître
et une adaptation.

FIG. 100 et 113. — *Candélabres*. Les candélabres anciens sont en bronze doré et ciselé. La finesse de cette
dorure et de cette ciselure est la preuve de leur au-
thenticité. Débarrassés de leurs branches solidaires,
ces candélabres, souvent, peuvent servir de chandeliers. On remarquera que la cinquième branche qui
domine le candélabre de la figure 110 n'est que la disposition en porte-bougie, du motif feuillage émer-
geant au milieu du candélabre à trois branches de la
figure 113. Le fût de ces candélabres est robuste dans
une forme volontaire, malgré l'asymétrie des nervures
qui les ornent ; seule la base est irrégulière, mais, le
balancement harmonieux de son caprice est affirmé
par sa stabilité.

FIG. 101. — *Maison Louis XV à Paris*. C'est la cure
de l'église Saint-Étienne-du-Mont, sise à côté du
Panthéon. On remarque sur ce bel exemple d'architecture demeuré intact, les ornements typiques de
l'époque, cartouches surmontant les fenêtres ou ponc-
tuant leur base (au second étage), les deux grandes
volutes entourant la fenêtre arrondie en dôme, dans
les combles, etc.

Fig. 102. — *Vase* au décor chinois, marqué à sa base, ainsi qu'à son sommet et à son col, du style Louis XV . Il est en porcelaine (musée des Arts décoratifs).

Fig. 104. — *Fauteuil* (musée des Arts décoratifs). Son bois est peint en blanc. Il est tapissé de soie rose pâle. On remarquera l'élégance sobre de son cadre aux simples nervures, cette forme si curieuse offerte par la réunion de trois panneaux qui constituent le dossier et les bras à joues *pleines*, c'est-à-dire non dégagés par des vides ou à jours. Ce fauteuil paraît se rattacher au pur Louis XV ou « style » Pompadour, par le calme et la pureté classiques de ses lignes.

Cul-de-lampe du chapitre IX et fig. 106 et 146. — *Pièces d'orfèvrerie. Écuelle à bouillon, en vermeil repoussé et ciselé* (musée des Arts décoratifs). Elle est « à oreilles ». Une écuelle de ce genre, en argent, fut payée 18.500 francs. Il y en eut en métal jusqu'au milieu du xviii° siècle, puis les écuelles en porcelaine apparurent. *Soupière en argent repoussé et ciselé* (musée des Arts décoratifs). Elle succéda au pot à oille et était rare sous Louis XIV. H. Havard remarque que son avènement coïncide « avec l'habitude que l'on prit au xviii° siècle, dans les plus illustres maisons, de se servir soi-même la soupe et de la servir à ses invités ». François-Thomas Germain exécuta pour Louis XV, M^{me} de Pompadour, le roi de Portugal et

Catherine de Russie, des chefs-d'œuvre de ce genre. La destination exacte de la petite pièce d'orfèvrerie de la figure 146 nous échappe : c'est sans doute un coffret. En *pomponne* désigne le revêtement doré — sorte de simili vermeil — qui enrichit le métal blanc à cette époque.

Fig. 110. — *Portail de l'église Saint-Sulpice à Paris*, par Jean-Jérôme Servandoni, architecte et peintre italien, né à Florence en 1695, mort à Paris en 1766. On doit aussi à l'artiste, dans la même église, la tribune des orgues et la chapelle de la Vierge. Obtenu au concours, ce portail est resté le principal ouvrage de Servandoni qui, nommé peintre-décorateur du roi, directeur des fêtes de Paris, entra à l'Académie de peinture en 1737. La composition du portail de Saint-Sulpice était très nouvelle, comparativement à toutes les décorations en placage placées en frontispice des églises telles que Saint-Thomas-d'Aquin, Saint-Roch (*fig.* 78), etc.

Fig. 112. — *Bureau-secrétaire de Louis XV* (musée du Louvre), par Oëben et Riesener. L'influence du dernier artiste apparaît dans quelques détails de ce meuble, la rigidité du couronnement indiqué par la galerie à-jours, entre autres. Commencé par Oëben, ébéniste du roi Louis XV, ce chef-d'œuvre fut terminé par Riesener, son élève, qui devait être le plus brillant ébéniste de Louis XVI. Les beaux bronzes ciselés de ce bureau sont dus à Duplessis, Winant et Hervieux.

Fig. 115. — *Fauteuil* (musée des Arts décoratifs). Son bois naguère fut doré et sa forme est purement Louis XV. Point de complication dans la sculpture ; d'amples nervures suffisent sur le beau mouvement des lignes harmonisées. Hormis au fronton et aux épaulettes du dossier, hormis au centre de la ceinture et sur le prolongement des pieds dans le haut, où apparaissent des fleurettes, la moulure est calme. Ce fauteuil est en tapisserie. Les fleurs réprésentées sont blanches, cernées de vert ainsi que les tiges et le feuillage ; quant au fond il est grenat foncé.

Fig. 116. — *Maison Louis XV rue des Saints-Pères, à Paris.* On admirera les belles consoles à têtes et pattes de lions qui soutiennent le balcon, demeuré intact avec ses grilles mouvementées. Ces grilles dont la sinuosité épouse les détours de la dalle même du balcon. Dessus de portes, portes et serrures, sont aussi du pur Louis XV et offrent un rare intérêt pour la présentation et l'observation d'un style.

Fig. 117. — *Cartel.* Il est en bronze doré et ciselé. Sa forme « en vignette » est caractéristique et l'on goûtera l'originalité des roses et des marguerites qui piquent de la légèreté sur les mâles torsades du fond. Au-dessus du cadran, posé obliquement sous la volute dominante, point de départ de la composition : un écusson bordé de rocaille. A l'autre extrémité : un rappel de cette rocaille. Sous le cadran, une échancrure, un creux dont la note sombre est propice dans le décor clair : c'est l'âme du mouvement. Ce cartel mesure environ 0$^m$,60. Certains de ses reliefs sont polis sur fond mat.

FIG. 118. — *Petite table avec tablette d'entre-jambe.* Ce meuble léger, de même que celui de la figure 140 donne l'impression du style Louis XV modéré. Le mouvement calme de ses formes, la simplicité de son décor, datent vraisemblablement de la réaction Pompadour. Le galbe de ses pieds terminés par des sabots de cuivre ciselé et doré (aux dessins caractéristiques), son corps renflé, sont en un mot de pur Louis XV. Sur chaque côté du meuble : un tiroir avec un simple bouton de cuivre. Deux bois, dont l'un d'acajou, appliqué en mosaïque, ont servi à sa confection. Il n'est pas jusqu'à la tablette d'entre-jambe qui n'ait ses bords arrondis, cintrés. Sous Louis XV, comme dans toute époque, il y eut des modèles simples et des modèles de luxe. Ceci pour détruire la réputation uniformément dispendieuse du style qui nous occupe. De tout temps il exista des riches et des pauvres et par conséquent, des productions adaptées à chaque bourse. C'est ainsi que les meubles Louis XV (pour ne parler que de ceux-là) ne sont pas tous dorés ni tous enrichis de sculptures abondantes. D'ailleurs de simples moulures, le mouvement des formes, même sans ornements, suffisent à trahir un style. Pour en revenir à nos deux petites tables, on remarquera leur légèreté, leur élégance sobre. La rocaille a disparu de leur décor ; on pense en les regardant, à l'esprit de Louis XVI proche, tandis que les exagérations Régence ne sont plus. N'est-ce pas, répétons-le, le fait du pur Louis XV ? (Collection Hopilliart et Leroy.)

Fig. 120. — *Armoire Louis XV* (musée des Arts décoratifs). Armoire en chêne, à deux vantaux, élevée sur pieds en volutes, dont le fronton est cintré, à moulure godronnée, coupé au centre par un cartouche entouré de rocailles, dont les vantaux sont divisés en trois panneaux aux contours irréguliers et les panneaux médians ornés de légères guirlandes de fleurs.

Fig. 121. — *Petite commode*. Sa légèreté, la sobriété des formes de son corps sans ballonnement excessif, que des pieds carrés et presque droits soutiennent ; la carrure également du marbre qui le couronne ainsi que celle de la base de son tablier avec sa frise nue, sentent la fin de Louis XV et le commencement de Louis XVI. Mais les poignées ou mains, les entrées de serrure, les chutes, en un mot tous les bronzes ciselés et dorés, sont du plus pur Louis XV. Il ne faut pas oublier que chaque meuble de style trouve des nuances d'interprétation suivant l'ébéniste qui le signe, et nous voici, sans doute, en présence d'une de ces anomalies, sans préjudice de l'hypothèse d'une manifestation de transition (Collection Hopilliart et Leroy).

Fig. 122. — *Cartel.* On appréciera la sobriété et l'équilibre rationnel des ornements qui concourent à la beauté régulière, malgré qu'elle ne soit pas symétrique, de ce cartel. Sous le cadran on aperçoit des attributs de musique champêtre, un biniou reposant sur des feuillets de musique (collection Hopilliart et Leroy).

Fig. 123. — *Chaise à porteurs* (musée des Arts décoratifs). On goûtera l'élégance de la silhouette de ce meuble aux courbes alanguies, aux cambrures harmonieusement ménagées. Les moulures de cette chaise sont dorées et sans autre ornementation que la cannelure, excepté près du faîte où la cannelure s'épanouit en rocaille ainsi qu'à la base. Des sujets mythologiques encadrés de rinceaux et de feuillage sont peints sur chacun des côtés, en camaïeu bleu clair sur bleu foncé. L'intérieur est tapissé de velours frappé vert mousse. De gros clous dorés agrémentent le faîte ou toit, en bordure. Les chaises à porteurs datent en France, du milieu du xvie siècle, elles étaient très répandues au xviiie siècle et c'est à cette époque qu'elles furent surtout des objets d'art. Les personnages distingués avaient leurs chaises et les bourgeois trouvaient des chaises à louer sur les places et les carrefours. L'usage de la chaise était d'autant plus goûté, qu'il économisait jusqu'au moindre pas dans les rues que la plus petite pluie rendait boueuses, tandis que les ruisseaux étaient convertis en torrents infranchissables à l'élégance.

Fig. 128. — *Petite commode* (musée des Arts décoratifs). Elle est en marqueterie d'acajou. Des fleurettes un peu plus sombres marquent son *tablier* (devant du meuble), sur lequel on aperçoit, simplement jetées, des volutes en cuivre doré et ciselé. Un motif rocaille ponctue le *rinceau* (ou ornement du meuble au milieu et à la base du tablier). Des rocailles également parent les *chutes* (en quelque sorte la tête ou extrémité supérieure des pieds du meuble), et un léger feuillage relie les chutes aux *sabots* (ou motifs décorant les pieds du meuble), sur tout le profil qu'il borde et égaie de son métal. Une plaque de marbre couronne ce meuble dont on remarquera l'harmonie des surfaces renflées.

Fig. 132. — *Clavecin* (musée des Arts décoratifs). Le clavecin, fort répandu au xviii<sup>e</sup> siècle, fut, dit-on, inventé par Gui d'Arezzo. Il y eut des clavecins à deux et même trois claviers et les clavecins s'intitulèrent harmoniques, acoustiques, à archet, angélique, etc., suivant leur genre. L'étendue des claviers était d'environ quatre octaves et les cordes étaient généralement pincées par des espèces de leviers garnis de plumes de corbeau dites *sautereaux*. Le clavecin que représente notre gravure est de petite dimension. On goûtera la finesse de sa marqueterie ainsi que la sobre délicatesse des bronzes ciselés et dorés qui l'ornent. Au surplus la gracilité de ses pieds ajoute à l'agrément de l'ensemble.

Fig. 134. — *Fauteuil* (musée des Arts décoratifs). Il est canné et porte curieusement trois pieds sur sa partie antérieure. Son dossier bas s'indique par une simple courbe que ses bras exagèrent seulement un peu, et on goûtera aussi la sobriété des courbes qui relient les pieds entre eux; ces pieds sont tordus sans excès. La partie cannée de ces meubles était souvent dorée.

Fig. 136.— *Petit meuble* en « écoinçon » ou d'angle, surmonté d'un vase en porcelaine de Saxe dont le style Louis XV nous est aussitôt révélé par la torsion caractéristique de la base (musée des Arts décoratifs). Délicieusement paré, sur son tablier, d'un bouquet de fleurs noué par un ruban, en marqueterie, n'était sa surface bombée et sa garniture rocailleuse en bronze ciselé et doré, ce joli meuble avec ses lignes droites, avec le sage mouvement de ses pieds et surtout son décor de ruban, pourrait faire penser à du Louis XVI. Mais non, les sabots des trois pieds, les chutes et autres agréments métalliques chantent par-

faitement le Louis XV, tandis que la forme et le motif
de la marqueterie s'apprêtent, peut-être bien, à évo-
luer dans la sagesse antique qui va suivre. On vit
aussi au XVIIIe siècle, des fauteuils en « écoinçon »,
c'est dire leur forme angulaire.

Fig. 137. — *Commode en laque de Chine* (musée des
Arts décoratifs). Il faudrait voir la couleur chatoyante
et riche de ce meuble pour en saisir toute la beauté
chaudement patinée par le temps, qui a mis sur ces
ors, sur ce rouge éclatant, comme un précieux embus
et mieux, comme un voile de nacre et de vieil ivoire.
L'harmonie calme de ses lignes, la modération de ses
courbes autant que la délicatesse de ses bronzes ciselés et dorés à la perfection, suffisent néanmoins à
l'appréciation distinguée de cette commode.

Fig. 138. — *Bergère* (musée des Arts décoratifs).
On remarquera le mouvement charmant du dossier
de cette bergère dont les épaulettes relevées creusent
à droite et à gauche du fronton, d'élégantes courbes
au milieu desquelles apparaît plus en beauté son
décor de fleurettes mêlées à des rinceaux. Mêmes fleurettes et rinceaux, au bandeau et à l'extrémité supérieure des pieds. Ce meuble de pur style Louis XV
par la sobriété de ses lignes et de sa sculpture, est
tendu de soie crème avec des semis de bouquets et
guirlandes enrubannées, aux couleurs naturelles.

Fig. 145. — *Commode.* Elle est en marqueterie

égayée de fleurs sur son tablier. Le calme de ses lignes, la torsion réduite de ses pieds, la sobriété de son galbe, enfin, font pressentir le retour à l'antique qui se réalisera sous Louis XVI. Le motif de son rinceau, d'ailleurs, a une raideur significative.

Fig. 147. — *Dessin d'un carrosse de gala* (musée des Arts décoratifs). Peu nombreux sous Louis XVI, les carrosses ou *coches* se multiplièrent peu à peu dans la suite et s'améliorèrent. Carrosse désignait jadis la diligence ; on disait le carrosse de Lille, de Rouen, etc. ; mais le carrosse de gala, réservé aux riches particuliers, connut, de même que la chaise à porteurs, les formes et les décorations les plus luxueuses. Les artistes l'entourèrent de leurs soins à l'égal d'un meuble précieux et, tant à l'extérieur qu'à l'intérieur, carrosses, chaises et traîneaux rivalisèrent de beauté. On voit au musée de Cluny et à Trianon, des véhicules de ce genre dont l'élégance est remarquable, marquée qu'elle est, essentiellement, à son époque.

Fig. 149. — *Départ de rampe en bois sculpté* (musée des Arts décoratifs). Ce beau motif, d'une silhouette à la fois coquette et robuste, se détache à gauche sur un panneau Louis XV et à droite sur une table Louis XIV. '

Culs-de-lampe des chapitres III et VII. — *Éventails*. Les éventails que nous donnons, reflètent surtout leur style dans l'agrément de leurs montures.

Du moins la *Naissance de l'Enfant Jésus*, qui sert de décor à l'un d'eux, n'offre-t-elle pas la caractéristique du sujet ou du costume frappante chez les deux autres. Ici, un jeu de colin-maillard entre grandes dames et seigneurs vêtus à la mode de Louis XV, là quelque évocation mythologique ou une bergère Watteau dénonce son époque. Ces sujets sont peints à la gouache sur soie, des ornements contournés ou des paillettes les encadrent. Quant aux montures, ellee sont de nacre ou d'os percé à jours lorsqu'une légèrs ciselure métallique ne les pare pas. Ces éventails sont de petites dimensions (collection Hopilliart et Leroy).

Entête du chapitre IX. — *Porcelaine fine de Paris* (musée des Arts décoratifs). Il y eut à Paris, au xviii^e siècle, plusieurs manufactures de porcelaine, réputées, celles notamment de la rue de Bondy, dite *Manufacture du duc d'Angoulême* ; de Clignancourt ou de *Monsieur*, placée sous le haut patronage du comte de Provence ; de la *Courtille* ; du Pont-aux-Choux dite *Manufacture du duc d'Orléans* ; de la rue de Crussol, dite du *Prince de Galles* ; du faubourg Saint-Denis ; de la rue de la Roquette ; de la rue Popincourt ; de la barrière de Reuilly, etc. La soupière que nous donnons, provient de la manufacture du Pont-aux-Choux sise en face la porte du Pont-aux-Choux, rue Amelot, et fondée en 1744 par Adrien-Pierre Mignon. Cette pièce est en terre blanche « à l'imitation de celle d'Angleterre ». Vers 1784, le duc d'Orléans, qu'il ne faut pas confondre avec le Régent mort en 1723, prit la manufacture sous sa protection et dès lors, les porcelaines fabriquées au Pont-aux-Choux furent marquées aux initiales de ce prince. On remarquera le beau mouvement de notre soupière dont les ornements sont assagis selon le style de Louis XV.

Entête du chapitre XI et FIG. 148. — *Faïences de Lorraine* (musée des Arts décoratifs). Notre soupière provient sans doute de la fabrique de Saint-Clément ou de Lunéville. Elle est en terre blanche non émaillée et se range parmi les « *terres* dites *de Lorraine* ». Les fabriques de Lunéville et de Saint-Clément furent fondées l'une après l'autre, par Jacques Chambrette, et la première de ces fabriques porta jusqu'en 1772, sur l'autorisation de Stanislas, le titre de Manufacture royale. On goûtera l'harmonie de la forme et des dessins de notre soupière (en-tête du chapitre IX), comparée à celle de la figure 148 lourde et d'un décor sans homogénéité.

Entêtes des chapitres IV et VII. — *Écritoires.* Le premier de ces écritoires est extrêmement rocailleux. Voici un tarabiscotage véritable où la richesse de la ciselure l'emporte sur la simplicité de la composition. Mais ce bibelot élégant et maniéré où l'œil chercherait en vain une ligne droite ou même un enchaînement de motifs, reposant, est d'un agrément subtil. Sa matière est tellement bien fouillée, ses échancrures si bien ménagées, l'équilibre enfin, de sa masse, si harmonieux. Et puis goûtez le contraste spirituel de ces dures rocailles avec ces tendres fleurs. Le second écritoire n'a point l'esprit du précédent. Malgré sa simplicité, il est beaucoup plus lourd que l'autre et sa ciselure bien moins fine.

Entête du chapitre III. — *Château de Lunéville*, par Germain Boffrand. Cette élégante construction, aujourd'hui affectée à une caserne de cavalerie, fut restaurée par Stanislas Lesczynski (xviiie siècle).

Cul-de-lampe du chapitre X. — L'assiette représentée provient de la manufacture de Rouen ainsi que la fontaine de la figure 150.

Entête et cul-de-lampe du chapitre VIII. — Chenets (musée des Arts décoratifs).

Fig. 89, 99, 105, entête du chapitre II, etc. — *Porcelaines de Saxe*. On trouvera quelques mots les concernant à l'explication des figures 57 et autres, dans ce même chapitre.

Entête du chapitre VI.— La *Fontaine d'Amphitrite*, par Barthélemy Guibal. Une des belles fontaines construites par cet artiste sur la place Stanislas à Nancy. Les fontaines de Guibal sont entourées de verdure et encadrées par les superbes grilles composées et exécutées par le serrurier en titre de Stanislas, roi de Pologne et duc de Lorraine, Jean Lamour, né et mort à Nancy (1698-1771).

Nous avons emprunté à la précieuse collection de M. Félix Doistau (au musée des Arts décoratifs), indépendamment des objets figurant à la page 151, *l'étui, la montre et la châtelaine* de la figure 161, ainsi que les *épées* (*fig.* 127 et 164), la *canne* de la figure 133 et les *clés* des figures 144 et 155. *L'étui, la montre et la châtelaine* sont en or, la beauté du travail de ciselure et de composition qui présida à ces rares bibelots, se passe de commentaires. Pareillement, les poignées d'épée que nous donnons, de même que la canne à béquille, nacre avec ornements d'or ciselé, parlent merveilleusement aux yeux de luxe et de goût. Quant aux clés, elles nous révèlent un art aujourd'hui disparu. Traitées à la manière d'un bijou, les clés d'autrefois eussent rougi de la banalité de celles de nos jours. L'ouvrier d'hier se piquait d'être un artiste, au surplus les artistes de naguère se vantaient d'être excellents ouvriers. Les temps sont changés.

Les costumes qui occupent la fin de notre ouvrage sont en tissu de velours et de soie brodée ou brochée Ils proviennent de la collection François Castanié. On lira leur explication dans le chapitre précédent.

L'en-tête et le cul-de-lampe de ce chapitre, enfin, représentent une serrure et une entrée de serrure dignes des clés plus haut louangées.

Ces clés et ces serrures auxquelles Louis XVI —
singulièrement démocratisé aux alentours de la Révolution — rendra plus tard hommage, lorsque dans
l'atelier qu'il se fit construire à cet effet, le monarque
forgera en compagnie du serrurier Gamain.

Mais, pour l'instant, le son du cor prime le bruit de
l'enclume, Louis XV chasse frénétiquement et la curée
n'est point encore plaisir populaire.

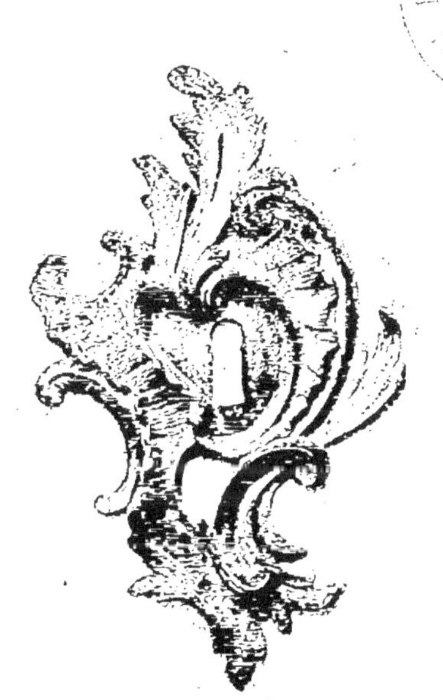

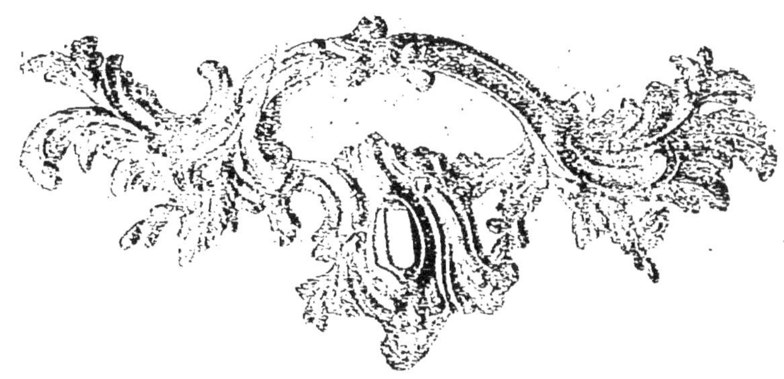

# TABLE DES MATIÈRES

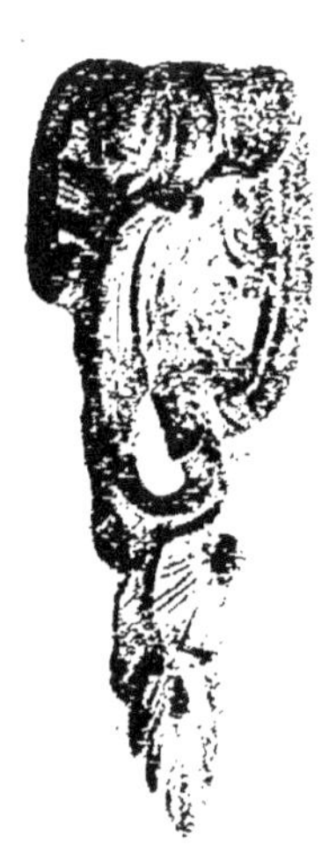

www.ingramcontent.com/pod-product-compliance
Lightning Source LLC
Chambersburg PA
CBHW051300060726
47596CB00001B/191